KB253982

남자의 결혼

운명을 바꾸는 남자의 결혼

발행일	2026년 1월 23일

지은이	편해성
펴낸이	편해성
펴낸곳	도서출판 해와 체가 꿈꾸는 세상
출판등록	2023-0000110호
주소	서울특별시 강남구 언주로 134길 6, 202호-A330 (논현동)
전화번호	070-8064-5197

ISBN   979-11-996821-0-8 03190 (종이책)   979-11-996821-1-5 05190 (전자책)

운명을 바꾸는

남자의 결혼

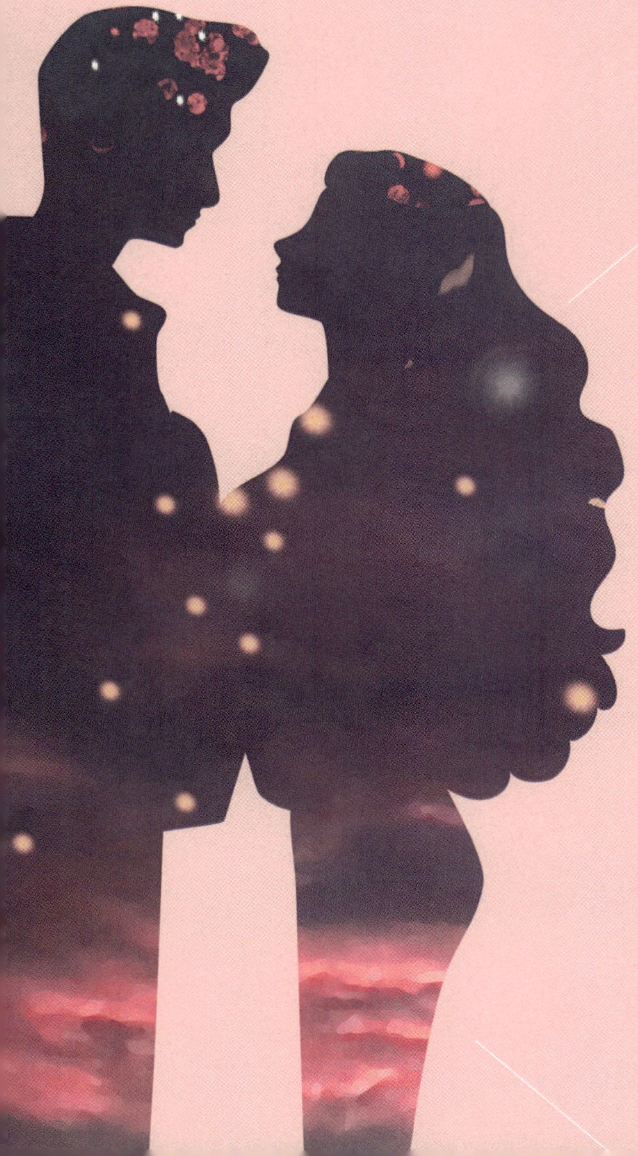

편해성 지음

해와 체가 꿈꾸는 세상

인물도 출중하고, 돈도 넘치고, 집안 배경도 좋게 태어난 사람이 있다. 세상의 모든 것을 다 갖춘 사람이지만 인생에서 뜻대로 되지 않는 한 가지가 있다. 그게 무엇일까. 아마 결혼일 것이다. 누군가를 만나서 함께 사는 것만큼은 뜻대로 되지 않는다.

그럼, 결혼을 꼭 해야 할까. 결혼을 한다면 어떤 배우자를 만나야 행복하게 살 수 있을까. 결혼은 인간의 운명이나 팔자를 바꿀 수 있는 가장 좋은 방법이다. 결혼에 대한 지식을 충분히 갖추고 있어야 하는 이유다. 미혼으로 살더라도 결혼이 무엇인지에 대하여 알아야 세상을 살아갈 수 있다. 우리 인생이 결국에는 결혼, 가족과 이어져 있기 때문이다.

결혼을 원하는 남녀들이 출연해서 사랑을 찾아가는 과정을 그린 프로그램을 본 적이 있다. 결혼을 연구하다 보니 출연자들의 한마디 한마디와 행동, 심지어 관상까지 유심히 보게 된다. 관심 있게 본 방송 중 하나는 이별의 아픔을 경험한 여성들의 출연 방송분이었는데 남자의 기준이 제각각이었다. 재미있는 남자를 선호하기도 하고, 편안하고 안정된 느낌을 주는 남자, 누군가는 경제적인 능력을 중시하기도 하면서 아이 양육을 우선하는 얘기도 하였다.

각자 생각하는 바가 달랐다. 그럼 과연 어떤 모습을 보고 배우자를 선택해야 할지, 남성이든 여성이든 참으로 고민스러운 일이다. 부모가 행복해야 자식도 행복해진다고 하니, 결혼은 정말이지 더욱 신중할 수밖에 없다.

요즘 한국 사회는 데이트 폭력과 가정폭력 소식이 끊이지 않는다. 경찰청 통계에 따르면, 데이트 폭력 신고 건수는 2020년 4만 9천여 건에서 2023년 7만 7천여 건으로 3년 만에 57% 급증했다. 더욱 심각한 것은 눈에 보이는 물리적 폭력뿐만 아니라, 정신적·심리적 조작으로 연인을 지배하는 가스라이팅까지 연인 관계에서 위험스럽게 만연하고 있다는 점이다. 한국 여성의 전화 통계에 따르면, 폭력 피해 상담 중 전·현 배우자나 애인이 가해자인 경우가 전체 상담의 53.2%를 차지한다.

특히 피해자의 대부분이 20~30대 여성이며, 일부 남성들이 신체적·경제적 우위를 이용해 여성을 통제하려 한다. 물론 여성 가해자도 존재하지만, 통계적으로 남성이 가해자이고, 여성이 피해자인 구조가 압도적이다. 이러한 현실 속에서 많은 여성이 결혼 제도 자체에 대해 부정적인 인식을 갖게 되는 것은 충분히 이해할 만하다. "어떻게 결혼을 해야 할지 모르겠다."는 답답함은 개인의 우유부단함이 아니라, 사회 전반에 깔린 구조적 문제에 대한 정당한 반응이다.

젊은이들이 결혼을 하지 않는 한국 사회에서 과연 연애와 결혼을 위해서는 어떻게 준비해야 할까? 이 책은 그런 질문에 대한 답을 담았다. 거창하지도 않다. 저자가 살아오면서 수십 년간 겪었던 결혼과 관련된 실제 문제들을 이해하기 쉽게 젊은 세대가 읽을 수 있도록 쓴 책이다. 미리 읽어보고 공부를 하면서 준비한다면 행복에 접근할 수 있도록 도움을 주고자 했다.

책의 제목은 『운명을 바꾸는 남자의 결혼』이지만, 실제로는 남자들만을 위한 책이 아니다. 남자와 여자가 함께 읽고 대화를 나누며 결혼에 대해 생각해볼 수 있도록, 지난 25여 년간 기록해온 실제 결혼과 이혼의 사례와 꼭 알아야 할 이야기들을 담았다.

저자는 법조계에서 사무국장으로 20년 넘게 폭넓게 실무 경험을 쌓으면서, 사회 현실에서 일어나는 수많은 사건을 지켜보았다. 데이트 폭력, 가정폭력, 이별 뒤 이어지는 무차별 범죄들은 모두 인간관계, 특히 결혼 문제와 깊은 연관이 있었다. 이를 경험에서 깨달은 저자는 인간 운명과 관련된 주역·명리를 개인적인 공부와 연구를 하고자 동양철학 박사학위도 받았다.

인간의 불행은 대부분 인간관계에서 비롯되는 것은 분명한 사실이다. 그중에서도 결혼은 삶 전체를 좌우할 만큼 큰 비중을 차지한다. 미혼일 때부터 대학 공부 못지않게 중요한 것은 바로 인간을 이해하는 공부, 그리고 결혼에 대한 공부다. 결혼이 인간의 운명을 좌지우지하기 때문이다. 결혼은 단지 제도나 형식이 아니라, 운명을 바꾸는 삶의 과정이자 누군가와 긴 인생을 함께 보내는 여행이다.

그런데, 한국은 지금 아주 심각한 초저출산 사회인데도, 정작 "왜 결혼해야 하는가", "어떻게 해야 좋은 결혼을 할 수 있는가"라는 근본적인 질문조차 사라져버렸을까. 젊은이들 사이에서 결혼은 더 이상 당연한 일이 아니다. 오히려 선택이고, 때로는 회피의 대상이 되기도 한다.

자신의 내면을 알지 못하는 사람은 결코 배우자와 깊은 관계를 맺을 수 없다. 그래서 결혼 책을 읽고 공부를 반드시 해야 한다.

생각을 해보자. 인간의 원초적인 행복은 어디에서 비롯되는가? 그것은 다름 아닌 가족의 구성에서 오지 않는가. 인간에게 재물 운, 권력 운, 직업 운, 결혼 운 등 인생을 바꾸는 많은 운이 있지만, 그중에서도 결혼 운이 가장 중요하다고 생각한다. 결혼을 통하여 배우자를 만나고 자식이 생기고 가족 구성원을 통하여 삶에 대한 행복을 느끼기 때문이다.

하늘은 누구에게도 모든 것을 다 주지 않는 듯하다. 어찌 보면 공평하다. 누군가는 돈이 많지만 건강이 약하고, 누군가는 넉넉하지 않아도 늘 건강하다. 세월이 아무리 흘러가도 남자든 여자든, 배우자를 잘 만나 행복한 가정을 꾸리며 자식들과 삶을 즐기는 것이 인생에서 가장 큰 복이라는 사실은 변하지 않는다. 비록 미혼 시절의 삶이 만족스럽지 않았더라도, 좋은 배우자를 만나 결혼함으로써 삶의 방향을 바꿀 수 있다. 그래서 결혼이 중요하다.

결혼은 서로의 부족함을 채워가며 함께 행복을 만들어가는 과정이다. 이렇게 중요한 결혼에 대해 우리는 정작 결혼 전에 제대로 배워본 적이 없다. 대학에 가기 위해 수천만 원의 사교육을 받고 오랜 시간을 공부하면서도, 평생을 함께할 배우자를 선택하고 관계를 만들어가는 법에 대해서는 따로 배운 적이 없다.

저자 역시 마찬가지였다. 대학을 다니고 대학원을 졸업할 때까지, 정작 결혼에 대해서는 아는 것이 없었다. 결혼이 무엇인지, 배우자를 선택할 때 무엇을 봐야 하는지, 어떻게 관계를 만들어가야 하는지 전혀 모른 채 살아왔다.

그러다 법조계에서 일하며 수많은 부부의 갈등과 이혼 사건을 지켜보고, 주역 명리학을 연구하며 박사학위를 받는 과정에서 비로소 결혼이라는 것에 대해 알게 되었다. 법정으로 향하는 부부들의 마지막 모습을 보며, 그리고 주역이 말하는 변화와 균형, 조화의 지혜를 배우며, 결혼이 얼마나 중요하고 또 얼마나 배워야 하는 것인지 깨달았다.

많은 시행착오를 겪으면서, 세월이 흐른 뒤에야 깨달았다. 결혼은 반드시 공부했어야 하는 일이었다는 것을. 그래서 이 책을 쓴다. 저자가 20년 이상의 결혼 생활과 법조계 경험, 그리고 주역과 명리학 연구를 통해 배운 것을, 결혼을 준비하는 이들과 나누고 싶다.

조선시대처럼 얼굴조차 모른 채 서둘러 결혼하던 시대는 이미 지나갔다. 지금처럼 결혼하지 않는 시대일수록 결혼은 더욱 철저한 준비와 깊은 이해를 바탕으로 해야 한다.

무엇보다 남성들이 결혼을 공부해야 한다는 생각으로 이 책을 기획했지만 연인 간에 함께 읽어보기를 권한다.

결혼이야말로 인간의 행복을 만든다. 이 책은 결혼을 앞둔 남성뿐만 아니라 결혼을 고민하는 여성, 자녀의 결혼을 준비하는 부모, 이성적인 관계 속에서 함께 성장하고자 하는 연인 모두에게 권하고 싶다. 인생은 정말이지 길지 않다. 찰나처럼 흘러간다. 살아 있을 때 그래도 행복하게 살아야 한다.

이 책을 읽는 모든 이가 결혼을 통해 가족과의 따뜻하고 의미 있는 삶을 만들어가기를 진심으로 응원한다.

편해성

목차

PART 4 남자의 결혼, 그녀를 이해하는 남자가 되기

남자의 결혼,
운명을 바꾸는
결혼하기

1

왜 독서를 즐기는 사람들은
더 행복하게 살아가는 걸까?

- 독서의 행복

...

왜 독서하는 사람들의 얼굴엔 어딘가 여유로운 기운이 감도는 걸까. 불행보다는 행복에 더 가깝게 사는 사람들은 독서를 가까이했다. 한 권의 독서로 운명을 바꾼 이가 많다. SNS에서 누군가의 화려한 일상에 때때로 나도 모르게 비교당하는 기분이 들 때, 내가 좋아하는 책을 펼치고 포스트잇을 붙여 둔 페이지의 의미 있는 글을 다시 읽는다. 그리고 다시 읽는 글 속에 빠져들면서 책 속의 저자의 쓴 글에 교감하는 시간을 가진다. 책에서 위로를 받는 경우가 많다. 한 문장, 한 문장에서 저자가 남긴 숨소리에 힘든 현실을 이겨내는 감정을 느낀다.

소설 『안나 카레리나』를 읽으면서, 19세기 러시아에서 사랑과 사회적 억압 사이에서 방황했던 슬픈 주인공 안나 카레리나를 생각하고, 자신의 편견을 깨고 진짜 사랑을 찾아낸 소설 『오만과 편견』의 엘리자베스 베넷을 흠모하기도 했다. 허난설헌과 나혜석의 책을 읽으면서, 천재적 재능에도 불구하고 시대의 한계에 갇혀야 했던 허난설헌을 안타까워했고, 20세기 초 신여성 나혜석의 기구한 말년에 빠져도 보았다. 소설이든 현실이든, 이들의 이야기는 수백 년 전 것이지만 묘하게도 2025년을 사는 내 마음속을 파고들었다. 독서가 슬픔을 주기도 하고, 안타까움도 주지만, 제일 중요한 건 인생에 대한 위로를 받는다. 너무 빨리 지나버린 젊은 날에 대한 아쉬움과 때때로 다가오는 외로움과 고독, 그리고 사랑과 이별, 선택과 후회를 향한 갈망을 책 속 문장에서 여운으로 느끼면서 위로를 받는다. 책장을 넘기면서 내가 겪는 고민들이 나만의 것이 아니라는 걸, 이미 수많은 사람이 비슷한 감정을 먼저 느꼈고 그것을 글로 남겼다는 것을 알게 되어 위안을 받았다. 이런 감정이 주는 위로는 생각보다 삶에 큰 힘이 된다.

독서가 주는 행복은 어쩌면 이런 게 아닐까. 인생을 혼자가 아니라는 확신, 내 감정을 정확히 표현해주는 문장을 만났을 때의 전율, 책 속 인물들의 선택을 보며 내 삶을 돌아보는 성찰의 시간이 지치고 힘들 때 나를 위로하는 듯하다. 알고리즘이

추천하는 영상의 콘텐츠는 내가 좋아할 만한 것만 보여주지만, 책은 내가 미처 몰랐던 세계로 나를 몰입하게 하고 삶의 방향을 이끌어 준다. 허난설헌이 조선시대 여성이라는 한계 속에서도 천재적인 시를 썼듯, 20세기 초 신여성 나혜석이 시대를 앞서간 목소리를 냈듯, 책을 읽는다는 건 단순히 시간을 때우는 게 아니다. 앞서간 그들의 삶을 읽으면서, 나의 가치관을 확장하는 일이다. 확장된 세계 속에서 조금 더 자유롭고, 조금 더 위로 받는 기분을 느낀다.

사실 나에게도 내 인생을 바꾼 한 권의 책이 있다. 신림동 고시촌에서 힘겹게 시험을 준비하던 시절, 내 곁을 지켜준 것은 바로 한 권의 책이었다. 책 속 한 문장이 계속 머릿속을 맴돌았다. 책 속의 꿈과 관련된 문장들은 지금까지 큰 위로가 되고 있다. 한 줄 한 줄이 지금까지 나를 지탱하는 힘이 되었다. 한 인물의 평전을 읽고 깊은 울림을 받은 후, 나는 쿠바로 여행을 떠났고, 남미를 여행하게 되었고, 결국 운명처럼 박사 학위까지 취득하게 되었다. 출퇴근 지하철에서 꼭 한 권의 책을 가지고 다니며 밑줄을 그으면서 독서에 빠져 살았던 지난 30대의 시간들이 지금의 나를 있게 한 듯하다.

지금은 지하철에서 독서하는 사람을 보기 힘들다. 휴대폰에 모든 세상의 정보가 있으니 뭐라고 할 수는 없다. 하지만 나는 여전히 독서의 힘을 믿는다. 책을 읽든 읽지 않든, 살아가는 데 큰 지장은 없다. 밥을 먹고, 일을 하고, 잠을 자는 일상은 누구에게나 비슷하다. 그런데도 어떤 사람들은 같은 일상 속에서 더 단단하고 깊게 살아간다. 그들의 삶을 지켜보면, 대부분 책이 있었다.

워런 버핏이 하루에 5~6시간씩 책을 읽는다는 건 유명한 이야기다. 그는 "지식은 복리로 쌓인다"고 말했다. 한 권 한 권 읽은 책들이 모여서 결국 더 나은 판단을, 더 깊은 통찰을 가능하게 한다는 것이다. 조선시대 정약용은 힘든 유배지에서도 책을 읽고 쓰면서, 고통의 시간을 그를 더 깊은 사람으로 만들었다. 독서는 그런 것 같다. 소설에서 위로를, 철학에서 삶의 균형을, 시에서 치유를, 전기에서 용기를 얻는 일 같다.

내 경험에 비추어도 독서는 자신을 이해하는 것에서 시작해 타인을 이해하는 힘을 자연스럽게 키워주는 것 같다. 친구와 의견이 충돌할 때, 연인과 갈등이 생길 때, 가족 간에 오해가 쌓일 때, 책은 '왜 저 사람은 저렇게 생각할까'를 이해하는 실마리나 해법을 주는 듯하다. 물론 독서가 모든 고민에 완벽한 답을 주진 않지만, '이것은 인생이나 삶의 자연스러운 과정'이라는 위로와 함께 새로운 관점, 지혜를 찾도록 도와준다. 특히 지금처럼 AI가 모든 걸 바꾸고 있는 시대에는 끊임없이 배우려는 자세가 중요한데, 종이책으로 읽는 독서는 뇌에 더 각인이 되도록 만들어 준다. 독서의 가장 중요한 힘이라고 본다.

　결국 독서하는 사람들이 대체로 행복한 이유는, 책 속에 등장하는 수천 명의 친구를 갖고 있기 때문이다. 페이지마다 다른 시공간의 누군가가 "나도 지치고 힘들고 그랬어. 너무 힘들어 하지 말어. 시간이 지나면 해결이 될 수 있어. 그게 인생이야."라고 말을 걸어오는 것 같고, 책 읽는 순간만큼은 세상이 조금 덜 외롭다. 독서가 유일한 해답은 아니지만, 지치고 삶이 흔들릴 때 중심을 잡아주는 나침반 역할을 해 준다는 건 확실하다.

　지금도 예전에 읽었던 책을 펼치면서 밑줄 친 부분의 글을 읽는다. 다시 한번 책 속의 감성에 빠진다. 누군가의 이야기를 읽으며 나 자신을 더 잘 이해하고 나를 사랑하면서, 위로하기 위해서다. 작은 습관이 하나하나 쌓여서, 지친 일상을 이겨내고 조금씩 더 행복한 사람이 되어간다. 세월이 많이 지난 지금, 독서하는 사람들의 얼굴에 여유가 감도는 이유를 이제야 알 것 같다. 남들에게 보여주는 삶을 살지 않고 자신의 행복을 찾아가는 사람들은 한 가지 특징이 있다. 독서를 통해서 삶의 내공을 쌓으면서 행복하게 살아간다는 사실 말이다. 독서하는 삶이 주는 행복은 아무리 인공지능 시대가 온다 해도, 종이책을 넘기는 그 감성만큼은 따라오지 못할 것이다.

2

젊은 날,
낯선 세상에서 인생 배우기

…

우리 부모 세대는 "돈을 벌어 경제적 여유가 생기면 여행을 떠나자"고 자주 얘기했다. 일리 있는 말이지만, 막상 여유가 생길 무렵이면 이미 나이가 들어 건강이 따라주지 못하는 경우가 많다.

내가 대학에 다니던 시절만 해도 해외여행이 쉽지 않았지만, 지금은 손끝으로 세계의 정보를 쉽게 얻을 수 있는 시대다.

그런 시대에 살다 보니, 젊은이들에게 꼭 전하고 싶은 말은 20대와 30대에 낯선 세상으로 여행을 떠나라는 것이다.

늦은 나이에 여행을 시작했지만, 해마다 먼 나라로 떠난 여행의 선택만큼은 단 한 번도 후회하지 않았다.

북미, 중미, 남미, 유럽, 부탄, 아시아 여러 나라를 여행하며 쌓은 추억들은 삶이 지치고 힘들 때마다 나를 지켜주는 힘이 되어주었다.

부탄에서 마주한 사람들의 선한 눈빛, 쿠바에서 맛본 모히토 한 잔, 아르헨티나의 뜨거운 탱고.

여행의 모든 순간이 내 안에 변화를 일으켰고, 끊임없이 성장시켰다.

익숙한 일상에서 벗어나니 비로소 행복이 무엇인지 느낄 수 있었고, 낯선 곳에서의 경험이야말로 인생을 바꾸는 가장 좋은 방법임을 깨달았다.

김영하 작가는 여행을 단순한 낭만이나 휴식이 아니라 '내 안에 쌓인 시간과 감정의 텍스트를 읽어내는 경험'이라고 말했다.

여행은 일상과 자신을 새롭게 바라보게 하고, 삶의 만족과 성찰로 이어지는 사유의 장이 된다는 것이다.

여행을 통해 김영하 작가가 한 말의 의미를 깊이 이해하게 되었다. 낯선 환경에서는 평소 보지 못하던 나 자신을 발견하게 된다. 타인의 삶을 눈으로 보고, 그들의 문화를 온몸으로 느끼다 보면 자연스럽게 시야가 넓어지고 편견은 사라지는 것을 느꼈다.

세상에는 악한 사람도 있지만, 그보다 훨씬 더 많은 친절하고 따뜻한 이들이 있음을 깨닫게 되었다.

말이 통하지 않아도 사람 간의 정은 통하고, 공간은 달리 살지만, 세상 사람들의 삶은 다르지 않다는 사실을 배운다.

낯선 곳에서 마주치는 문제를 해결하면서 문제 해결 능력과 판단력, 그리고 창의적 대응력이 자라난다.

예기치 못한 변수와 불편함 속에서도 조금씩 '삶을 헤쳐 나가는 힘'을 배우게 된다. 그것이 바로 여행이 주는 가장 큰 선물이지 않을까.

살다 보면 평범하게 사는 일이 얼마나 어렵고 값진 일인지 알게 된다. 법적 문제, 뜻하지 않은 질병, 이별, 실직, 퇴직, 가족 갈등, 이혼, 양육 문제 등 예상치 못한 시련들을 수없이 마주한다.

자살, 고독사, 이혼, 데이트 폭력 같은 소식이 매일 들려오는 한국 사회에서 어쩌면 마음은 쉽게 지쳐간다.

그런 현실을 보면서, 젊은 날의 도전이야말로 고통을 이겨내는 힘을 길러주는 자산이라고 본다. 예측할 수 없는 시대일수록 낯선 곳에서의 여행 경험은 스스로를 지키는 법을 배우게 한다.

경험 속에서 우리는 다시 일어서는 법을 배운다.

젊은 날의 여행은 단순한 즐거움이 아니다. 여행을 통해서 스트레스를 풀고, 감정을 정화하며, 고독과 상실, 번아웃을 이겨내는 회복의 힘이 된다.

지친 마음을 회복하고, 삶의 고통을 견뎌낼 수 있는 내면의 근육을 키우는 과정이다. 여행의 과정에서 우리는 행복의 본질을 배운다.

물론 여행이 반드시 해외여행일 필요는 없다.

경제적 여건이나 상황에 따라 국내의 낯선 지역을 여행하거나, 자원 봉사활동을 하거나, 가까운 친구와 새로운 도시에서 짧은 시간을 보내는 것도 충분히 의미 있다.

여행은 꼭 누군가와 함께해야 하는 것도 아니다.

정보를 잘 참고하고 안전을 지킨다면 혼자서도 충분히 즐겁고 풍요로운 여행을 할 수 있다. 단, 안전이 담보되지 않는 무모한 여행만은 권하지 않는다.

그리고 여행이 모든 문제를 해결해 주지 않을 수 있다. 여행 후에도 삶은 여전히 어렵고, 예상치 못한 일이 생길 수 있다.

모든 이가 여행을 통해 같은 깨달음을 얻는 것도 아니다. 어떤 이에게는 책 한 권이, 또 다른 이에게는 깊은 대화 한 번이나 의미 있는 봉사활동이 더 큰 변화를 줄 수도 있다.

그러나 분명한 것은 젊은 날의 경험에 있다.

젊은 시절 낯선 환경에 스스로를 던져보는 경험이 자신을, 우리를 성장시킬 수 있다는 사실이다. 익숙한 울타리에서 벗어나 자신과 마주할 용기를 가지는 것이 젊음이다. 돌이켜보면 인생에서 가장 오래 남는 것은 결국 젊은 날의 도전과 추억뿐이 아닐까.

그러니 젊은 날에는 실패를 두려워하지 말고 한 번쯤 크게 모험해 보자.

도전하는 모험이 여행이든, 새로운 도전이든, 중요한 것은 스스로를 믿고 한 걸음 내딛는 용기다.

언젠가 세월이 흘러 뒤돌아보게 될 때, 이런 말을 하게 되지 않을까.

"그때 떠났던 남미 여행이, 부탄 여행이, 그 첫 제주도 여행이 지금의 나를 만들었다고. 여행을 떠난 선택을 단 한 번도 후회하지 않았다고."

20대와 30대,

한 번쯤은 낯선 곳으로 떠나 자신을 알아가는 여정을 떠나 보라.

그곳에서 만날 '진짜 당신'을 기대하며 말이다.

3

스스로 결혼할
준비가 되었는지 생각하기

- 도박, 폭력, 마약, 게임 중독

…

한 유명 여성 방송인이 이혼 후 깊은 트라우마로 인해 정상적인 생활조차 힘들다며 눈물로 고백하는 방송을 본 적이 있다.

결혼 전에는 누구보다 화려하고 남부럽지 않은 삶을 살았지만, 결혼 후 얼마 지나지 않아 이혼을 겪으면서 감당하기 어려운 고통과 슬픔에 빠져 있었다.

방송을 보는 내내 의문이 들었다. 화려하고 똑똑해 보이는 싱글의 삶을 살았기에 결혼 후에도 승승장구할 것이라 생각했는데, 그토록 힘겨워하는 모습을 보니 결코 남의 일처럼 느껴지지 않았다. 사회적 성공이 꼭 행복한 결혼으로 이어지지 않는다는 사실이다.

그만큼 결혼은 단순한 사랑과 조건만으로 이루어지는 것이 아니라는 생각이 들었다. 한 사람의 삶 전체를 뒤흔들 수 있는 중대한 문제이기 때문이다.

준비 없이 시작한 결혼으로 상처를 입고 깊은 트라우마에 빠지는 사람들이 주변에 의외로 많다. 이혼으로 고통을 받는 가정 역시 드물지 않다.

화려한 스포트라이트를 받는 연예인들조차 예외가 아니다. 겉으로는 완벽해 보였던 결혼이 짧은 시간 안에 깨지고 상처만 남는 사례를 우리 주변에서 어렵지 않게 찾을 수 있다.

한국 사회에서는 데이트 폭력, 신혼 초 가정폭력, 부부간 감정적 갈등으로 인한 여성 피해가 꾸준히 보도되고 있다. 또한 이혼으로 인한 가정 해체가 고독사 문제로 이어지며 사회적 문제로 대두되고 있다. 이 모든 문제의 밑바탕에는 결국 결혼이 있다.

자신의 감정과 욕망을 조절하지 못한다면 결혼은 자신은 물론 배우자와 가족 모두에게 고통이 될 수 있다. 결혼은 나 혼자만의 문제가 아니라 양가 집안의 문제이기 때문이다. 데이트 폭력이나 교제 폭력이 빈번하게 발생하는 이유는 단순히 한쪽의 문제가 아니다.

결혼 전 인간관계에 대해, 그리고 남녀 관계에 대해 충분히 공부해야 하는 이유가 여기에 있다. 여성들은 연애할 때부터 남자 보는 안목을 키워야 하지만, 남성들 역시 결혼에 대해 지속적으로 공부하고 가정을 꾸릴 준비가 되어 있는지 스스로 냉정하게 점검해야 한다. 연애 시절부터 심각한 문제가 있는 사람이라면 적극적으로 거리를 두어야 한다.

상대가 여자든 남자든 말이다.

문제를 가진 사람과 결혼한다면 얼마나 불안하겠는가. 사람 간에는 동정과 연민으로 만나서는 안 된다. 결혼을 생각하는 상대에게는 냉정할 정도로 나와 함께 살 사람인지를 고민해야 한다. 연애와 결혼은 다르다. 사랑해서 함께 살고 싶다는 생각이 들어서 결혼은 하는 것이지, 나이가 들어서 어쩔 수 없이 하는 결혼은 후회가 따른다.

후회하는 결혼, 확신 없는 결혼, 불안한 관계 속에서 자녀를 출산한다면 불행은 대물림될 가능성이 크다.

남성들은 스스로에게 냉정하게 객관적으로 한번쯤은 물어보아야 한다.

'나는 과연 결혼할 준비가 되어 있는가? 배우자를 행복하게 해 줄 준비가 되었는가?'

한국 사회는 이제 남성이 우월한 힘으로 여성을 지배하던 시대가 지났음을 알아야 한다. 그래서 남성들이 더욱더 결혼에 대한 준비가 충분한지를 곰곰이 진지하게 생각해야 한다.

남성들은 흔히 결혼을 앞두고 '배우자의 집안, 조건이나 자격이나 외모'만 생각한다. 결혼할 사람이 어떤 사람인지, 외모나 집안, 학벌, 성격에만 집중한다.

여기서 모순이 발생한다. 정작 더 중요한 질문은 '나 자신은 결혼할 준비가 충분히 되어 있는가' 하는 것이다. 분명한 건, 결혼이란 사랑만큼이나 책임이 필요한 일이다.

사랑은 책임이 전제되지 않으면 유지될 수 없다.

무책임이 불러온 여러 사회적 범죄가 불행한 사실을 증명한다. 데이트 폭력이나 가정폭력, 가스라이팅 같은 문제는 어느 날 갑자기 생기는 것이 아니다. 인간 내면의 습관과 성향에서 비롯된다.

허구한 날 보도되는 여성 대상 범죄는 한국 사회의 어두운 단면을 보여준다. 지금 시대에서는 남성들도 더욱 자기 자신에게 냉정하게 물어야 한다.

'나는 사랑할 준비가 되어 있는가, 가족을 책임질 준비가 되어 있는가?'

세월을 오래 살아온 노인들은 한결같이 하는 얘기가 있다. 수십 년의 경험에서 하는 말이다.

결혼은 사랑만으로는 결코 유지되지 않는다고 말이다. 이 말은 가족에 대한 책임이 있고, 부부 갈등과 다툼 이후에 화해가 있으며, 함께 배우자와 자식과 살아가기 위한 관계의 지혜가 숨어 있다는 뜻을 담고 있다.

결혼은 인생의 또 다른 출발점이자 부부 모두에게 가장 큰 전환점이다. 지혜롭게 준비된 결혼만이 상처가 아닌 행복으로 향하는 길이 된다.

긴 세월을 살아낸 이들의 말에 귀 기울이면 절로 고개가 끄덕여진다. 남자든 여자든 결혼을 생각한다면, 먼저 자신이 살아온 삶과 현재의 모습을 노트에 기록하며 냉철하게 객관적으로 돌아볼 필요가 있다.

혼자 살아오면서 자신이 정말 문제없는 삶을 살아왔는지 점검해 보아야 한다. 내가 살아온 습관 가운데 좋지 않은 것들, 그동안 외면해왔던 문제들이 없는지 스스로 점검해야 한다.

도박이나 게임 중독, 알코올 의존, 폭력적 성향, 과소비나 낭비벽이 반복된다면 그것은 자기 절제가 되지 않는 삶이다. 이런 문제가 있는 것을 알고 결혼을 서두른다면, 자신과 가족 모두에게 치명적인 상처가 될 수 있다. 불행한 인생으로 끝없이 이어질 수 있다.

통제할 수 없는 문제를 해결하지 않은 채 결혼하면, 두 사람만의 문제가 아니다. 자녀에게까지 불행을 물려주는 일이 될 수 있다. 늙어서 죽을 때까지 후회하게 된다.

실제로 돈 문제와 갈등이 가정불화로 이어져 부모의 문제로 자녀까지 생을 마감하는 비극적 사건들이 언론에 연일 보도되고 있다.

스스로를 통제하지 못하는 삶이 얼마나 비극이 되는지 알아야 한다. 가장 사랑해야 할 자녀에게 불행을 안겨줄 수 있다는 사실을 깊이 돌아보아야 한다. 사랑하는 연인과의 결혼을 생각하는 남성들은 먼저 자신을 한 번쯤 돌아보자. 이혼 사유가 될 만큼 나에게 문제가 있는 부분이 없는지 말이다.

혼인 중 이혼 사유가 될 수 있는 심각한 문제들이 나한테 있다면 결혼을 신중히 해야 한다.

<결혼 전에 체크해 볼 구체적이고 냉정한 자기 점검 항목>

- 나는 도박에 빠져 있지 않은가?
- 폭력이나 욕설이 습관처럼 배어 있지는 않은가?
- 술이나 약물, 마약에 중독되어 있지는 않은가?
- 스마트폰이나 인터넷 게임, 성적 중독에 과도하게 몰입되어 있지는 않은가?
- 수입은 적으면서 낭비벽은 심하지 않은가?

이런 문제들은 혼자 살 때도 심각하지만, 결혼 후 두 사람이 함께 살아가는 공동체적 삶에서는 불행을 더욱 키우게 된다.

해결되지 않은 문제를 안고 결혼한다면 배우자의 삶을 파괴하고 가정 전체를 무너뜨릴 수도 있다.

부부 싸움은 일상화되고, 아이가 태어난다면 삶은 고통으로 이어질 가능성이 크다. 이 모든 이유 때문에 결혼은 철저한 자기 성찰과 준비로부터 출발해야 한다.

아직 결혼할 준비가 되지 않았다는 사실은 누구보다 스스로가 더 잘 안다.

준비 없이 평생을 함께하겠다고 나서는 것은 결국 불행으로 이어지고, 불행은 자녀에게까지 씻을 수 없는 고통으로 남겨준다. 아무 준비 없이 결혼해서 후회하는 부부를 지금까지 너무 많이 보았다.

자신의 어두운 문제를 외면한 채 시작한 결혼은 부부 사이의 사랑을 병들게 하고 가정을 무너뜨린다.

부부의 진정한 사랑은 먼저 나의 문제를 객관적으로 직시하고 외면하지 않는 데서 시작된다. 진짜 결혼은 자신의 문제를 알고 그것을 해결하려는 의지를 가진 사람만이 할 수 있다.

불행이 배우자나 자식에게 이어진다면 견디기 어려운 고통이 대물림 되듯이 전달되는 것이다. 결혼을 고민한다면, 가장 솔직하게 나 자신을 마주하고 내가 얼마나 준비되어 있는지 스스로를 점검해 보자.

결혼을 생각하면서도 스스로 책임질 만큼 삶이 충실하지 않다고 느낀다면 결혼에 대해 충분히 배우고 공부해야 한다. 스스로 냉정할 정도로 살펴보고 부족한 것은 미리미리 공부하면서 간접 경험을 쌓아야 한다. 공부해서 남 주는 것이 아니다.

그렇지 않으면 불행은 결국 자식에게까지 대물림 된다는 사실을 잊지 말아야 한다.

<u>4</u>

세상이 이미 여성 중심으로
변했다는 현실 받아들이기

- 저출산 문제, 고학력 여성

…

한국의 인구 감소는 이미 심각한 수준에 이르렀다. 그 뿌리에는 저출산 문제가 있고, 더 깊이 들어가 보면 결혼에 대한 부정적인 인식이 자리하고 있다. 여성들의 부정적인 인식이 남성보다 높다.

왜 한국은 결혼도 하지 않고, 출산도 하지 않는 나라가 되었을까. 이제는 세계가 우려하는 '인구 소멸 위험 국가'의 최상위에 이름을 올리게 된 현실이 참으로 아프게 다가온다.

한국의 많은 젊은이는 결혼을 미루거나 포기하고, 아이를 낳지 않는다. 양육과 교육에 대한 사회적 부담도 크지만, 여성들의 삶과 결혼을 바라보는 시선이 과거와는 분명히 달라진 것도 중요한 이유다.

지금은 고학력과 전문직을 가진 여성들이 많아졌다. 이들은 미혼으로 살아가는 삶을 결혼으로 인해 '추락'시키고 싶어 하지 않는다.

부모 세대보다 학력과 직업적 커리어에 자부심을 가지고 있기에, 결혼은 오히려 사회적·정서적 '하향 이동'처럼 느껴진다. 여러 연구와 자료에서도 확인되고 밝혀진 사실이다.

결혼 후 가사와 육아, 그리고 경력 단절의 위험까지 감수하며 젊은 날 쌓아 올린 기반을 흔들리고 싶지 않은 것이다.

분명히 여성들의 결혼과 배우자에 대한 인식은 달라졌다. 이제 여성들에게 결혼과 출산은 더 이상 당연한 삶의 경로가 아니다. 이러한 변화된 인식이 한국 사회의 출산율 감소에 큰 영향을 주고 있다.

과거 우리 어머니 세대의 여성들은 나이가 들면 당연히 결혼하고 아이를 낳아야 한다는 사실을 자연스럽게 받아들였다.

여성은 남편과 시댁에 맹목적으로 따르는 존재였고, 어머니라는 이름으로 순종하며 자녀를 양육하며 살아야 하는 시절이 있었다.

결혼은 '젊은이에게 필수'였고, 육아는 '여자의 의무'였다. 지금의 세상은 그때와 전혀 다르다. 변화의 속도는 우리가 상상하는 것 이상이다.

대학 캠퍼스에서 여성의 진학률은 남성 못지않게 높아졌고, 법학·의학·공학 등 과거 남성의 고유 영역으로 여겨졌던 전공에도 여성 비중이 만만치 않게 꾸준히 늘고 있다.

한국 사회의 직장 내 여성 임원과 리더들, 정치권에서의 여성 비율 또한 예전보다 월등히 높아졌다. 당연히 여성들의 결혼에 대한 시각과 세상을 보는 관점도 달라질 수밖에 없다. 물론 사회의 구조적 문제도 크지만 말이다.

여성들이 자신들의 경력과 직장에 대한 자부심으로 인해 결혼과 출산에 부정적인 시각을 갖게 되었다. 결혼과 관련해서 남성 중심의 사회 구조에 대한 비판적 인식도 분명히 존재한다.

여성들은 자신의 커리어와 삶을 지키기 위한 선택으로 비혼과 비출산의 길을 걷고 있다.

이러한 변화 앞에서 많은 남성은 당황하고 있다. 어쩌면 당연한 결과다. 맞벌이 부부를 하고 있는 나는 변화된 세상을 충분히 공감하고 있다.

아내가 직장에서 벌어들이는 소득을 무시할 수 없고, 대화하면서 느끼는 것은 분명히 직장 여성들의 인식이 확실히 변했다는 사실이다.

가정도 중요하지만 여성으로서 자신의 직장도 중요하게 생각하는 것이다. 직장의 높은 수익을 바탕으로 남성 중심의 가부장적인 삶에 대하여 종속하지 않으려고 한다. 여성들 스스로가 자신감이 있다.

이제 여성은 더 이상 맹목적으로 이끌어야 할 존재도, 보호해야만 하는 대상도 아니다.

여성들의 학력과 사회적 지위가 높아진 만큼, 남성들 역시 이러한 변화를 인식하고 받아들여야 한다.

한국의 초저출산 문제는 국가 차원에서 심각하게 다뤄야 할 위기이지만, 결혼을 앞둔 남성들 또한 이 문제를 진지하게 받아들여야 한다.

무엇보다 여성에 대한 인식의 변화를 먼저 이해하고, 변화된 세상을 수용해야 한다. 그런 세상이 되었다.

여성들의 일과 가정의 양립 속에서 상당히 혼란을 겪고 있다. 이런 문제에 대하여 남성이라 할지라도, 국가의 역할을 기대하기 이전에 스스로 깨달아야 한다.

여성들의 결혼에 대한 인식이 이미 달라졌음을 인정하고, 시대에 맞는 자신의 새로운 변화와 태도를 가져야 한다는 사실을 말이다. 한국 사회는 이미 바뀌었고, 그 변화는 되돌릴 수 없다.

이제는 과거를 붙잡을 때가 아니라, 여성과 결혼에 대한 관계의 방식과 삶의 구조를 고민해야 한다. 남성들이 분명히 인식해야 할 때다.

미혼 시절에 이러한 현실을 미리 깨닫는다면, 행복한 관계에 훨씬 더 가까워질 수 있다. 나이가 들수록 부부관계에서도 남성의 입지가 현저히 줄어드는 것이 현실이다.

여성은 스스로 삶을 유지할 힘을 갖추었지만, 많은 남성은 나이가 들어가면서 관계 속에서 자신을 잃어 가고 있다. 주변의 친척이나 지인들의 결혼 생활을 지켜보면 쉽게 알 수 있다.

세월이 흐를수록 남성들이 여성보다 더 큰 상실감을 겪는 경우가 의외로 많다. 여성들은 인생의 여러 국면에서 스스로 변화를 받아들이며 끊임없이 현실에 적응해 나간다.

하지만 남성 중 상당수는 퇴직 이후에도 과거의 화려했던 시절에 머무르려 하고, 새로운 삶의 방향을 찾는 데 어려움을 겪는다. 이 차이가 바로 중년 이후 부부관계의 균형을 흔들고, 때로는 서로 다른 길을 걷게 만드는 원인이 된다.

특히 한국 사회의 남성들은 직장에서 은퇴하거나 명예퇴직을 하는 순간, 조직에서 맺었던 인간관계가 사라지면서 깊은 상실감에 빠지곤 한다.

반면 여성들은 사회적 역할이 바뀌는 과정에서도 인간관계와 취미, 자아 탐색을 통해 비교적 유연하게 자신을 재정립해 간다.

집 근처 공원에 나가보면 여성들은 끊임없이 걷고 뛰며 건강 관리를 한다. 고령화 시대에 맞게 변화에 적응하려 애쓰는 모습을 쉽게 볼 수 있다. 공원에서 운동하면서 나는 그런 모습을 생생히 보고 있다.

그러나 한국 사회의 많은 남성은 여전히 퇴직 이후 변화에 제대로 적응하지 못한다.

물론 모든 남성이 그런 것은 아니다.

분명한 것은 젊은 여성들의 인식과 가치관이 눈부시게 빠르게 바뀌는 시대에, 이제 남성들 또한 끊임없이 자신을 바꾸고 확장해 나가야 한다는 점이다.

남성들 역시 자신에게 한 번쯤 이런 질문을 던져보아야 한다.

"나는 여성을 진심으로 이해하고 있는가? 변화한 세상에 제대로 적응할 수 있는가?"

겉으로는 존중하는 척하면서 결국 자신의 방식대로 끌어들이려는 태도는 더 이상 통하지 않는다. 지금 시대는 새로운 감수성을 요구한다.

여성들의 생각은 과거와 비교할 수 없을 만큼 빠르게 변화하고 있으며, 그 변화는 성 역할에 대한 고정관념까지 흔들고 있다.

이제 결혼과 사랑의 개념이나 정의는 달라지고 있다. 부부는 동등한 관계, 진정한 파트너십, 그리고 삶의 동반자라는 개념 속에서 사랑을 다시 배워야 한다. '여성 중심 사회'라는 표현은 남성이 배제된다는 뜻이 아니라, 남성과 여성이 함께 더 평등하고 균형 잡힌 삶을 만들어가자는 제안이다.

저출산 문제는 국가와 사회, 그리고 개인 모두의 과제지만, 해결의 출발점은 남성이 여성에 대한 인식을 새롭게 바꾸는 데 있다. 변화된 세상은 변화를 수용할 때 극복할 수 있다.

불행이 행복으로 바뀌는 순간은 세상의 변화를 거부하지 않고 그 안에서 자신을 새롭게 조율할 용기에서 비롯된다. 남성들이 변화를 두려워하지 않고 그 안에서 자신을 새롭게 발견한다면, 한국 사회는 분명 더 건강한 방향으로 나아갈 것이다.

<u>5</u>

비슷한 가치관과
꿈을 꾸는 사람과
결혼해야 하는 이유 알기

- 삶의 방향, 가치관이 비슷한지 확인하는 방법, 함께 배낭 여행

…

1980년대와 1990년대 대학 시절, 나의 우상은 홍콩 배우들이었다. 그중에서도 홍콩 영화의 거목, 주윤발이 있었다. 잘생긴 외모와 뛰어난 연기력으로 홍콩 영화의 황금기를 이끌었던 그는 단순한 배우가 아니라, 한 시대를 대표하는 문화적 아이콘이었다.

세월이 지난 지금도 주윤발은 세상의 주목을 받고 있다. 더 이상 영화나 연기 때문만은 아니다. 주윤발이 한 방송에서 이렇게 얘기했다.

"사람은 빈손으로 이 세상에 왔다가, 결국 빈손으로 떠나는 것이다." 주윤발의 의도는 무엇일까. 놀랍게도 부부가 긴 대화

를 거듭한 끝에 평생 모은 재산 전부를 사회에 기부하기로 한 것이다. 주윤발 부부의 결심은 단순히 돈을 내놓는 행위가 아니라, 삶과 죽음을 바라보는 철학이며, 인간 존재에 대한 사랑의 표현이었다. 영화 속 영웅으로 막대한 재산과 명성을 얻은 주윤발의 재산 환원에 대한 얘기가 놀랍도록 대단했다.

한국 불교계에서 '무소유'를 설파했던 법정 스님의 가르침처럼, 주윤발은 무소유적인 삶의 신념을 증명했다. 이런 결정을 함께한 배우자의 마음가짐이 더 놀라웠다. 전 재산 기부는 결혼 생활에서 가장 큰 결단 중 하나이며, 배우자와의 가치관이 완전히 일치해야 가능한 일이다. 부모와 자식이 재산 문제로 다투고 형제가 소송을 벌이는 시대에, 두 사람은 재산보다 더 큰 사회적인 가치를 공유하고 있었다.

"우리는 죽을 때 무엇을 남기고 떠날 것인가?"

주윤발 부부의 기부에 대한 결단은 이 질문에 대한 가장 아름다운 대답이었다.

젊은 시절 영화 속에서 보았던 주윤발의 모습이, 현실의 삶 자체로 더 큰 감동을 준다. 정말 존경스럽다. 영화 속 영웅을 넘어, 삶에서도 진정한 영웅의 모습을 보여주었다. 부부의 모습에서 우리는 인간에 대한 깊은 이해와 따뜻한 사랑을 읽을 수 있다.

살아보니 그렇다. 결혼은 단순히 의식주를 함께하는 일이 아니다.

평생을 함께 걸어갈 사람과 삶의 기본 방향과 가치관이 극단적으로 다르다면, 결혼이 과연 행복할 수 있을까?

물론 모든 부부가 완벽히 일치할 수는 없다. 오히려 어느 정도의 차이는 서로를 성장시키고 관계를 풍부하게 만든다.

그러나 핵심 가치관에서 지나치게 큰 격차가 있고, 서로를 이해하려는 노력이 사라진다면, 관계는 오래 버티기 어렵다.

행복한 결혼은 비슷한 방향을 바라보며 함께 걸을 때 가능하다.

사회적으로 부와 명예를 쌓은 사람들조차, 결국 가치관의 차이로 헤어지는 경우가 많다.

그만큼 결혼은 단순한 만남이 아니라, 삶의 근본적인 방향이 맞아야 지속될 수 있는 동행이다. 결혼을 한다면, 비슷한 가치관을 지닌 사람, 그리고 서로를 이해하려는 의지가 있는 사람을 만나는 것이 중요하다.

완벽한 일치는 불가능하지만, 차이점을 인정하고 대화로 풀어가며 함께 성장하려는 태도만 있다면, 그 다양함이 오히려 관계를 풍요롭게 만든다. 중요한 것은 서로에 대한 존중과 이해, 그리고 조화를 찾아가려는 노력이다.

주윤발 부부를 떠올리면, 자연스럽게 『조화로운 삶(The Good Life)』의 주인공인 헬렌과 스콧 니어링 부부가 생각난다. 그들은 돈과 물질보다 자연과의 조화 속에서 단순한 삶을 추구했다. 같은 방향을 바라보며 함께 걸었기에 가능한 삶이었다.

강남의 아파트, 고가의 외제차, 값비싼 식사처럼 한국의 세속적 성공의 상징이 그들에게는 없었지만, 두 사람은 가치관이 일치했기에 오히려 더 큰 만족과 평화를 누릴 수 있었다.

그들의 삶은 보여준다. 겉으로 드러나는 조건보다 중요한 것은 삶의 방향과 깊이가 통하는 사람과 함께하는 것이라는 사실을 깨닫게 한다.

요즘 한국 사회에서도 도시의 복잡한 삶을 내려놓고 자연 속으로 들어가는 부부들이 의외로 많다. 어찌 보면 자연에서 살든 도시에서 살든, 결국 핵심은 같다.

서로의 가치관이 맞고, 함께 걸어간다는 것을 느끼는 것이다. 그럴 때 비로소 부부의 행복은 가능하다.

연애는 감정만으로 가능하지만, 결혼은 감정만으로는 지속되지 않는다.

기본적인 가치관이 맞고, 차이를 조율하려는 의지가 있을 때 비로소 오래 지속될 수 있다.

같은 공간에서 먹고 자며 살아가는 사람과 삶의 관점이 지나치게 다르다면, 일상은 서로에게 고통이 된다. 삶을 어떻게 바라보는지, 돈을 어떻게 쓰는지, 갈등을 어떻게 풀어가는지, 그리고 미래를 어떻게 함께 설계할 것인지, 모든 면에서 큰 방향이 다르지 않고, 대화로 조율할 수 있다면 결혼은 평온하고 단단해질 것이다.

갈등이 반복되면 부부 싸움은 일상이 되고, 집은 더 이상 안식처가 아니다.

함께 살아야 할 공간이 가장 피하고 싶은 장소가 된다. 보고 싶지 않고 마주하기조차 싫은 사람과 수십 년을 함께 살아가는 것은 상상조차 힘든 일이다. 이런 고통이 오래 지속되면, 요즘 사람들은 더 이상 참지 않는다. 바로 이혼의 길로 간다. 부조화의 관계는 결국 이별로 이어지고, 이별 과정마저 또 다른 고통의 시작이 된다. 수없이 본 경험이다.

요즘 유튜브에는 다양한 세대의 부부들이 자신들의 삶을 솔직히 공유한다.

어떤 부부는 배낭을 메고 세계를 여행하며 젊음을 느끼며 삶을 다시 기록하고, 어떤 부부는 도시의 화려함을 떠나 시골에서 흙냄새 속에 농사를 지으며 감사의 삶을 살며, 또 다른 부부는 아이 없이 맞벌이를 선택해 자유를 누리며 서로의 꿈을 응원한다.

삶의 방식은 다 다르지만, 조화로운 결혼의 공통점은 분명하다. 서로의 선택을 존중하고, 기본적인 가치관을 공유한다는 것이다. 중요한 것은 나와 같은 지향점과 가치관을 가진 사람, 그리고 같은 방향을 바라보며 걸어갈 수 있는 사람인지의 여부다.

만남은 쉬울지라도, 이별의 고통은 결코 가볍지 않다. 무조건 생각이라도 불행한 결혼보다 행복한 결혼을 꿈꾸어야 한다.

삶의 방향이 비슷한 사람을 만나는 것이야말로 결혼의 핵심이다.

아마도 젊은 날, 누군가 이 사실을 조금 더 일찍 일깨워 주었다면 지금보다 더 많은 부부가 행복했을지도 모른다.

주윤발 부부와 헬렌·스콧 니어링 부부의 삶은 속도보다 방향이 중요한 이 시대에 한 번쯤 생각하게 된다.

조화로운 삶이 곧 우리의 인생이기 때문이다.

그래서 결혼을 떠올릴 때 가장 먼저 함께해야 할 단어는 '조화'다.

조화가 없는 결혼은 오래가기 어렵다. 조화 속에서 서로를 이해하고, 함께 성장해 가는 부부야말로 진정한 행복의 주인공이 될 수 있다.

<u>6</u>

잘 사는 결혼,
결국 돈 습관이
답이라는 사실 이해하기

- 채무, 카드 등 자신의 경제관념 확인 후 습관화하기

…

혼자 살 때는 돈 관리가 소홀해지기 쉽다. 대학 시절, 돈이 떨어지면 시골의 부모님께 연락해 송금을 얘기하곤 했다. 스스로 너무나도 당연하게 여기고 반복했던 게 생각난다. 돈을 벌지 않던 시절이라 별다른 돈의 중요성도 느끼지 못하고 말이다. 젊은 날에는 그랬다.

최근 몇 년 사이, 인터넷 쇼핑과 배달앱 같은 비대면 소비 환경이 급격히 보편화되면서, 클릭 한 번이면 원하는 물건은 다음 날 도착하고, 음식은 한 시간도 채 되지 않아 문 앞에 놓인다. 코로나19 이후 이런 변화는 더욱 빠르게 가속화됐다. 편리함에 익숙해지면서 지출은 한결 가벼워지고, 혼술과 혼밥 또한 일상

이 되었다. 세상은 점점 순간의 편의에 길들여지고 있다. 문제는, 편리함의 이름으로 때로는 무분별한 과소비로 이어질 수 있다는 점이다. 수입에 비해 과도한 카드 지출이 따라올 수 있다.

실제로 대한민국 대법원 이혼 통계와 여러 연구 결과에 따르면, 최근 이혼 사유의 상위에는 경제적 갈등이 꾸준히 포함된다. 미혼 시절부터 미래를 고려하지 않은 소비 습관, 계획 없는 지출 패턴은 마이너스 통장이라는 빚의 굴레로 이어질 수 있다. 한번 자리 잡은 과소비 습관은 쉽게 바뀌지 않는다. 돈은 단순한 숫자가 아니라 삶의 태도이기 때문이다.

그렇다면 미혼 때의 이 소비 습관이 결혼 이후까지 그대로 유지된다면 어떤 문제가 생길까. 개인의 금전 습관은 곧 부부 재정에 직격탄이 될 것이다. 쓸 때는 즐겁지만, 돌아오는 카드 청구서를 감당할 수 있는지는 별개의 문제다. 결국 부부간 경제관념 차이는 큰 갈등과 다툼을 가져오고, 돈의 지출 때문에 많은 이가 결혼생활을 정상적으로 유지하지 못한다.

나는 음식 배달 앱 주문을 아예 하지 않는다. 나만의 방식이다. 한 번 익숙해지면 과소비로 번질 수 있기 때문이다. 대신, 배송 식재료는 맞벌이 맞춤으로 아내와 함께 적절히 활용한다. 마트에 갈 시간이 부족한 현실을 감안한 선택이다.

현실적으로 경제적 부담은 젊은이들이 결혼을 주저하는 큰 이유다. 결혼하면 '사랑을 지속시키는 힘'은 감정뿐 아니라 함께 견디는 경제력의 체력에서 나온다. 미혼 시절 올바른 돈 습관을 갖추는 것은 사랑을 지키는 가장 현실적인 준비다. 나이 들어서 돈이 너무 없는 삶은 비참해 질 수 있기 때문이다.

배달 앱이나 온라인 쇼핑을 현명하게 활용하는 건 생활의 지혜일 수도 있다. 다만, 소득에 비해 과도한 주문이나 습관적 충동구매는 미래의 불안으로 직결될 수 있으니 항시 유의해야 된다. 미혼 시절의 소비 습관은 결혼 생활의 경제적 기반과 부부 관계의 안정성에도 직접 영향을 미친다. 많이 버는 것도 중요하지만 소득에 맞는 지출 습관이다. 돈을 어디에, 어떤 순서로 쓰는지가 삶의 안정과 연결된다. 돈을 잘 쓰는 사람이란, 자신이 정말 원하는 것을 아는 사람이라고 생각한다. 가난의 원인을 모두 개인에게 돌릴 수 없지만, 어떤 상황에서도 경제적 감각과 습관은 필수다.

집을 사지 않아도, 외제차나 고가 옷·식사를 계속 구입하면서 소득을 초과해 지출하는 젊은이들이 의외로 많다. 연애 시절과 다르게 결혼은 살아보면 철저히 현실이다. 자녀가 생기면 양육비, 교육비, 생활비 등 경제적 부담은 더 커진다. 결혼 전에 미리 소비 습관과 돈에 대한 태도를 정립해 두면, 두 사람의 경제 감각과 가치관도 자연스럽게 맞춰질 수 있다.

많은 부부가 이혼 이유로 '성격 차이'를 이야기하지만, 실제로는 돈에 대한 철학과 태도 차이가 그 깊은 원인인 경우가 많다.

한 사람은 미래를 위해 모으고, 다른 한 사람은 오늘의 즐거움에 우선순위를 둔다면 어떻게 될까. 사소한 차이 같지만 이런 차이는 지속적인 갈등과 이혼의 문제가 된다. 실제로 이 간극이 커진 끝에 법정까지 가서 이혼 소송을 하는 경우가 많다.

스스로에게 한 번씩 물어보자. "카드 값이 다음 달 월급보다 더 많이 결제해야 하는지?" "소득보다 소비가 앞서고 있지는 않은가?" "당장의 욕구를 위해 카드 빚을 당연하게 여기지는 않는가?" 이 질문에 쉽게 '아니오'라고 답하지 못한다면, 아직 결혼을 서두를 때가 아닐지 모른다.

행복한 결혼은 경제관념이 명확하게 뿌리내린 두 사람이 함께할 때 가능하다. 얼마나 많이 버느냐보다 더 중요한 것은 돈을 어떻게 바라보고, 어디에 적절하게 쓰는가에 있다. 철학이 다르면 결혼은 매일 갈등과 충돌의 연속일 수 있다. 결혼과 이혼에 관련되는 방송 프로그램의 상당 부분이 경제적인 문제로 인한 부부 갈등이 의외로 많다는 걸 보면 알 수 있다. 그래서 사랑만큼 중요한 것이 돈에 대한 태도라는 것을 절대 잊지 말아야 한다.

습관은 노력 여하에 따라 바뀔 수 있다. 늦었다고 여겨질 때가 가장 빨리 시작할 수 있는 때다. 내 주변에도 그런 사람이 있다. 20대 내내 카드 빚에 시달렸던 그는 결혼을 앞두고 큰 변화를 주었다. 6개월간 아침 커피 5천 원을 자제하고, 주말 외식을 줄이면서 차곡차곡 돈을 모았다. 작은 실천이었지만 반년 만에 300만 원을 모아 빚의 일부를 갚을 수 있었다. 지금 그는 결혼 23년 차로, 수도권의 적지 않은 평수의 아파트에서 아내 와 부부 통장에 매달 돈을 모으며 살아간다. 모임에서 씀씀이 가 작다는 이야기를 들어도 신경 쓰지 않는다. 돈을 모으면서 자신감도 있고, 삶에 방향은 분명히 달라졌다. 집도 있고, 적지 않은 현금도 있으니 얼굴에 여유가 있어 보인다.

분명한 건, 불필요한 욕망을 줄이고 남과 비교하지 않는 과정 에서 진짜 행복이 시작된다는 사실이다. 결혼은 긍정적 마음가 짐, 준비된 태도, 그리고 올바른 습관이 빚어내는 또 하나의 삶 이다. 결혼을 진지하게 생각한다면 자신에게 먼저 질문해 보자.

"나는 소비 욕망을 조절할 줄 아는가?" "경제적으로 가족을 책임질 준비가 되어 있는가?"

돈은 결혼의 전부가 아니지만, 안정과 지속을 좌우하는 중 요한 핵심이다. 돈을 효율적으로 모은 사람들의 긍정적인 습관 인 자동이체, 주간 단위 소비 점검, 24시간 지출 체크의 룰 같 은 작은 습관이 있다면 이미 절반은 준비된 것이다. 오늘, 지금 내 소비 습관부터 한번 점검해 보자. 부부의 행복한 미래는 오 늘의 선택과 습관에서 시작된다. 돈을 아끼는 일은 결국 나 자 신을 아끼고 사랑하는 법을 배우는 과정임을 잊지 말자.

<u>7</u>

부정적인 생각, 부정적인 행동은
현실이 된다는 사실 알기

- 긍정이 행복을 만든다

...

살아오면서 단점이 있다. 고민이 지나치게 많았다는 것이다. 그러다 보니 매사에 삶이 긍정보다는 부정적인 생각이 앞서는 경우가 많았다. 무언가를 계획하고 준비할 때면, 기대보다는 실패나 두려움부터 떠올리는 버릇이 있었다. 좋지 않은 습관이었다. 고민이 깊어지고 부정적인 생각이 쌓이다 보면, 마치 현실처럼 느껴질 때도 있었다. 당연히 스트레스 지수가 높아질 수밖에 없었다. 그러니 살아오면서 매사에 삶이 얼마나 스트레스가 쌓이고 힘들었을까.

시간이 흐르며 나이가 들어보니 깨달았다. 부정적인 생각과 태도는 실제로 삶의 결과에 좋지 않은 영향을 주고, 건강에도 부정적인 영향을 미친다는 것을 알았다. 지금은 의식적으로라도 긍정적인 생각과 행동을 하려고 노력한다. 긍정적인 태도가 정신 건강에도 중요하다.

자기계발 분야의 거장 나폴레온 힐은 긍정과 관련해서 의미 있는 이야기를 했다.

"긍정은 무한한 힘을 가지고 있다. 그러나 부정적인 마음가짐은 영혼의 질병이며 쓰레기다."

아주 가슴에 와닿는 말이다. 그는 인간이 어떻게 살아야 성공할 수 있는지를 꿰뚫어 본 사람이었다. 나폴레온 힐의 말처럼 긍정적인 마인드와 부정적인 마인드를 대하는 태도는 인생에서 엄청난 차이를 만들어낸다.

삶의 태도에서 긍정적인 자세가 중요하다는 것은 수많은 책과 사람들이 한목소리로 말하는 진리다. 특히 미혼 시절, 자신의 운명을 바꾸는 가장 강력한 힘은 바로 긍정의 태도다. 긍정의 에너지를 지닌 사람만이 결혼 후에도 행복과 직결되는 삶을 살아갈 수 있다.

인간은 죽을 때까지 고민을 벗 삼아 살아간다. 그것이 바로 인생이기 때문이다. 고민이 없는 인생도, 고민이 없는 가정도 없다. 오히려 고민이 전혀 없는 삶이라면, 이미 살아 있는 삶이 아닐지도 모른다.

문제는 고민 자체가 아니라 그것을 대하는 태도나 방식이다.

고민이 생기면 우리는 해결하기 위해 생각하고 대처하며 성장해 간다. 그러나 부정적인 생각에만 머문다면, 삶은 견디기 어려운 고통 속에 빠질 수밖에 없다. 대학에 가야 하고, 취업해야 하고, 결혼해야 하고, 집을 장만해야 하는 전형적인 한국식 고민과 과제들은 인간이라면 누구에게나 무겁고 버거운 짐이다. 해결되지 않는 문제를 끝없이 부정적으로 되새기면 결국 삶은 불행으로 기울어질 뿐이다.

젊은 날의 내가 그랬다. 인생을 어떻게 살아야 할지 생각이 복잡했고, 지나친 걱정은 건강마저 해쳤다. 부정적인 경험을 돌아보면 후회스럽다. 너무 부정적인 생각에 갇혀 있었기 때문이다. 고민한다고 해결되는 것도 아니고, 부정적인 생각에 빠진다고 해서 문제가 풀리는 것도 아니다.

모든 인간의 인생에는 끝없는 고민이 있다. 미혼의 삶이든, 결혼한 삶이든 마찬가지다. 누구나 각자의 시각과 방식으로 삶의 문제와 난관을 마주한다. 그렇기에 중요한 것은 고민의 양이 아니라 그것을 대하는 태도다. 부정적인 시선으로만 바라보고 자의적으로 해석하며 그대로 행동으로 옮긴다면, 사람은 불행으로 빠질 수밖에 없다.

주변을 돌아보면, 누구의 삶도 평탄하지 않다. 적지 않은 세월을 살아오며 충격적인 주변의 인생들을 많이 보아 왔다. 그래서일까, 때로는 삶이 두렵게 느껴지기도 한다. 누구에게나 위기와 고통은 찾아오며, 그것을 어떤 시각으로 바라보느냐에 따라 삶의 방향은 완전히 달라진다.

매사에 부정적으로만 삶을 바라보고 생각한다면 어떨까. 혼자 사는 미혼의 삶에서도 어려움을 제대로 이겨내지 못할 것이다. 그런 부정적인 태도가 결혼으로 이어졌을 때, 과연 시련이나 난관을 견뎌낼 수 있을까.

현실의 고통 속에서도 좋은 일이 올 것이라 믿는 사람과, 같은 상황을 부정적으로 해석하며 행동하는 사람의 차이는 있다. 시간이 갈수록 점점 더 커진다. 긍정은 희망을 만들고, 희망은 행복으로 우리를 이끈다.

긍정과 관련하여 많은 사람이 이구동성으로 꼽는 사례가 빅터 프랭클의 『죽음의 수용소에서』다. 이 책에서 보여준 것처럼, 극한의 상황에서도 긍정적인 태도를 지닌 이들은 살아남았다. 삶의 태도가 곧 생사의 갈림길이 되었던 것이다.

생각은 말이 되고, 말은 행동이 되며, 행동은 결국 우리의 행복과 불행을 결정한다. "나는 어차피 불행한 인간이야", "나는 운이 없어"라는 말은 단순한 생각이 아니라, 스스로 불행을 현실로 끌어들이는 주문이 된다. 운명학적으로도 좋지 않은 불운을 불러올 수 있다. 요즘은 언제부터인가 의식적으로 부정적인 생각을 흘려보내려고 노력한다. 인생에서 도움이 되지 않는 것이 부정적인 생각이다. 부정적인 생각을 매사에 습관처럼 하였다. 너무 늦게 알았다고 생각한다.

결혼에 대해서도 '속박'이라고 생각하면 일상은 감옥처럼 느껴질 것이다. 그러나 결혼을 '행복한 동반자와 함께하는 여정'으로 바라본다면, 갈등조차도 서로를 더 단단히 엮는 성장의 계기가 될 수 있다.

부정적인 사람은 자신뿐 아니라 주변의 기운까지 소모시킨다. 반대로 긍정적인 사람은 여유와 웃음으로 주변까지 따뜻하게 만든다. 삶의 어려움 속에서도 유머와 여유를 지닌 사람은 결혼 전에도, 결혼 후에도 매력적으로 빛난다. 긍정의 힘은 자연스럽게 좋은 인연을 끌어당기며, 삶의 흐름마저 바꾸어 준다. 그래서 무엇보다 스스로를 긍정적인 사람으로 바꾸는 노력을 의식적으로 해야 한다. 작은 긍정의 습관 하나, 긍정의 말버릇 하나, 따뜻한 태도 하나가 수년 뒤 우리의 운명을 바꾸어 놓을 수 있기 때문이다.

때로는 생각을 멈추고, 가볍게 판단하고 선택하며, 지금 이 순간을 믿고 나아가는 용기가 무엇보다 필요하다. 고민이 훗날 더 큰 행운을 가져다준다는 긍정적인 생각을 하면서 말이다.

행복을 만드는 것은 결국 자신의 태도다. 삶은 내가 믿는 대로 흐르고, 생각은 곧 현실이 된다. 운명을 공부하면서 내 나름대로 운명을 바꾸는 가장 좋은 방법은, 부정적인 생각을 긍정으로 바꾸고, 믿음대로 행동하는 것이라는 생각을 실천하고 있다.

결혼을 준비한다면, 지금부터라도 긍정의 습관을 매일 연습해야 한다. 그래야만 결혼 후 다가올 수많은 고통과 갈등 속에서도 서로를 지켜내며, 진정한 행복을 함께 만들어 갈 수 있다.

작은 습관 하나가 결국 인생의 방향을 바꾸어 준다. 지금부터라도 부정이 아닌 긍정으로 세상을 바라보는 습관을 만들어 보자. 행복이 다가온다는 것을 느낄 것이다.

<u>8</u>

자유롭고 싶다면 혼자를 선택하고,
가족과의 따스한 정을 생각한다면
결혼 선택하기

- 가족의 따스한 정

…

박사 학위 과정에서 결혼관에 대한 연구를 하던 중, 홍콩의 유명 배우 매염방에게 특별한 관심을 갖게 되었다.

매염방은 어린 시절 아버지를 일찍 여의고 가정 형편이 어려워 생활비를 벌며 자라야 했다. 누구보다 화려한 여배우로 한 시대를 풍미했지만, 그녀 역시 평범한 결혼과 가정을 꿈꾸었다. 아이를 낳고 사랑하는 가족과 살아가는 소박한 행복을 원했으나, 암으로 40세의 젊은 나이에 끝내 세상을 떠났다. 마지막 콘서트에서 웨딩드레스를 입고 무대에 선 모습은 지금까지도 나에게 강렬한 인상으로 남아 있다. 매염방의 마지막 공연은 단순한 퍼포먼스가 아니라, 그녀의 간절한 소망이었던 결혼에 대한 갈망을 드러낸 것처럼 느껴졌다. 공연 후에 얼마 지나지 않아 매염방이 세상을 떠났으니 말이다.

최고의 스타였던 그녀지만, 진정한 삶은 가정과 사랑 속에 있다는 사실을 누구보다 잘 알고 있었던 듯하다. 어린 시절 아버지의 부재 속에서 자란 그녀에게는 가족에 대한 그리움과 평범한 일상에 대한 바람이 깊게 자리 잡고 있었다. 그래서 매염방은 웨딩드레스의 의미, 결혼과 가정의 소중함을 누구보다 깊이 이해한 사람이었을 것이다. 화려한 무대 뒤 그녀의 마음속에는 인간에 대한 정(情)과 어린 시절 아버지에 대한 그리움이 자리하고 있지 않았을까.

세상에는 매염방처럼 사랑과 결혼, 평범한 가정을 꿈꾸는 이들이 많다. 가족과의 따뜻한 식사, 아이를 키우며 행복을 느끼는 소소한 삶을 바라는 이들이 의외로 많다.

물론 혼자의 삶을 더 편안하게 여기는 이들도 있다. 가족의 눈치를 보지 않고 혼자 식사하거나, 늦은 귀가에 대한 걱정 없이 '혼술'과 영화를 즐기며 자유로움을 누리는 것이다.

방송 프로그램《나 혼자 산다》를 보면 혼자의 삶을 즐기며 당당하게 살아가는 모습을 자주 볼 수 있다. 배우자와의 갈등도, 가족을 돌봐야 하는 책임도 없고, 자신만의 생활 리듬을 온전히 지킬 수 있다는 편안함이 있다. 특히 어린 시절 가족에게 상처나 실망을 겪은 이들에게는 오히려 혼자 사는 삶이 더 낫다고 느껴지기도 한다.

혼자 살든, 결혼해 살든 정답은 없다. 중요한 것은 자신의 삶을 스스로 책임지는 것이다. 매염방의 간절한 소망이 보여주듯 결혼이 인생의 의미가 될 수도 있고, 또 다른 이들처럼 자유로운 혼자의 삶이 더 맞을 수도 있다. 어느 쪽이든 그것은 각자의 선택이며, 책임 있는 삶으로 이어지면 된다.

적지 않은 인생을 살아오며 많은 사람과 대화를 나누다 보니, 불행하게 이혼하거나 불가피하게 혼자가 된 이들을 만날 기회가 많았다. 아픔을 겪은 그들이 하는 이야기는 대부분 비슷했다. 자신이 아프고 고통스러울 때 함께할 사람이 없다는 것이 가장 큰 고통이었다고 말이다. "삶이 너무 외롭고 매 순간 견디기 어렵다"라는 말도 자주 들었다. 그들이 그리워하는 것은 여럿이 함께 식사하고 대화하는 평범한 일상, 그리고 가족의 정(情)이었다.

고독사가 사회적 문제가 된 시대에 이런 경험담은 현실적이면서 가슴에 와닿는다. 따뜻한 국물, 밥 한 그릇, 몇 가지 반찬을 함께 나누는 가족의 온기, 그리고 힘들 때 나를 위로해 줄 누군가가 있다는 것이 바로 가족의 힘이다.

물론 결혼에는 어떠한 정답이 없다. 경제적 문제로 혼자 사는 이들이 늘어났고, 결혼을 무조건 옹호할 수도 없다. 그러나 많은 사람이 이구동성으로 하는 말은 분명했다. 나이 들어 보니 외로움이 가장 견디기 어렵다는 것이다. 혼자 살아왔던 이들 중에는 "결혼을 했어야 했다"는 후회의 말을 하는 이들도 적지 않았다.

혼자 살든 결혼해 살든 불편함은 분명히 있다. 없을 수가 없다. 그러나 가족과 함께 살면 갈등과 다툼 속에서도 사람 사는 정을 느낄 수 있다. 때로는 방송이나 언론이 결혼의 부정적 측면을 부각하기도 하지만, 우리가 분명히 알아야 할 것이 있다. 편안함과 행복은 다르다. 혼자의 편안한 삶이 반드시 행복을 보장하지 않는다. 오히려 가족과의 불편한 관계 속에서도 따뜻한 사랑과 정을 느낀다.

결혼이란 책임을 지고 살아가는 일이기에 불편함과 갈등은 피할 수는 없다. 기대가 어긋나고 상처를 주고받는 일도 생긴다. 서툴지만 결혼을 통해 우리는 인생을 배우고, 가족의 정을 느끼며, 사랑을 다시 배우게 된다. 나이가 들수록 사람들은 더욱 가족이라는 울타리를 찾게 된다. 그것이 결혼의 힘이고, 가족의 힘이다.

종로 3가 탑골 공원에 모여 또래들과 함께 얘기하고, 때로는 낯선 이들과도 어울리는 노인들의 모습에서 사람 관계의 중요성을 다시금 깨닫게 된다. 탑골 공원에서 모르는 사람들과도 사람의 정을 느끼고 싶은 것이다. 어찌 되었건 결혼을 두려워

할 필요는 없다. 완벽하지 않은 사람들이 만나 서로의 불완전함을 보듬고, 따스한 정을 나누며 살아가는 것이 결혼이다.

중요한 것은 혼자의 삶이든, 결혼한 삶이든, 누군가와 함께 살아가는 불편함과 갈등을 받아들일 준비를 하면 되는 것이다. 그렇게 준비한다면 결혼은 부담이 아니라 또 다른 삶의 기회가 된다.

나이 들어 자식이 성장하고 가족의 정이 이어지는 모습을 보며 우리는 삶의 에너지를 얻는다. 그것이 인생이고, 행복이라는 것을 알게 된다. 뭐든 하지 않고 후회하는 것보다는, 해보고 후회하는 것이 낫다고 생각한다.

웨딩드레스를 입고 마지막 무대에 선 홍콩의 대스타 매염방의 간절한 눈빛이 여전히 잊히지 않는다. 과연 그녀가 삶의 마지막에서 생각했던 인생은 무엇이었을까. 어쩌면 인생에서 엄마 아빠 소리를 한번 들어보고 싶지 않았을까. 그것이 우리가 살아가는 이유 중 하나일 테니까.

<u>9</u>

요리와 육아법,
살림하는 법 스스로 공부하기

...

독서 공부 모임에서 만난 한 여성은 전문직에 종사하고 있었다. 한국 사회에서 누구나 알 만한 명문대 출신으로, 이름 있는 대기업에 다니고 있었다. 뒤풀이 회식 자리에서 자연스럽게 가정 이야기가 오갔는데, 뜻밖에도 그녀는 이혼을 깊이 고민 중이라고 했다. 아이 둘이 대학 입시를 앞둔 고등학생이 아니라면, 당장이라도 이혼하고 싶다고 했다.

결혼 생활 내내 맞벌이를 했지만 남편은 집안일을 전혀 이해하지 못했다고 한다. 심지어 주방 가전제품 사용법조차 몰라, 미국 출장 중이던 그녀에게 시차를 무시한 채 전화를 걸어 사용법을 묻기도 했다고 하니 그간의 결혼 생활을 추측할 수 있었다. 사소해 보이는 일 같지만, 그 작은 무능이 하나하나 20년 넘게 누적된 끝에 결국 그녀의 감정을 터뜨렸다. 맞벌이 속에서 육아와 살림까지 혼자 도맡아야 했던 세월이 억울하다고 했다. 남편은 앞으로도 변하지 않을 것이라는 확신 속에서, 그녀는 은퇴 후 남편과 함께하는 삶을 도저히 감당할 수 없다고 말했다. 그래서 이제는 긴 결혼 생활을 정리하고, 오히려 혼자 사는 편안한 삶을 선택하고 싶다고 했다.

나는 이미 결혼에 관한 책을 출간한 경험이 있어서 여자들의 고충을 이해하고 있어서 충격이 덜했지만, 함께 동석해 있던 지인들은 '이혼'이라는 말에 적잖은 충격을 받은 듯했다. 모임에서 그 여성의 애기는 한국 사회의 여성들이 결혼과 가정에 대해 가지고 있는 불만을 단적으로 보여준다. 양육과 살림의 책임이 여전히 여성에게 과도하게 집중되어 있다. 이는 사회 전반의 문제이기도 하다. 물론 요리를 잘하고 가사를 돌보는 남성들도 많지만, 여전히 가정 내 불평등은 계속되고 있다. 이제는 남성들도 변화된 세상에 발맞추어 살림과 육아를 배우고 적극적으로 참여해야 한다. 생각이 앞서가는 남편들은 가사에 적극적으로 참여하면서 현명하게 사는 부부도 많다. 내 주변 친구 중에 요리와 장보기는 도맡아서 하는 친구가 있는데 부부금실이 보기 좋다. 어쩌면 그것이 부부간 삶의 질을 높이는 길이다.

요즘 방송 프로그램인 오은영의 《금쪽 상담소》를 보면, 서로 다른 두 사람이 만나 함께 살아가는 일이 얼마나 힘든지를 느끼게 된다. 하지만 사후적인 상담보다는, 미리 행복하게 살아갈 수 있도록 돕는 긍정적이고 예방적인 프로그램이 더 필요하다고 생각한다. 방송을 보면 마치 세상 모든 부부가 불행한 것처럼 보여서는 안 되기 때문이다. 미혼의 남성과 여성들이 결혼에 부정적인 시각을 가지는 것도 어찌 보면 방송도 한몫한다는 생각이 든다. 결혼에 대하여 긍정적인 방송이 별로 보이지 않는다. 제목부터가 선정적인 경우도 많다. 어느 가정이든 갈등은 있고, 어느 인생이든 고민은 있다. 준비 없이 결혼하면 화목하게 살아가는 일이 얼마나 어려운지를 보여주기도 하지만 준비가 잘된 부부들은 행복하게 살고 있는 커플들이 많기 때문이다.

한 가지 분명한 점은, 이제 육아와 살림은 더 이상 여성만의 몫이 아니라는 것이다. 여성들의 인식은 예전과 크게 달라졌다. 지금 생각을 해 보면 부모님께 감사한 점은 살림하는 법을 배웠다. 어린 시절부터 라면을 끓이고 집안을 청소하는 법을 배웠고, 대학 시절 혼자 살면서 장을 보고 밥 짓는 법을 스스로 익혔다. 결혼 후에도 맞벌이를 했기에 퇴근길에 장을 보고 장바구니를 들고 와 요리하는 생활을 의식적으로 연습했다. 살림 기구를 다루는 법, 요리하는 법, 집안일을 해내는 법을 매일 반복하면서 익숙해지려 노력했다. 지금은 혼자서 마트에서 장보는 것부터 요리, 설거지까지 다 혼자 할 수 있는 훈련이 되어 있다.

어린 시절 어머니는 요리와 살림을 하고, 아버지는 직장에 나가 돈을 벌어오는 것이 당연하다고 생각했다. 그 당시 시골집들 대부분이 그랬다. '남자가 어디 부엌에 들어가 요리를 하느냐'는 말이 흔했던 시절이기 때문이다. 그러나 이제 세상은 분명히 달라졌다. 결혼 여부와 상관없이, 여성 중심의 사회로 합리적으로 변해가고 있는 것이다.

사람이 살아가려면 돈을 벌어야 하는 것처럼, 기본적인 생활도 스스로 해낼 수 있어야 한다. 그것은 남자든 여자든, 혼자 살든 함께 살든 모두에게 해당된다. 누군가를 위해서가 아니라 자기 자신을 존중하는 최소한의 삶의 태도이기도 하다. 요즘은 남성도 살림하기 편리한 세상이다. 아주 좋은 시대가 왔다. 인터넷 주문으로 아침이면 신선한 식재료가 문 앞에 도착하고, 손질된 채소와 재료로 간단히 요리할 수도 있다. 맞벌이 부부에게는 큰 도움이 된다. 이렇게 조금만 배우면 따뜻한 밥상 한 끼를 준비하는 일은 어렵지 않다.

요리는 단순한 생존의 기술이 아니라, 나 자신을 아끼는 방법이며, 결혼 후에는 가족에게 사랑을 표현하는 방식이 될 수 있다. 아빠가 직접 차려주는 한 끼는 아내와 자녀에게 따뜻한 사랑으로 표현된다.

육아도 마찬가지다. 결혼할 생각이 있든 없든, 어린 시절 부모가 나를 키워주었듯이 육아에 대해 배우는 것은 의미가 있다. '결혼도 하지 않았고, 아이도 없는데 왜 육아를 배워야 하지?'라고 생각할 필요는 없다. 사회적으로 자리를 잡으면 결혼이나 육아에 대한 공감의 순간은 가족 모임이든 지인 모임이든 어디서든 언제든 찾아올 수 있기 때문이다.

육아는 단지 아이를 키우는 방법이 아니라 세상과 호흡하는 과정이다. 아이를 통해 순수함을 배우고, 감정을 조절하며, 공감을 익힌다. 결국 육아는 아이를 위한 동시에 나를 위한 공부이기도 하다. 사랑하는 사람을 만나 예상보다 빨리 결혼을 하게 된다면, 배우자와 함께 육아하고 자녀와 정서적 유대를 쌓는 데 큰 도움이 될 것이다.

살림 역시 다르지 않다. 남자가 세탁기를 돌리고 청소기를 밀고 냉장고를 정리한다고 해서 가치가 떨어지는 것은 아니다. 오히려 삶을 효율적으로 살아가는 방법을 익히는 것이다. 삶이란 한마디로 "항시 정리하고 정돈하는 연습"이라는 생각이 든다. 지금까지의 경험에 비추어 보아도 미혼 시절 혼자 살면서 살림했던 경험은 누가 챙겨주지 않아도 스스로를 돌보는 훈련이 된다. 자신을 돌보지 못하는 사람이 어떻게 다른 누군가를 책임지고 보살필 수 있겠는가. 이런 과정들이 훗날 결혼과 가정을 꾸렸을 때 가족을 배려하는 능력이 된다.

결혼은 준비하고 공부할수록 행복할 가능성이 분명히 더 높아진다. 이는 인생을 살아가는 방식에도 그대로 적용된다. 아무리 '혼술'과 '혼밥'의 시대라 해도, 결혼하지 않는 삶이 자연스러워진다 해도, 우리는 언제든 예상치 못한 순간 사랑하는 누군가를 만나 함께 살아가게 될 수 있다. 그때를 위해 준비되어 있다면, 상대를 지치게 하지 않고 함께 성장하며 행복을 나눌 수 있다.

요리, 청소, 육아, 살림을 배우는 것은 단순한 역할 분담이 아니다. 인간이 살아가는 데 필요한 가장 기본적인 훈련이다. 스스로를 돌보고 아끼는 일상의 반복 속에서, 삶을 단단히 세워간다.

주역(周易)을 공부하면서 자주 하는 생각이 있다. 주역의 역(易)은 변화를 의미하는데, 세상도 그 이름처럼 끊임없이 변해야 살아남을 수 있는 곳이라는 깨달음이다. 실제로 이제는 남자들이 먼저 변화를 시작해야 하는 시대가 왔다. 살림은 선택이 아니라 자신을 위한 행복의 길이고, 육아는 단순히 돕는 차원이 아니라 세상과 함께 나누는 돌봄과 동행의 영역이다. 함께 사는 삶에는 함께할 준비가 필요하다.

세상의 변화 속도는 점점 더 빨라지고 있다. 어제의 상식과 기준이 오늘에는 이미 낡은 틀이 되어 버린다. 이 변화 속에서 멈춰 서 있는 사람은 쉽게 뒤처지고, 준비되지 않은 자들은 행복의 길을 열지 못한다. 결혼도 마찬가지다. 사랑만으로는 부족하다. 준비가 반드시 필요하다. 행복은 우연히 찾아오지 않는다. 준비된 사람, 변화에 유연하게 적응할 줄 아는 사람이 행복을 손에 쥔다.

지금 당신이 혼자이든, 누군가를 만나고 있든, 이미 가정을 꾸렸든, 중요한 것은 인생 앞에서 '준비된 나'로 서는 것이다. 요리하고 살림하는 남자가 배우자에게 사랑받고 더 행복하게 살아가는 세상은 이미 한국 사회에 도래했다. 변화에 빨리 적응하는 사람만이 행복을 차지할 수 있다. 그것이 곧 운명을 좋은 쪽으로 바꾸는 방법이다. 운명을 바꾸는 길은 멀리 있지 않다. 변화를 빨리 받아들이는 사람만이 행복에 더 가까이 갈 수 있다.

<u>10</u>

세상 사람들이 아닌,
배우자에게 인기 있는
남자가 되어야 하는 이유 알기

- 퇴직 후 대부분의 후회하는 공통점,
가족에게 잘하지 못한 일들

…

요즘 세상은 정보를 얻기에 참으로 좋은 시대다. 유튜브는 학교 교육을 넘어선 거대한 배움의 장이 되었다. 어학, 재테크, 여행, 취미, 공부 등 배울 수 있는 정보가 넘친다. 관심을 가지고 보는 분야는 정년퇴직한 인생 선배들의 말년을 살아가는 경험담이다. 영상 안에는 긍정과 부정이 공존하지만, 타인의 인생에 무게가 담긴 경험담이 기억에 오래 남더라. 종종 유튜브에서 퇴직 후 부부의 삶을 어떻게 사는지도 유심히 살펴본다. 모두 그런 것은 아니지만, 평균 수명이 길어지면서 은퇴 후의 삶이 고통이 되는 부부를 많이 보았기 때문이다. 그런 영상을 보다 보면 수명이 길어지면서 오래 사는 것이 축복이 아니라 고통이 될 수도 있다는 말이 실감난다. 화면 속 은퇴한 그들의 표정에는 여유보다 후회와 허무가 더 짙게 배어 있다. "조직을 떠나고 나니, 나는 아무것도 아니었다." "가족에게 잘하지 못한 게 제일 후회된다." 그런 비슷한 얘기들을 들으면 남의 일 같다는 생각이 들지 않는다.

평생을 직장에만 바쳤지만, 은퇴 후 몇 년이 지나자 막상 손에 남은 것은 아무것도 없다고 울먹이는 모습에서는 가슴이 짠하다. 일도, 관계도, 삶의 중심도 모두 사라진 은퇴 후의 자리에서 그들은 비로소 '결혼 생활과 부부의 삶에 대한 의미'를 다시 묻고 있는 듯 보였다.

아주 오래전, 고위 공직에서 퇴직한 한 남자가 자신의 신세를 한탄하는 얘기를 직접 들으면서 남의 일 같지 않았다. 누구든지 언젠가는 은퇴의 순간이 오기 때문이다. 은퇴 전 조직의 수장으로 있을 때는 수많은 사람이 자신을 찾았지만, 은퇴 후에는 전화를 해도 받지 않는 현실이 비통하다고 했다. 조직을 떠나니 이제는 전화가 오지 않는 것이 일상이 되었고, 전화를 걸었을 때 "지금은 회의 중입니다"라는 문자라도 받으면 그나마 조금의 매너가 남아 있는 것 같다고 말했다. 한국 사회의 많은 남성은 직장이라는 조직에 다닐 때 멋져 보였다. 회식 자리에서는 분위기를 이끌고, 조직의 힘으로 '괜찮은 사람'처럼 보였기 때문이다. 그러나 은퇴 후 조직을 떠나면서 인간관계가 단절되고, 상처받은 마음을 술로 달래며 살아가는 경우가 많다. 평생 모아둔 돈이 충분하다면 조금 나을 수 있지만, 그렇지 못하면 더욱 안타까운 현실에 직면한다. 중년의 나이가 된 나 역시 요즘 가장 많이 주변에서 보는 건 은퇴 후에 길을 잃고 방향 없이 사는 사람들이다. 문제의 핵심은 가족이다. 승진, 출장, 회식으로 건강을 챙기지 못하면서 정작 가장 가까운 사람들을 등한시한 결과, 은퇴 후 외톨이가 되면서, 가족에게조차 낯선 존재가 되어 있었다. 그나마 현역에 있을 때 아무리 바쁘더라도 가족과의 식사나 집안일을 챙기며 이해를 구했던 남성들이다. 그런 이들만이 그나마 가족과의 관계를 은퇴 후 이어갈 수 있었다. 주변의 모임에서 공통적으로 듣는 퇴직 남성들의 목소리는 "일을 더 하지 못한 것"에 대한 후회가 아니었다. 대부분은 "가족과 더 많은 시간을 보내지 못한 것", "아내에게 더 따뜻하지 못했던 것", "자녀들과 자주 함께하지 못했던 것"을 후회하더라. 현역 시절 직장을 다니는 남자들이 이 부분은 미리 잘 인식해야 한다. 사회적 성공에 몰두하느라 가족을 돌보지 못했고, 조직을 떠나니 인간관계는 오래가지 않았으며, 가족과의 관계마저 무너졌다는 사실이다. 회사의 직책과 명함은 허공 속으로 사라지면서 "이제 어떻게 살아야 하는가"라는 고통스러운 질문만 남게 된 것이다.

인생의 끝까지 함께 남는 것은 가족뿐이라는 사실을 퇴직 후에야 대부분의 남자가 비로소 깨닫는다. 그러면서, 안타까워하는 것은 평생을 바쳤던 직장이 오히려 가장 사랑해야 할 사람들과 나를 멀어지게 했다는 사실이다. 어찌 보면 진짜 성공은 직장에서의 성취가 아니라, 가족을 직장만큼 우선하고 상사만큼 존중하며 배우자를 잘 챙긴 사람에게 있다. 물론 쉬운 일은 아니다. 가족의 생계를 책임져야 했고, 살기 위해 돈을 벌어야 했으니 모든 것을 완벽하게 해내는 것은 애초에 불가능했을지도 모른다. 하지만 지금의 세상은 결혼과 가정이 너무 쉽게 해체된다. 직장에 충실하게 살아온 사람조차 퇴직 후 이혼이나 별거를 겪는 경우가 흔하다. 그런 사실을 알고 이제부터라도 배우자와의 관계에 대해서 조금이라도 바꿀 수 있도록 인식을 하고 노력해야 한다.

사회에서 인기 있는 남자가 되는 것보다, 아내와 자녀에게 인기 있는 남편과 아버지가 되도록, 조금 더 웃어주고, 조금 더 이야기를 들어주고, 함께 식사를 자주 하는 것에서부터 시도하면 된다. 먼저 살아본 이들의 후회 속에는 우리가 어떻게 살아야 하는지에 대한 인생의 지혜가 담겨 있다. 유튜브 방송의 은퇴 후 삶을 다루는 이야기들을 유심히 보면서 내린 결론은, '가족을 직장보다 더 사랑하자'라는 생각이다. 직책은 언젠가 사라지고, 명함은 휴지가 되지만, 가족은 영원히 남는다는 사실이다. 직장에서 박수를 받는 것도 중요하지만 가족들과 함께하는 저녁 식탁에서 웃음을 짓는 것이 더 중요하다는 사실을 하루라도 빨리 깨달으면 좋다. 이 글을 쓰면서 그간 가족들에 대한 관계를 되돌아본다. 인생은 끊임없이 변화하는 과정이고, 그 변화 속에서 무엇이 가장 중요한지 빨리 깨닫고 실천하는 것이 가장 지혜로운 삶이라는 생각이 든다.

<u>11</u>

아이 없는 결혼의 시대, 반려견·반려묘와 함께 사는 결혼 이해하기

- 가족 구성원을 누구로 할 것인가

...

어린 시절, 어머니의 슬픔을 한번 본 적이 있었는데, 그 순간은 지금도 잊히지 않는 아픈 기억으로 남아 있다. 오랜 세월 함께했던 강아지가 갑자기 세상을 떠난 것이다. 초등학생이던 나도 처음으로 슬프다는 감정을 느꼈는데, 어머니는 한 달 가까이 제대로 식사하지 못할 만큼 깊은 슬픔에 빠졌었다. 어린 나 또한 강아지의 갑작스러운 죽음을 보며 충격을 받았지만, 애써 먹이를 챙기고 정성껏 돌보셨던 어머니의 상실감은 아마 나보다 훨씬 더 깊고 무거웠을 것이다.

어린 시절 시골은 지금처럼 반려견을 아파트 거실에서 함께 키우는 문화가 아니었다. 아이를 많이 낳아 키우는 가정이 흔했기에 반려견이나 반려묘를 집 안에서 가족처럼 함께 지내는 것이 아니라, 마당에서 기르던 시절이었다. 그럼에도 뜻하지 않게 찾아온 강아지의 죽음은 어머니에게 너무도 큰 상실이었다. 남다른 애정을 쏟으며 돌보았던 존재였기에, 그 이별은 어머니 마음에 깊은 슬픔에 흔적을 남겼다. 그 모습은 지금도 내 기억 속에 아주 선명하게 남아 있다.

　세월이 흘러, 지금은 결혼과 출산이 줄어든 시대가 되었다. 출산을 하지 않는 대신 사람들의 애정은 반려견과 반려묘에게 향하고 있다. 얼마 전 한 페이스북 친구는 갑작스러운 반려견의 죽음을 겪고 삶이 마비된 듯한 고통을 호소했다. 반려견을 자식처럼 생각했으니, 슬픈 심정이 충분히 이해되었다. 자녀 없이 반려견과 10년 이상을 함께 살았으니 얼마나 많은 정이 들었을까. 또 다른 지인은 돌싱으로 살며 반려묘를 유일한 가족처럼 여기고 있었다. 해외여행을 갈 때마다 반려묘를 맡길 사람을 얼마나 신중히 찾는지 지켜보면서, 고양이가 정말 가족 이상의 존재구나 싶었다.

　정말이지 요즘은 반려동물이 단순한 감정의 대상에 머물지 않는다. 결혼한 부부가 아이 출산 대신 반려견이나 반려묘를 선택하여 키우는 경우가 늘고 있다. 시절이 이렇다 보니, 미혼 시절부터 키우던 반려동물이 결혼 후 갈등의 원인이 되기도 한다. 예비부부 모두 반려동물을 좋아한다면 괜찮지만, 한쪽이 반대한다면 함께 사는 문제가 쉽게 해결하기 어려운 갈등으로 번질 수 있다. 더 나아가 만약 반려동물들과 살다가 이혼할 경우에는 반려동물이 누구와 함께 지낼 것인지까지 다투는 사례도 늘어나고 있다. 재산 분할과 자녀 양육권뿐 아니라, 반려동물의 돌봄과 양육권 문제까지 현실의 과제가 된 것이다.

1인 가구의 급증 속에서 사람들은 외로움을 반려견과 반려묘와 함께하며 달래고 있다. 집에 돌아왔을 때 반겨주는 반려동물의 눈빛 하나에, 사람은 위로를 받고 정을 느끼면서 삶에 위로를 받는다. 그러니 때로는 부부 사이처럼 다정한 관계가 되기도 하고, 자식처럼 일방적으로 애정을 쏟으며 기쁨을 느끼는 존재가 되기도 한다. 애완동물을 넘어 인간의 관계 중심으로 들어온 새로운 가족이 된 것이다.

이제 아이 없는 부부에게 "왜 아이는 낳지 않나요? 나중에 외롭지 않을까요?" 물을 때마다 "우린 외롭지 않아요. 반려묘와 반려견이 있으니까요." 이런 대답을 자연스럽게 하는 세상이 된 듯하다.

한때는 결혼하면 당연히 아이를 낳고 키워야 한다고 생각했었다. 아이는 부부 사랑의 완성이자 가족의 상징처럼 여겨졌기 때문이다. 이제 그런 가족 개념은 흔들리고 있다. 결혼 전에 서로 아이를 낳지 않기로 합의하고, 대신 반려동물과 함께 살기로 약속하는 부부도 적지 않기 때문이다. "우리는 둘이서도 충분해요. 그리고, 우리에게는 강아지가 있어요." 예전이라면 상상조차 하기 힘든 말이었지만, 이런 답변이 지금은 엄연히 현실이 되었다. 실제로 몇 년간 SNS를 통해 반려견이나 반려묘와 함께 사는 사람들의 모습이 바뀐 세상을 실감하게 했다. 주변 지인들의 삶도 자세히 들여다보면 반려견이나 반려묘와 함께하는 경우가 많다.

결혼은 더 이상 반드시 출산을 전제로 한 제도가 아니다. 서로의 존재를 지지하고, 함께 살아가기로 약속하는 삶의 형태로 바뀌고 있다. 집집마다 반려견과 반려묘와 함께하는 풍경이 자연스러워졌고, 동물병원은 사람 병원처럼 일상이 되었다. 수의사를 하는 내 친구는 요즘 사람들의 동물에 대한 사랑이 정말이지 사람보다 더 애지중지한다고 얘기한다. 그런 얘기를 들으면서 바뀐 세상을 실감하고 있다.

결혼을 고민하는 이들이 스스로에게 던져야 할 질문은 단순히 "누구와 살 것인가"가 아니다. "가족 구성원을 누구로 할 것인가, 어떤 방식으로 함께 살아갈 것인가"까지도 한 번쯤 미리 생각하면 좋다. 결혼을 결심하는 순간이 온다면, 사랑하는 연인과 이런 문제를 함께 이야기해 보아야 한다. 반려동물을 키우지 않던 부부가 반려동물을 키워야 할 경우, 그리고 예상하지 못했던 부부가 이혼할 경우 누가 반려동물과 함께 살아야 하는

가를 말이다. 아마 미래에는 이러한 문제를 두고 법적, 사회적 갈등이 한국 사회에 생길 수도 있다. 그만큼 반려동물은 이제 단순한 애완의 존재를 넘어, 삶의 정서적 중심이 되어버렸다.

사람을 사랑하고 돌보고 싶은 본능은 이제 동물에게 향하고 있다. 가족의 정이 그리운 시대에, 반려동물은 그 존재만으로 우리의 삶을 충분히 따뜻하게 만들어 준다. 요즘 젊은 세대는 이런 모습을 보며, 아이 없는 결혼도 가능하다는 생각을 할 수 있다. 왜냐하면 반려견과 반려묘가 곁에 있기 때문이다.

이러한 가족 관계의 변화 속에서, 우리는 어쩌면 조용히 외로움을 견디고 있는지도 모른다. 분명한 것은, 반려동물과 함께 사는 삶을 이제는 가족의 한 형태로 받아들여야 한다는 사실이다. 결혼을 앞둔 젊은 세대는 변화된 가족의 의미를 이해하고 준비해야 한다. 결혼을 하든 하지 않든 말이다.

12

결혼 전 인간의 관상도
스스로 공부해 보기

- 좋은 관상은 심상에서 나온다

…

주역이나 명리에 대한 관심이 컸지만, 박사 과정을 공부하던 시절 인상학 수업을 들으며 인간의 얼굴에 담긴 관상에도 깊은 호기심을 가졌다. 혼자 관상과 관련된 여러 책을 찾아 읽고, 틈날 때마다 연구하듯 들여다보았다.

지하철에서 스쳐 지나가는 낯선 사람들을 볼 때도, 책에서 배운 내용을 떠올리며 얼굴에 드러난 기운을 살펴보곤 했다. 재물 운이나 건강, 얼굴에 투영된 삶의 흐름 같은 흔적을 읽어내려는 일종의 습관이었다. 그건 단순한 흥미에 그치지 않았다. 얼굴에 새겨진 흔적 속에서 한 사람의 살아온 인생 이야기를 찾아내려는 나만의 시도였다. 어쩌면 사람의 얼굴을 통해 운명이나 미래를 조금이라도 헤아릴 수 있다면, 인간관계에서 덜 상처받고 조금 더 지혜롭게 살아갈 수 있지 않을까 하는 생각이 늘 따라다녔다.

관상을 공부하며 알게 된 것은 단순히 얼굴의 생김새가 아니었다. 스쳐 지나가는 이들의 마음까지 읽을 수는 없지만, 대화를 나누다 보면 그들의 태도와 말투 속에서 관상과 심성이 어렴풋이 드러난다. 그 속에서 그 사람의 성향이나 살아온 방식을 어느 정도 파악할 수 있었다.

언론이나 방송에서 크게 보도된 좋지 않은 사건들을 접할 때면, 관련된 인물들의 관상을 유심히 살펴보는 것도 내 습관이 되었다. 개인적으로 오랜 세월 관상 자료를 축적하며 분명히 깨달은 것이 하나 있는데, 사람의 살아온 습관과 태도는 얼굴에 투영된다는 사실이다.

예를 들어, 미국 할리우드의 전설적인 배우 클린트 이스트우드를 떠올려 보자. 아흔을 훌쩍 넘긴 나이에도 얼굴에서 중후함과 선함이 느껴진다. 영화계에서 큰 영향력을 발휘했을 뿐아니라, 사회에 선한 영향력을 끼쳐온 모습은 그 자체로 인간의 품격을 보여준다. 그런 사람의 관상이 어찌 선하지 않을 수 있겠는가. 실제 눈빛부터 선한 마음을 지울 수가 없다.

관상에서 가장 중요한 것은 얼굴에 드러난 흔적이 아니라, 살아온 인생의 이력이 남기는 '심상(心相)'이다. 선한 영향력을 끼치며 덕을 베푼 이와, 악행으로 수시로 형사처벌을 받는 이의 얼굴이 같을 수는 없다. 관상은 곧 살아온 삶이 반영된 결과이기 때문이다. 관상은 인간의 오랜 경험이 얼굴에 축적된 지혜로 나타난다는 말이 그냥 나온 말은 아닌 듯하다.

우리는 살면서 사회생활 속에서 수많은 사람을 만난다. 그리고 대부분, 첫인상에서 상대의 얼굴 표정을 먼저 유심히 바라본다. 어떤 사람은 처음 보자마자 괜히 끌리고, 또 어떤 사람은 이유 없이 거리를 두고 싶어진다. 그 차이는 대개 그 얼굴에서 풍겨 나오는 묘한 '기운' 때문일 때가 많다. 표정이 먼저 다가오지만, 곧 이어지는 말투와 행동에서 그 사람의 본모습은 더 선명해진다.

거짓말을 일삼고 남을 속이며 살아온 사람의 얼굴에서는 시간이 지날수록 불편함이 나타난다. 반면에, 수수하고 조용한 얼굴일지라도 늘 진심을 다하고 솔직하게 살아온 사람에게서는 자연스러운 따스함이 느껴진다. 이것이 바로 '심상(心相)', 즉 마음이 빚어낸 얼굴이다. 나는 인간의 이런 태도를 아주 유심히 살펴보는 스타일이다.

어린 시절, 고향의 시골 동네에서 마주했던 순박한 할아버지의 모습이 아직도 눈에 선하다. 할아버지의 인생 전반의 선한 마음이 읽혔다. 세상의 때가 묻지 않은 얼굴에서 살아온 인생이 보였다. 그렇게 선하게 건강해 보였던 할아버지가 다음 날

잠을 자다가 돌아가시는 걸 보면서 선하게 사신 분은 아프지 않게 생을 마친다는 생각도 했었다. 고교 시절의 일이니 아주 오래전 일이다. 결국 얼굴은 살아온 여정을 비추는 거울이자, 맑은 심상을 동시에 느낄 수 있게 해준다.

어찌 보면 관상은 단순한 미신이 아니다. 오히려 확률의 과학처럼, 인간의 삶이 얼굴에 투영된 결과라 할 수 있다. 그래서 사람의 얼굴을 본다는 것은 사람의 마음을 본다고 하는 게 맞지 않을까.

결혼을 앞둔 사람이라면 상대의 겉모습보다, 얼굴에 보이는 진실된 마음을 읽을 줄 알아야 한다. 평상시에 그런 훈련을 해야 한다. 사기 결혼으로 고통을 받는 경우가 의외로 많기 때문이다. 실제로 같은 삶을 살아도 늘 불평하는 사람이 있는가 하면, 언제나 감사하는 마음으로 살아가는 사람도 있다. 남을 험담하는 이와 배려하는 이의 얼굴이 같을 수는 없다.

기부로 선한 영향력을 끼치는 어느 연예인의 모습을 보면 눈빛이 선하고 얼굴이 맑아 보인다. 자신은 넉넉지 않은 삶을 살지만, 남을 돕는 삶을 살고 있으니 얼굴에는 분명 그 흔적이 드러나는 것이다. 마음이 쌓여 얼굴을 만들고, 심상이 곧 관상으로 이어지기 때문이다. 관상은 타고나는 것이 아니라, 살아온 삶이 차곡차곡 쌓여 드러나는 것이다.

실제로 적지 않은 여성과 남성들이 '사기 결혼'으로 큰 경제적 피해를 보고 삶을 포기하는 경우가 많다. 언론을 통해서도 결혼을 빌미로 금전적 피해를 입히고 심지어 감금까지 하는 끔찍한 범죄 사례들을 종종 접하게 된다. 피해자들이 겪는 고통은 상상을 초월한다. SBS《그것이 알고 싶다》방송을 보면 사람에게 속아서 얼마나 많은 문제가 생기고 있는지 알 수 있다.

그렇기에 사람을 보는 눈을 기르고, 자신만의 좋은 관상과 심상을 읽는 연습을 하는 것도 좋다. 사람을 만나면 의식적으로 처음 보았을 때의 말투, 얼굴의 표정, 주변 인간관계, 살아온 흔적들을 세심히 살펴야 한다. 그것은 단순히 미신이 아니라, 삶을 지켜내는 지혜이기 때문이다. 나만의 기준과 감각을 키워 사람 보는 눈을 기르는 것은 삶의 지혜다.

동시에 알아야 할 사실도 한 가지가 있다. 내 삶이 어둡다면 나의 얼굴 역시 그에 따라 인상이 흐려지고, 악상(惡相)으로 변할 수 있다는 점이다. 선하고 좋은 삶을 살아야만 얼굴에도 그런 기운이 스며든다.

사람을 보는 눈은 타고나는 것이 아니다. 경험과 공부를 통해 길러지는 것이다. 결혼을 앞둔 젊은이라면 반드시 이런 눈을 키우는 공부를 하면 좋다. 재혼을 준비하는 이들이라면 더욱 신중해야 한다. 외로워서 재혼했는데 전 배우자보다 더 못한 인간을 만나기 때문이다. 관상을 공부한다면 아마도 나를 얕잡아 보이지 않게 하면서 스스로를 지켜내는 힘이 될 수 있다.

좋은 삶은 좋은 마음에서 비롯되고, 좋은 관상은 좋은 심상에서 나온다. 항시 스스로에게, "나는 지금 어떤 얼굴로 현재를 살아가고 있는가?" 한 번쯤은 자신의 얼굴을 거울을 보면서 물어보자. 얼굴에서 풍기는 기운은 마음에서 내재된 심상에서 나오기 때문이다.

나는 거울을 볼 때면 내 얼굴에 관상을 유심히 보며 지금 잘 살고 있는지를 돌아본다.

13

운과 운명도 건강이 있어야
바꿀 수 있다는 사실 알기

- 건강이 최고의 부자라는 사실 알기
[죽을 때까지 건강을 최우선하는 삶 살기, 운의 가장 중요 법칙]

...

요즘 한국 사회에서는 스스로 생을 마감하는 사건 뉴스들이 일상처럼 들려온다. 언론을 통해 전해지는 안타까운 이별의 소식은 언제나 마음을 무겁게 한다. 질병뿐 아니라 우울증으로 인한 극단적 선택, 그리고 너무 이른 나이에 세상을 떠나는 이들이 많기 때문이다.

타고난 집안 배경이나 사회적 지위가 끝까지 인간의 운명을 지켜주지는 못한다. 좋지 않은 일에 휘말리며 건강이 무너지고, 순식간에 모든 것을 잃어버리는 경우가 많다. 그렇지만, 삶의 어느 순간 깊은 나락에 떨어졌더라도 건강만 지켜낸 사람들은 다시 일어설 수 있다. 사업에 실패했거나, 이별과 이혼으로 큰 상처를 받았더라도 몸이 건강하다면 좋은 기회는 반드시 다시 찾아온다. 주변에서 사업 실패와 건강 악화가 겹치면서 끝내 삶을 포기하는 사람들을 너무 자주 본다. 건강까지 무너지면서 인생이 완전히 무너지더라.

박사 학위를 취득하기 위해서 공부하는 과정은 결코 쉽지 않았다. 우스갯소리로 "박사 공부하다가 병 난다"는 말을 하지만, 농담만은 아니었다. 긴 시간 끝에 운 좋게 박사 학위를 받았을 때, 수많은 생각이 스쳐 지나갔다. 가족에 대한 기억, 공부 과정에서 겪은 고난, 그리고 학위를 취득한 뒤에도 이어지는 새로운 고민들…

하지만 그 모든 생각 끝에 남은 건 단순했다. 아프지 않고 박사 학위를 받은 것에 감사했다. 가장 중요한 것은 건강이라는 사실이다. 운이 나빠지는 사람들을 보면 대부분 건강이 먼저 무너진다. 건강하지 않으면, 어떤 꿈도 이룰 수 없다. 건강이 삶의 토대고, 운명을 지탱하는 마지막 힘이기 때문이다.

적지 않은 나이가 되니 건강의 소중함을 절실히 느끼며, 의사 못지않게 건강을 공부하고 관리하려 노력한다. 매일 저녁 러닝을 하며 하루의 스트레스를 흘려보내고, 땀 속에서 새로운 에너지를 얻는다. 인생에서 가장 큰 자산은 돈이 아니다. 건강한 삶, 그 자체가 이미 부(富)이기 때문이다. 건강을 지키려는 태도야말로 좋은 운명으로 나아가는 가장 확실한 길이라고 믿고 있다.

러시아 대문호 도스토옙스키는 젊은 시절 급진적 사상 모임에 가담했다는 이유로 시베리아로 유배를 갔다. 혹독한 환경 속에서도 그는 건강을 지켜냈고, 혹독한 시련을 통과한 뒤 『죄와 벌』, 『카라마조프가의 형제들』 같은 위대한 작품들을 세상에 내놓았다. 고통 속에서도 건강을 잃지 않았기에 자신의 운명을 바꿀 수 있었다.

젊은 날 어떤 어려움이 닥치더라도 반드시 건강을 지켜야 한다. 건강을 붙들고 있으면 긴 인생 속에서 다시 일어설 기회는 반드시 찾아온다. 건강은 그냥 주어지는 게 아니라, 의도적으로 투자하고 의식적으로 관리해야 하는 삶의 자산이다. 젊은 시절부터 건강의 가치를 인식하고 살아가는 것, 그게 운명을 지키는 첫걸음이다. 운도 운명도 건강이 있어야 바꿀 수 있다.

사람들은 흔히 불행할 때 하는 얘기가 있다. "나는 팔자가 좋지 않아." "내 운명은 왜 이럴까." 그러면서, 누군가는 사주를 보고, 누군가는 MBTI를 보고, 누군가는 별자리를 뒤적이며 운명을 바꾸려 한다. 하지만 아무리 좋은 운이 주어져도, 그걸 움직일 수 있는 힘이 없다면 아무 의미가 없다. 운을 실현하는 데 필요한 에너지가 바로 건강이라는 것은 불변의 사실이다.

건강은 단순히 오래 살기 위한 조건이 아니다. 병상에 누워 본 사람들은 다 알 것이다. 아파서 움직이지 못하는 순간부터 모든 고민은 사라지고, 오직 하나의 바람만 남는다는 사실을 말이다. "그저 아프지 않게 병을 낫게 해달라." 오직 건강을 회복하는 것으로 모든 관점이 바뀌는 것이다. 이렇게 건강이 무너지는 아픔은 다른 어떤 꿈도, 고민도 앗아간다.

운명을 바꾸는 유일한 도구는 운(運)인데, 한자를 풀어보면 '움직일 운(運)'이다. 움직이려면 힘이 필요하고, 그 힘은 건강한 몸에서 나온다. 병든 몸으로는 의욕조차 사라진다. 죽음을 앞둔 이들이 가장 많이 하는 후회도, 결국 건강을 소홀히 한 것이었다고 한다.

건강은 곧 삶의 자유이면서, 운명을 새롭게 선택할 수 있는 가장 중요한 자산이기도 하다.

평생을 살면서 우리는 항시 또 다짐해야 한다. 죽을 때까지 건강을 최우선 가치로 두겠다고.

운보다 더 중요한 건 운을 실현할 힘이고, 운을 움직이는 힘은 오직 건강에서 온다는 사실을 알아야 한다. 건강한 하루가 곧 운 좋은 하루다. 운 좋은 하루들이 모여, 자신의 운명을 바꾸는 것이다.

어떤 시련이 와도 건강만큼은 꼭 지켜야 한다. 몸이 무너지면 마음도 무너진다. 건강을 지키는 연습은 곧 인생을 지키는 연습이다. 젊은 날, 내 몸을 돌아보는 습관이 결국 내 운명을 바꾸는 시작이 된다. 젊은이라면 어떠한 시련이 와도 이겨낼 수 있는 건강을 위해 아낌없이 투자해야 한다. 집 근처 공원을 뛰는 작은 습관만으로도 쌓였던 스트레스가 풀리고, 몸은 자 신감을 되찾으며 삶은 훨씬 더 행복해질 것이다.

PART 2

남자의 결혼,
어떤 여자와 살아야
행복할까

1

사랑만으로 결혼이
행복할 수 없다는 현실 공감하기

- 행복한 결혼과 불행한 결혼에 대한
다양한 사례 간접 경험하기

…

이탈리아를 여행할 때 작은 카페에서 운 좋게도 좋아하는 로미나 파워와 알바노 부부가 부르는 〈펠리치타〉를 들었다. 그들이 함께 부르는 노래를 들으며 서로 손을 맞잡고 노래했을 부부의 모습을 상상했다. '사랑과 행복이란 저런 것이 아닐까' 하는 생각이 절로 들었다. 이탈리아에서 들을 때의 행복한 감성을 잊지 못한다. 한국에 돌아와서도 자주 노래를 들었다. 퇴근길 지하철에서 이어폰으로 들으면 마음이 따뜻해지곤 했다.

그런데 최근에 로미나 파워와 알바노 부부가 더 이상 함께 노래하지 않게 되었다는 소식을 들었을 때는 적잖이 놀랐다. 영원할 것만 같던 사랑이 끝날 수도 있다는 사실을, 그때 비로소 실감했다. 사랑의 열정은 시간과 함께 변한다는 사실을 말이다.

누구나 연애할 때의 뜨거운 감정이 결혼 후에도 그대로 이어지기를 바란다. 하지만 현실은 많이 다르다. 결혼을 하고 세월이 흐르면서 사랑의 형태는 자연스럽게 변해간다. 매일 함께 지내고 서로를 너무 잘 알게 되면서 감정은 차츰 달라진다. 어쩌면 그게 인간의 본성일 수도 있다.

결혼 초에는 애틋한 마음으로 아이를 낳고 함께 시간을 보내며 행복을 쌓아간다. 그러나 곧 현실의 무게가 다가온다. 직장 일, 육아의 고단함, 살림의 반복, 양가 집안일까지, 모든 것이 부부의 곁에 늘 함께한다. 결혼이란 사랑만이 아니라 이렇게 현실을 함께 견디는 일이라는 걸 깨닫게 되는 순간이 오더라.

그렇다고 이런 변화가 나쁜 것만은 아니다. 연애 때의 설렘은 줄어들지만, 그 자리에 다른 감정이 자리 잡는다. 서로를 지켜주는 든든함, 가족이라는 이름으로 이어지는 보이지 않는 정, 세월이 흘러도 곁을 지켜주는 힘 같은 것들이다.

문제는 부부간의 미워하는 마음보다 더 무서운 게 무감정이라는 사실이다.

얼마 전 한 방송 프로그램에서 결혼 10년 차 부부의 이야기를 본 적이 있다. 충격적이었던 건 그들이 하루에 단 한마디도 하지 않고 산다는 사실이었다. 같은 집에 살면서도 각자의 방에서 각자의 시간을 보내고, 각자의 외로움 속에 갇혀 사는 것이었다.

아내는 방송에서 담담히 말했다. "지금 저희는 부부가 아니라 룸메이트 같아요. 말도 안 해요. 감정도 없어요."

남편 역시 솔직하게 무덤덤하게 털어놓았다. "저도 아내가 불편해요. 가까워지고 싶긴 한데 어떻게 다가가야 할지 모르겠어요."

부부의 모습은 남의 이야기처럼 느껴지지 않았다. 지금 한국 사회의 많은 부부가 겪고 있는 현실이기도 했다. 대화 없이 아무런 감정도 없이 사는 부부가 의외로 많기 때문이다. 좋아하는 것도 아니고 미워하는 것도 아닌, 그저 무감정한 상태로 말이다. 어쩌면 그것이 더 무서운 일인지도 모른다.

그래서 사랑은 항시 노력이 필요한 듯하다. 주변을 보면 의외로 많은 부부가 이혼을 고민하고 있다. 아이들 때문에, 경제적 이유로, 혹은 체면 때문에 어쩔 수 없이 결혼을 유지하는 경우도 많다. 사랑으로 시작한 결혼이 왜 이렇게까지 변해버리는 걸까.

중요한 것은 감정이 달라질 때 그것을 어떻게 돌보고 회복할 것인가 하는 점이다. 다행히 방송 속 부부는 각자의 문제를 인식했고 상담가의 조언을 받아들이고, 고쳐보려는 마음을 가지게 되었다. 처음에는 어색했지만 대화를 시도하고 마음을 열며 노력하는 모습에서 서로의 진심을 확인할 수 있었던 것이다.

상담을 하던 상담사가 예전 사진을 보여주며 그때의 감정을 되살리자, 두 사람이 눈물을 흘렸다.

"그때는 정말 행복했는데… 언제부터 이렇게 된 걸까요."

방송 장면을 보면서 많은 생각이 들었다. 감정이 변하는 것은 자연스러운 일이지만, 그것을 방치해서는 위험한 문제를 생기게 한다는 것을.

결혼은 어쩌면 감정의 변화를 함께 견디는 일이다. 시간이 흐르면 인간의 감정은 변한다. 그것은 자연스러운 일이다. 연애 때의 뜨거운 사랑이 영원히 지속되지 않는다는 사실을 인정하고 받아들이면 된다. 사랑이 옅어졌을 때 부부는 서로를 신뢰하며 함께 노력해야 한다.

사랑이란 한 가지 형태로 영원히 이어지지 않는다. 연애 때의 설렘은 사라지지만, 현실을 이해하고 받아들일 때 비로소 결혼은 새로운 방식으로 지속될 수 있다. 부부의 삶이란 뜨거운 사랑만으로는 버틸 수 없는 여정이다.

변하는 감정을 인정하면서도 관계를 새롭게 가꾸고, 끝내 서로의 곁을 지켜내는 선택. 그 속에 결혼의 진정한 의미가 있다.

펠리치타를 부르던 부부처럼 완벽해 보이던 사랑도 변할 수 있지만, 우리에게는 아직 선택의 여지가 남아 있다. 변해가는 감정 속에서도 서로를 향해 한 걸음 다가가려는 노력, 그것이 결혼 생활을 지탱하는 힘이 아닐까.

2

외롭다고
함부로 만나면
안 되는 이유 알기

- 인연을 신중히 하기

…

결혼하기 전 혼자 살 때 외롭다는 생각을 많이 했다. 주변 친구들은 하나둘 결혼하는데 나는 언제쯤 할 수 있을까… 불안하기도 했지만 그보다는 외로움이 더 컸던 것 같다. 사귀는 사람도 없고, 원룸에 혼자 있으면 쓸쓸함이란 말로 표현할 수 없었다. 그렇다고 아무나 만나고 싶진 않았다.

혼자 사는 사람이라면 누구나 알 거다. 문득문득 찾아오는 그 외로움. 사람들이 흔히 "인간은 누구나 외롭다"고 하지 않나. 실제로 결혼을 했든 안 했든 외로움은 항상 우리 곁에 있는 것 같다. SNS만 봐도 결혼했는데도 외롭다는 글들이 넘쳐난다. 외로움은 어쩌면 우리가 살면서 계속 마주할 수밖에 없는 감정인가 보다.

예전에 이혼한 지인이 했던 말이 아직도 기억에 남는다. "퇴근하고 집에 들어갈 때마다 너무 외로워. 아무도 기다리는 사람이 없잖아." 그 지인의 말로는 외로움이 단순한 감정이 아니라 집 안에 들어서는 순간 숨이 막히게 다가온다고 했다.

대학가 인근의 식당에 가보면 혼자 밥 먹는 학생이 많이 보인다. 요즘엔 혼밥이 자연스럽긴 하지만, 그래도 어쩐지 쓸쓸해 보일 때가 있다. 외로움은 그렇게 일상의 작은 순간들에서 우리를 찾아온다.

혼자 살다 보면 사실 누구든 외롭다. 그럴 때 나를 조금이라도 이해해주는 사람이 나타나면 쉽게 마음이 가게 된다. 근데 바로 그런 순간이 제일 조심해야 할 때다. 외로움 때문에 시작한 관계가 오히려 혼자일 때보다 더 큰 고통이 될 수 있으니까.

모든 만남이 좋은 인연이면 좋겠지만 현실은 그렇지 않다. 외로운 상황을 이용해서 접근하는 사람들도 분명히 있다. 경제적으로 힘든 상황을 숨기고 금전적인 것만 노리거나, 심지어 정서적으로 학대하는 경우도 있다. 나중에 보면 내 외로움을 교묘하게 이용한 것이다. 이런 일이 너무 많다. 그래서 외롭다고 아무나 만나면 안 된다는 거다. 한번 잘못 엮이면 인간관계를 정리하기도 힘들고 더 큰 상처만 남는다. 특히 결혼을 생각하는 나이라면 더더욱 신중하게 관계를 맺어야 한다. 결혼은 외로워서 하는 게 아니라, 함께할 준비가 됐을 때 자연스럽게 만나는 인연으로 하는 거니까.

외로움을 피할 순 없다. 근데 피해야 할 대상도 아니다. 삶의 일부로 받아들이고 건강하게 다루는 법을 배워야 한다. 외로움은 때로 우리에게 관계가 필요하다는 신호일 수도 있다. 중요한 건 그 감정에 휘둘러서 판단력을 잃으면 안 된다는 거다. 미혼 시절에는 더욱더 결혼을 급하게 생각하지 말고 외롭더라도 잘 견디는 삶을 살아야 한다. 이런 과정을 거치면 나중에 좋지 않은 사람이 다가왔을 때 알아볼 수 있는 힘이 생긴다. 외로움에 흔들리지 않고 나를 지킬 수 있는 힘 말이다.

요즘 세상을 보면 완전히 달라졌다. 페이스북, 인스타, 카카오톡, DM… SNS 없이는 하루도 못 사는 시대다. 서로의 일상을 공유하고, 공감 버튼 하나로 감정을 나누고, 댓글 몇 줄로 친구가 된다. 클릭 한 번, 댓글 한 줄로 인연이 시작된다. 인연을 너무 쉽게 맺는 세상이다.

나도 SNS를 많이 했었는데 지금은 좀 거리를 두고 있다. 살아온 게 어떤지도 전혀 모르는 사람들과 SNS에서 친해지다가 이상한 인연에 휘말리는 경우를 주변에서 봤고, 뉴스에서도 많이 봤으니까. 물론 SNS의 좋은 점도 있긴 하다. 문제는 온라인에서 시작된 인연이 오프라인으로 이어지면서 예상치 못한 문제가 생긴다는 거다. 외로운 삶에서 설레는 감정이 생기고, 흥분되고, 묘한 감정이 오가다 보면 순간적으로 잘못된 판단을 하게 된다. 나중에 후회하는 일들이 생길 수 있다.

외로운 사람들은 상대의 친절한 말 한마디에 쉽게 빠진다. 근데 서로를 제대로 알지도 못한 채 외로움만으로 이어진 관계는 생각보다 오래 못 간다. 더군다나 SNS에는 그런 외로움을 노리는 사람들이 의외로 많다. 감정을 속이고 접근해서 금전적 피해나 정신적 상처를 주는 경우도 많다.

물론 온라인에서 시작해서 좋은 관계로 발전한 사람들도 있기는 하다. 중요한 건 어떻게 관계를 맺느냐다. 신중하게 접근한다면 SNS도 좋은 만남의 기회가 될 수 있다.

나이 들수록 많은 인간관계가 정리되면서, 학교나 직장에서 만난 소박한 인연들이 더 소중하다는 걸 느낀다. 쉽게 다가온 인연은 쉽게 끝날 수 있고, 잘못하면 지금까지 쌓은 모든 걸 한 순간에 잃을 수도 있으니까.

SNS 하면서 느낀 건데, 거기엔 불행한 사람이 없더라. 다들 행복해 보이고, 부자고, 좋은 직장 다니고, 화려한 삶을 사는 것처럼 보인다. 물론 진짜 그런 사람도 있겠지만 대부분은 과장된 모습이다. 인연을 맺는 데 있어 중요한 건 속도가 아니라 신뢰와 진실이다. 외로움이 깊을수록 인연을 맺는 것을 더 조심하고 신중해야 한다. 사람 관계는 많다고 좋은 게 아니다. 수많은 관계보다 나를 제대로 지켜주는 단 한 사람의 진실한 인연이면 충분하다.

외로운 시절이 와도 함부로 인연 맺지 않으면서, 동시에 외로움을 건강하게 다루는 힘을 기르는 게 중요하다. 외로움을 혼자 견디는 힘도 필요하지만, 건강한 관계를 알아보는 능력도 함께 길러야 한다. 이 둘 사이의 균형이 성숙한 삶의 자세가 아닐까 싶다.

인간은 평생 외롭지 않을 수 없다. 그래서 함부로 인연 맺어서 오래 남을 상처를 만들지 말고, 진짜 좋은 관계를 알아보고 소중히 할 줄 아는 지혜가 필요하다. 요즘 뉴스 보면 안 좋은 사건이 정말 많다. 외로움을 피하지 말고 현실을 받아들이는 과정에서, 좋은 만남을 분별하면서 지탱할 힘을 가져야 한다.

<u>3</u>

자신도 완벽하지 않으면서,
완벽한 여자 찾지 말기

- 완벽한 사람은 없다

…

얼마 전 직장인 커뮤니티에서 이런 글을 보았다.

"남자는 40대가 되어서도 머리숱이 풍성하고, 배만 안 나오면 성공한 거다."

순간 피식 웃음이 났다. 이 짧은 글에는 금세 댓글들이 줄줄이 달렸다.

"거기에 학벌도 좋고, 괜찮은 직장 다니고, 키도 크고, 유머 감각도 있고, 부모님 경제력까지 받쳐주면 금상첨화죠!"

"그 정도면 사람 맞나요?"

그리고 이어진 마무리 한 줄.

"근데 그런 남자는… 없습니다."

맞다. 현실에서도 그런 완벽한 남성이나 여성은 거의 없다. 글을 읽고 난 후에 한동안 나도 모르게 웃음을 참지 못했다. 가끔 이런 글들을 보다 보면 실제로 내 주변에는 어떤 사람들이 있나 돌아보게 된다. 생각해보니 나이가 들어도 사람들은 여전히 이성에 대한 관심과 호기심을 버리지 못한다. 나이가 들어도 사람에 대한 기준은 크게 변하지 않는다는 생각도 든다.

돌이켜보면 젊은 날 나의 기준도 좀 높았던 것 같다. 그렇지만, 맞선을 보는 과정에서 너무 부유했던 집안의 여성과는 의도적으로 인연을 맺지 않았다. 나와는 맞지 않을 것이라는 생각이 들었다. 지금 생각해보면 좀 웃기기도 하고, 또 한편으로는 그게 맞는 선택이었던 것 같기도 하다. 맞선을 많이 보면서 깨달았다. 완벽한 사람은 없다는 걸. 아마도 인연이 되지 않았던 상대방들도 나를 보면서 비슷한 생각을 하지 않았을까. 아무튼 그때 완벽한 배우자를 만나는 건 쉽지 않다는 걸 깨달았다.

지금 결혼을 하지 않은 많은 젊은이도 늘 이상적인 배우자를 떠올릴 것이다. 충분히 이해가 간다. 키도 크고, 외모도 뛰어나며, 학벌도 좋고, 경제력도 풍족하고, 집안 배경도 탄탄하며, 성격까지 좋은 사람. 모든 조건을 갖춘 완벽한 이상형을 마음속에 그린다. 여자나 남자나, 인간이라면 비슷한 생각을 가질 것이다.

그런데 현실에서 실제로 그런 이상적인 배우자를 만나는 일은 거의 불가능하다. 경험상 꼭 한 가지는 부족한 게 나타나게 되어있다. 그래서 결혼이 쉽지 않은 것이다. 누구나 그런 이상형을 갈망하는데, 인간의 자연스러운 본성이니 뭐라고 할 수는 없다.

인생을 좀 살아본 사람들은 안다. 완벽한 사람은 없다는 사실을. 하물며 친구 관계를 보아도 완벽한 친구가 없다는 사실을 깨달으면 배우자의 이상형을 선택하는 게 이해가 빨리 될 수 있다. 돈이 많아도 건강이 좋지 않을 수 있고, 학벌이 부족해도 뛰어난 능력과 기술을 가진 사람이 있듯이, 모든 면에서 흠잡을 데 없는 배우자는 존재하지 않는다. 그래서 맞선을 많이 본 사람들이 눈이 높아진다는 말도 어쩌면 틀린 말은 아닌 듯하다.

근데 아이러니한 건, 이상형을 찾는 본인들조차 완벽하지 않다는 점이다. 자신도 결코 완벽하지 않으면서 더 완벽한 배우자를 찾고자 하는 모순에 빠진다. 이런 걸 보면 인간이 어쩌면 본성에 가장 충실한 모습을 드러낼 때가 배우자를 선택할 때가 아닌가 싶다.

물론 과도한 조건에 대한 집착은 문제다. 그렇다고 자신에게 맞는 기준 자체를 포기하라는 얘기는 아니다. 그래서 외모나 스펙보다 더 중요한 게 있다고 본다. 기본적인 가치관, 인생의 방향이 비슷한지, 서로를 존중하는 태도를 가졌는지. 이런 본질적인 부분들을 살피는 건 까다로운 게 아니라 필요한 일이다. "완벽하지 않아도 괜찮다"는 말이 "아무나 만나도 된다"는 뜻은 아니니까.

결혼은 드라마나 영화처럼 극적이지도 않고 감동적이지도 않다. 그냥 매일 반복되는 일상 속에서 소소한 행복을 찾아내고, 서로의 부족함을 채워가며 조금씩 더 나아지는 과정이다. 그저 평범한 삶의 연속일 뿐이다.

결혼을 하면 아침마다 서로의 민낯을 마주하면서 '완벽한 배우자'란 존재하지 않음을 깨닫게 된다. 그게 부부의 본연의 모습이기도 하다. 가장 생생한 모습을 보면서 말이다.

그래서 결혼 전에는 완벽한 상대를 찾으려 애쓰기보다 스스로 먼저 돌아보고, 더 좋은 사람이 되려는 노력이 더 낫다고 생각한다. 완벽한 배우자는 거의 없다고 보는 게 맞다. 그게 인간 세상의 본모습이니까.

한 가지 더 생각해볼 게 있는데, 결혼은 불완전한 두 사람이 서로를 채워주는 과정이기도 하지만, 각자 독립적으로 온전한 두 사람이 만나 더 풍성한 삶을 함께 만드는 것이기도 하다는 점이다. 상대가 내 빈자리를 메워줄 거란 기대만으로 결혼하면 그 기대 자체가 상대에게 큰 부담이 될 수 있다. 먼저 나 자신이 온전해지려는 노력, 그게 선행되어야 한다.

완벽한 배우자가 없듯이 문제없는 결혼도 없다. 모든 인생이

미완성이듯 결혼 또한 끝없는 미완성의 연속이다. 중요한 건 무결점의 상대를 찾는 게 아니라, 불완전한 나와 함께 서로의 불완전함을 이해하고 존중하며 함께 성장할 수 있는 사람을 발견하는 일이다.

그러니 인생을 완벽하게 살려고 애쓰지도 말고, 완벽한 사람을 찾으려 애쓰지도 말자. 결혼은 서로의 부족함을 인정하고 채워가며 그 속에서만 가능한 '완전한 결혼'을 만들어가는 것. 그게 결혼을 대하는 가장 편안하고 지혜로운 태도가 아닐까 싶다.

4

SNS 속,
남에게 보이는 삶을 사는
비현실적인 여자는 멀리하기

- 비교하지 않는 자신의 삶

...

SNS 시대를 살아가다 보니 페이스북에 일상을 자주 올리곤 했다. 친구들과의 만남, 회식 자리에서 술 마시는 사진, 맛집 탐방, 가끔은 사회적으로 좀 알려진 사람들과 찍은 사진까지. 밝고 좋은 모습들은 꾸준히 올렸는데, 정작 힘들고 우울했던 순간들은 자주 올리지 않았다. 아주 가끔, 정말 힘들 때 한두 번 올렸을 뿐이다.

사진 찍고 글 써서 올리면 사람들이 눌러주는 '좋아요'에 기분이 좋아지더라. 솔직히 그런 관심을 받고 싶어서 올린 것도 있다. 누군가에게 관심 받고 싶은 마음, 그게 인간의 본능이 아닐까.

근데 가끔은 '어떤 모습을 올려야 더 많은 관심을 받을까' 하는 계산된 마음이 들기도 했다. 그럴 때면 내가 좀 솔직하지 못하다는 생각도 들었다. SNS라는 공간이 어쩌면 인간의 이중적인 모습을 보여주는 곳이 아닐까 싶었다.

그러다 보니 다른 사람들이 올리는 행복한 인증샷, 맛집 사진, 근사해 보이는 음식들도 그 사람의 전부가 아니라는 생각이 들더라.

요즘 SNS만 보면 한국 사람들이 모두 행복한 것 같다. 하지만 그걸 보면서 자신의 처지를 비관하는 사람들도 많다고 한다. 남들과 비교하면서 자신만 불행하게 산다고 느끼는 거다.

특히 눈에 띄는 사람들이 있다. 자랑 아닌 척하지만 자신의 직장이나 외모를 은근히 드러내고, 외국 여행 사진만 끊임없이 올리는 이들이 있다. 자신을 드러내는 사진만 올리는 사람들의 페이스북을 쭉 내려보면 삶의 괴로움이나 솔직한 면모는 거의 안 보인다. 그런 것을 알면서도 보면서 왠지 내 처지가 처량하게 느껴진다.

그런 모습들이 반복되면서 SNS는 점차 화려한 일상, 부유함을 과시하는 공간이 되어버렸다. 성숙한 사람이라면 그런 모습에 매력을 안 느낄 텐데, 자신의 존재를 드러내려는 글을 올리는 사람도 있고 관심 가지는 사람도 있는 게 현실이다.

겉과 속이 다르게 사는 모습을 보면 그 사람의 실제 삶이 궁금해지기도 한다.

과연 겉모습과 물질적 과시에 치중하는 태도가 있는 사람들과 실제로 만난다면 진정성 있는 만남으로 이어질 수 있을까. 그런 생각을 하게 된다. 더 놀라운 건 이게 미혼자들만의 이야기가 아니라는 점이다. 결혼한 사람 중에서도 여전히 자신을 SNS에서 과시하는 경우가 많다. 물론 일상의 소소한 순간을 솔직하게 나누는 이들도 있다. 하지만 화려한 겉모습만 추구하는 글이 결코 적지 않다.

한국 사람들이 불행에 빠지는 이유 중 하나가 SNS에 대한 과도한 몰입이 아닐까 싶다. 연예인들이야 관심과 홍보가 목적이라 해도, 대부분의 사람은 자신의 자랑이나 성공한 모습만 올린다. SNS만 보면 마치 한국이 세계에서 가장 행복한 사람들만 사는 나라 같다.

하지만 현실은 다르다. 고독사는 늘어나고 자살률은 여전히 높다. 결혼을 기피하거나 미루면서 저출산 문제는 더욱 심각해지고 있다. 많은 이들이 SNS에 올라온 글과 사진을 보면서 자신과 비교하고, 스스로를 불행하게 느낀다. 남의 화려한 모습 앞에서 자기 삶을 하찮게 여기며 자괴감에 빠지는 거다.

SNS의 긍정적인 면도 분명 있다. 하지만 나는 이제 과도하게 몰입하지 않으려 한다. 타인과의 비교 속에서 나 자신을 잃고 불행에 빠질 수 있다는 걸 깨달았기 때문이다. 결국 어떤 것이든 지나치면 문제가 된다.

SNS에 올라온 누군가의 반짝이는 순간은 그저 그 사람의 '하이라이트'일 뿐이다. 인생 전체가 아니다. 우리는 남의 잘 나온 장면과 나의 가장 힘든 시간을 비교하면서 스스로를 괴롭히고 있었던 거다.

비교가 불행해진다는 깨달음을 한 이후로 더 이상 '잘 살아 보이기 위한 삶'이 아니라 진짜 나를 위한 하루를 살기로 했다. 보여주기보다 그냥 나로 살아내기, '좋아요'보다 내 마음이 괜찮은지를 먼저 묻는 삶을 택한 것이다.

연애나 결혼을 생각한다면 한 가지는 반드시 짚고 넘어가야 한다고 본다. 상대가 SNS에 과도하게 몰입해 산다면 다시 한번 신중히 생각해볼 필요가 있다. 그 사람의 SNS에서 솔직하지 않은 모습이 보이거나 지나친 집착이 드러난다면 여러모로 조심해야 한다.

이제는 누구나 알다시피, 유튜버든 SNS 인플루언서든 그들의 삶은 현실보다는 '연출된 순간'일 가능성이 크기 때문이다. 모든 게 아름답고 완벽해 보이는 사진들과 진실되지 않은 말들은 결국 비현실적이다. 문제는 그런 이미지를 자신의 실제 삶으로 착각하는 사람들이 있다는 것이다. 일부는 SNS 속 화려한 삶을 곧 자신의 삶이라 여기다가 심각한 법적인 문제나 현실적 어려움을 겪기도 한다.

연예인처럼 끊임없는 관심을 받기 위해 고가의 식당, 명품, 비싼 호텔과 여행을 '자기 삶'이라 착각하며 타인의 시선을 의식하는 삶은 결국 자신을 더 불행하게 만든다. 남을 의식하고 타인을 기준으로 삼는 순간, 자신의 영혼은 조금씩 파괴되고 불행에 빠지는 지름길을 걷게 된다.

그래서 어느 순간부터 SNS에 과도하게 몰입하지 않으려 한다. 남에게 보이기 위해서 내 인생을 살아야 할 이유가 없기 때문이다. 가식적이고 자랑이 가득한 사진 속에서 나를 비교하지도 않는다. 인간은 모두 각자 행복의 기준이 다르기 때문이다. 인생은 내 몫의 삶을 사는 것이다. 남들이 뭐라 하든, 남들에게 보여주기 위해 사는 게 아니니까.

이건 내 개인적인 경험에서 나온 생각이다. 누군가는 SNS를 건강하게 활용하며 의미 있는 연결을 만들어갈 수도 있다. 다만 내가 발견한 건, SNS에 지나치게 몰입하는 삶은 결국 스스로를 더 불행하게 만들 수 있다는 점이다. 남들이 내 인생을 대신 살아주지 않는다. 보여주기 위한 삶을 살기에는 인생이 너무 짧다.

소소한 일상 속에서 행복을 발견하고 현실과 비현실을 구분하며 살아가는 것이다. 타인의 하이라이트가 아닌 나만의 진실한 순간들 속에서 진짜 행복을 찾아야 한다. 내 인생, 내 기준의 행복을 찾아서 살아야 한다. 현명하게 사는 길은 의외로 단순하다.

<u>5</u>

연애 때는 몰랐던 현실,
속궁합·음식 궁합·생각 궁합의 진실 알기

- 궁합은 무엇일까

…

어린 시절 자주 듣던 말이 있었다. 어머니는 "궁합이 맞는 사람과 살아야 한다"라고 자주 얘기했다. 철부지 시절에 '도대체 궁합이 무엇일까?' 하는 의문이 늘 따라다녔다. 세월이 흘러 결혼도 했지만, 인간 운명에 대한 궁금증으로 동양철학 연구도 하고 있다. 공부에 대한 호기심은 인간의 운명에 대한 미래 예측, 결혼으로 인한 행복과 불행에 관한 관심에 있다. 그리고 결혼하려면 좋은 배우자를 만나야 하는 법을 공부하고, 좋은 인연으로 행복해 지려면 반드시 '좋은 궁합', 즉, 서로 잘 맞아야 한다는 나름의 생각을 가지고 있다.

음식과 관련해서 생각나는 에피소드가 있다. 종각을 좋아해

• 113 •

서 자주 가는 편이다. 고궁이 있고, 인사동의 정취가 있고, 맛집이 즐비해 외국인들도 즐겨 찾는 낭만이 깃든 공간이기 때문이다. 한 번은 종각의 한 맛집에서 식사하다가 본 옆 테이블 연인의 모습이 아직도 기억에 남는다. 남자는 음식을 맛있게 먹고 있었지만, 여자는 거의 손도 대지 않고 그저 남자의 식사 모습을 지켜보고 있었다. 여자의 표정에는 즐거움이 전혀 묻어나지 않았다. 아마도 남자가 좋아하는 식당에 억지로 따라온 듯했다. 그 장면이 안쓰러워, 옆에서 식사하던 내가 미안한 마음이 들 정도였다.

더욱 대비되는 것은 옆자리의 다른 커플이었다. 맛있게 음식을 먹으며, 소주잔을 기울이며 웃고 떠드는 모습은 참으로 즐거워 보였다. 같은 종각의 맛집이었지만, 누구에게는 맛있고 누구에게는 불편한 자리였다. 그 두 커플의 모습에서 느꼈던 것은 한쪽 연인 남자의 여자 연인에 대한 음식에 대한 배려, 음식에 대한 궁합이 전혀 맞지 않게 보였던 것이다.

문득, 오래전 이혼한 한 여성이 했던 말이 떠올랐다.

"남편은 순댓국을 좋아했지만, 나는 그걸 먹을 때마다 숨이 막혔어요. 결혼 20년 내내 입맛이 서로 맞지 않아서 결혼 생활 내내 고역이었어요. 이혼 후, 드디어 내가 먹고 싶은 걸 먹을 수 있어서 너무 행복했어요."

그 여성의 말이 생각나는 것은 부부간의 음식에도 궁합이 있고, 음식 궁합이 부부의 삶과 연결될 수 있다는 것이다. 어찌 보면 아무것도 아닌 듯하지만, 평범한 일상의 식사 자리에서 시작된 작은 불협화음은 두 사람 사이의 거리를 좋지 않은 방향으로 넓히기도 한다. 물론 "음식은 맞춰 가면 된다"는 옛말도 있지만, 요즘 세상은 결혼 그 자체로도 조화를 이루기가 쉽지 않다. 현실에서 음식의 궁합이 맞는지 연애 때부터 서로 잘 맞추어 보는 것도 생각해 보아야 한다.

연애할 때는 서로 간에 모르는 게 너무 많다. 살아온 환경이 다르니 당연한 일이다. 상대가 음식을 가려 편식이 심한 사람인지, 아니면 무엇이든 잘 먹는 사람인지조차 연애 시절에는 잘 드러나지 않는다. 물론 서로 배려가 있다면 큰 문제가 되지 않는다. 그러나 서로의 가치관도 맞고, 매일 먹는 음식 궁합마저 잘 맞는다면, 부부에게 주어진 또 하나의 복이라 할 수 있다.

결혼은 매일 아침부터 저녁까지, 기쁠 때나 피곤할 때나, 화가 날 때조차 함께 살아가야 하는 관계다. 그래서 음식에 관련되는 취향도 한 번쯤은 고민해보는 것도 좋다.

음식 궁합뿐만 아니라, 속궁합도 있고, 생각의 궁합이라는 것도 한 번쯤 얘기해 보자.

연애 기간이 짧았던 부부들이 의외로 결혼한 지 얼마 지나지 않아 이혼하는 경우가 있다. 이혼의 방식도 재판까지 가는 경우보다 협의이혼으로, 큰 다툼 없이 조용히 아주 빨리 헤어지는 경우가 많다. 이유는 다양하지만, 그중 적지 않은 경우가 바로 속궁합 문제다. 연애 기간이 길면 상대에 대하여 알아가는 기간이 있어서 의외로 서로의 본 모습을 알 수 있다. 하지만 연애 기간이 짧을 경우에 의외로 성적으로 서로에 대한 흥미가 없거나 맞지 않아서 이혼으로 이어지는 경우도 간혹 있다. 부부는 신혼 초를 겪으면서 직감적으로 안다. 겉으로는 가볍게 볼 수도 있겠지만, 수십 년을 함께 살아가야 하는 부부에게는 결코 작은 문제가 아니다. 예전처럼 아무런 정보 없이 부모의 손에 이끌려 결혼하던 시대는 지난 듯하다. 이제는 자유롭게 연애하며 결혼을 선택할 수 있는 만큼, 결혼을 앞둔 이들은 다양한 차원에서 서로를 충분히 알아두는 것이 필요하다.

예전에 한 직장 여성이 직장에서 퇴사하는 과정을 목격했다. 고객 업무가 일상인 회사에 다니던 그녀는 나이 차가 많이 나는 거래처 남성과 불륜에 빠져 결국 회사를 떠나야 했다. 불륜 사실이 발각되자 어쩔 수 없이 퇴사할 수밖에 없었는데, 그녀가 마지막으로 한 말은 의외였다.

"남편과 속궁합이 맞지 않았어요. 신혼 초를 빼면 거의 부부관계가 없었어요." 30대 중반의 여성이었지만 불륜 상대와는 나이 차가 좀 많았다. 그런데 남편과 성적으로 잘 맞지 않으면서 한순간에 불륜에 빠져 버린 것이다.

많은 사람이 속궁합을 단순히 성적 취향의 차이 정도로 생각한다. 속궁합을 쉽게 단순한 문제로 보면 안 된다. 육체적 관계는 부부가 서로의 사랑을 확인하는 방식이기도 하다. 마음이 떠나면 부부관계 역시 사라지고, 또 한편으로 너무 빨리 서로에 대한 성적 흥미가 식어버려도 문제가 된다. 결혼해서 어느 정도 생활을 한 부부들은 이런 문제에 아마도 공감을 할 것이다. 여러 가지 생각을 하게 하는 부분이 많기에 결혼은 참으로 어렵다.

젊은 세대는 이런 현실적인 '속궁합'이라는 문제라는 것도 있다는 정도는 알 필요가 있다.

실제로 가끔은 어느 커피숍에서든 옆자리의 중년 여성들의 적나라한 대화를 들을 때가 있다. 나누는 대화에서 의외로 부부관계 이야기가 많이 오간다. 겉으로는 세련되어 보이는 이들이지만, 속내는 솔직하게 얘기를 한다. "남편은 다 좋은데 성적으로는 전혀 맞지 않았다"는 고백을 여과 없이 한다. 실제로 이런 얘기는 주변에 흔하다. 결혼 생활을 오래 겪은 이들이기에 솔직하게 속내를 털어놓는 것이다.

결국 부부 사이에서 진짜 가까움이란 단순히 '마음이 통하는 것'만은 아니다. 서로의 몸을 존중하고, 스킨십하며, 또 사랑을 주고받는 애정 표현의 관계야말로 결혼의 본질적인 친밀함이 아닐까.

음식에도 궁합이 있고, 속궁합도 있다면, '생각 궁합'도 한번 애기해 보자.

생각 궁합은 부부 동반 모임에 가보면 금세 알 수 있다. 어떤 부부는 시종일관 서로를 배려하며 호흡이 잘 맞아 동석한 부부들의 부러움을 사지만, 어떤 부부는 처음부터 끝까지 다투기만 한다. 한 번은 모임 자리에서 내내 언성을 높이는 부부를 본 적이 있다. 두 사람은 옆에서 듣는 이들이 민망할 정도로 서로 호응이 전혀 없었고 사사건건 시비가 있었다.

겉으로 보기에 부부는 학벌도 비슷하고, 경제적으로도 안정되어 보였지만, 막상 대화를 나누는 모습을 보면, 놀랄 만큼 생각이 달랐고, 서로를 차갑게 대했다. 부부 동반 모임을 해보면 직감적으로 알 수 있다. '저 부부는 생각 차이가 크구나', '저 부부는 참 닮은 잉꼬 부부구나' 하는 식으로 모임에서 알 수 있다.

결혼 생활에서 가장 중요한 것은 결국 소통, 말이 잘 통하는 것이다. 꼭 같은 생각을 해야 하는 것은 아니지만, 서로의 생각을 존중하고, 공감하며, 대화가 이어져야 한다. 잘 통하는 것이 바로 '생각의 궁합'이다.

만약 사사건건 부딪히고, 모임 자리에서조차 의견 차이를 숨기지 못한다면 어떨까. 지켜보는 이들이 불편할 정도라면, 정작 두 사람의 관계는 이미 삐걱거리고 있는 것이다. 연애 때도 자연스럽게 연인을 동석하여 친구들 모임에 가서 만나보면 느낌이 온다. 대화 과정에서 '과연 이 결혼을 하는 게 맞을까' 생각하는 연인이 의외로 많다. 생각이 맞지 않고, 서로 간의 대화와 호응도 없는 것이다.

어찌 보면 궁합은 맞추어 가는 것이다. 모든 일에 생각을 맞추는 것은 불가능하다. 하지만 서로 다른 점을 인정하면서도 공감과 호응을 잃지 않는다면, 결혼은 충분히 좋은 관계로 이어질 수 있다. 결국 진짜 궁합이란 완벽하게 일치하는 것이 아니라, 맞추어 가는 노력 속에서 생겨날 수 있다.

서로의 차이를 이해하고 받아들이는 것, 그런 과정에서 진심 어린 소통과 격려가 필요하다. 맞추어 가려는 노력, 배려하려는 마음이 바로 '생각 궁합'이고, 부부가 오래도록 함께할 수 있는 힘이다.

결혼 생활을 행복하게 하는 사람들의 애기에서 공감하는 건 '처음부터 맞는 사람을 찾는 것보다 함께 맞춰가는 능력과 의지가 아닐까'라는 애기를 한다. 그래서 음식, 성생활, 사고방식의 차이가 있더라도 맞추어 갈 수 있는지는 분명 중요하다. 다만 이것들을 결혼 전 체크리스트처럼 접근하면, 오히려 완벽한 상대를 찾으려다 지칠 수 있다. 그래서 연애 시절 드러나지 않던 것들에 대하여 미리 서로 간에 많은 대화를 해 보는 것이 중요하다. 어찌 보면, 젊은 세대에게 필요한 것은 '궁합 확인법'보다는 차이를 발견했을 때 대화하는 능력, 상대의 취향을 존중하면서도 자신의 필요를 표현하는 기술, 완벽함보다 성장을 선택하는 관계관이 중요하다.

궁합은 타고나는 것이기도 하지만, 서로 함께 다름을 인정하면서 만들어가는 것이기도 하다. 처음부터 모든 것이 맞을 수는 없다. 하지만 서로를 향한 배려와 존중, 그리고 함께 성장하려는 의지가 있다면, 그것이 바로 진정한 궁합이 아닐까 싶다. 오래도록 행복한 결혼 생활을 이어가는 부부들의 비결은, 완벽한 궁합을 타고난 것이 아니라 매일매일 궁합을 만들어가는 것에 있지 않을까. 그게 진짜 좋은 궁합일 듯하다.

<u>6</u>

모든 결혼이 아름다울 수 있을까,
아름답지 않아도 사는 게 결혼이다

…

tvN에서 방송했던 드라마 〈나의 아저씨〉를 본 적이 있다. 평소 드라마를 자주 보는 편은 아니지만, 주인공을 좋아했기에 끝까지 보게 되었다. 드라마에서 남자 주인공이 여자 주인공에게 해주던 대사가 지금도 뇌리에 깊이 남아 있다. 아마 남자 주인공의 대사에 힘을 얻은 사람이 많았을 것이다.

"인생 망가졌다고 사람들이 수군거리는 거, 다 아무것도 아니야. 행복하게 살 수 있어."

위로와 힘이 되는 대사였다. 드라마 속의 남자 주인공의 대사가 지금까지 기억에 각인이 되어 있으니 말이다.

어쩌면 우리는 평상시에도 드라마 속의 이런 한마디처럼 위안을 얻고 싶어 하는지도 모른다. 인생은 망가질 수도 있고 가끔은 살기 힘들 만큼의 고통이 올 수도 있다. 주변에 남 일처럼 생각했던 일을 겪으면서 고통을 호소하는 사람이 의외로 많기 때문이다. 요즘에 복잡한 생각이 들고 삶이 지칠 때면 '아저씨' 드라마 속 남자 주인공 대사를 떠올리곤 한다. 지금 한국 사회에서는 한 번 추락하면 다시 일어서기 힘든 일이 얼마나 많이 일어나고 있나. 누구도 예외가 아니니 말이다. 그래서 나의 아저씨의 남자 주인공이 했던 말은 많은 이에게 큰 힘이 되었을 것이고, 지금도 많은 이가 위안을 받는 듯하다. 비록 드라마 속 대사였지만, 지치고 힘든 현실을 사는 우리에게 공감도 되면서 깊이 와닿는다.

인간은 누구나 실수하고, 실패하고, 때로는 주저앉는다. 그것이 인생이고, 삶의 본모습이다. 산에 오르막이 있고 내리막이 있듯이, 인생도 오르막이 있고 내리막이 있다. 불행이 영원하지 않고 다시 행복하게 살 수 있다. 영원한 불행도 없고, 영원한 행복도 없다.

결혼도 마찬가지다. 실수도 하고, 다투기도 하고, 때로는 이혼을 쉽게 생각하기도 한다. 하지만 그것으로 인생이 끝나는 것은 아니다. 결혼 또한 언제든지 다시 행복해질 수 있는 관계이기 때문이다.

모든 결혼이 다 아름다울 수 있을까. 그럴 수는 없다고 본다.

그렇지만 아름답지 않더라도 함께 살아내는 것, 그것이 곧 결혼이고 인생이지 않을까. 사람은 누구나 아름다운 결혼을 꿈꾼다. 꽃길처럼 화사하고, 영화의 마지막 장면처럼 완벽하며, SNS 속 사진처럼 찬란하기만 한 나날을 기대한다. 많은 이들이 실제로 행복한 순간도 많았겠지만, 아픈 상처 또한 있을 것이다.

살아보니 현실의 결혼은 정말 냉정할 정도로 다르더라. 모든 결혼이 아름다울 수 없고, 아름다운 순간만으로 이루어진 결혼은 없다.

적지 않게 살아오면서 아내의 사소한 말에 서운해 하기도 했고, 아무것도 아닌 일에 짜증을 내기도 했다. 말 한마디로 이유 없이 깊은 상처를 주었던 순간도 있었다. 돌이켜보면 많이 부족한 사람이었다는 생각이 든다. 그만큼 인간은 미성숙하다. 결혼 생활을 경험해 본 사람이라면 다 안다. 때로는 아무 이유도 없이 감정적인 다툼을 하고, 하루 종일 말 한마디 섞지 않고 지내는 날도 있다는 것을 말이다. 문득 '정말 결혼은 왜 했을까?' 이런 허무한 생각을 하면서 우울감에 빠지기도 한다. 그러나 결혼이란 바로 그런 날들까지 함께 견뎌내고 살아내는 일이다. 눈부시지 않아도 살아야 하는 것이 결혼이고, 평범하고 투박하지만 부딪히고 풀어가며 함께 가는 것이 결혼이다. 다투기도 하고, 또 화해하며 웃음을 되찾는 과정을 반복하는 것. 그게 결혼이고 인생이지 않을까.

갈등 없는 결혼이 중요한 것이 아니라, 갈등이 있더라도 그것을 빨리 풀어내고 서로의 마음을 회복하는 것이 중요하다.

물론 갈등을 푸는 과정이 늘 쉬운 것은 아니다. 때로는 누군가의 도움이 필요할 수도 있고, 진지한 대화와 노력이 필요할 때도 있다. 하지만 그렇게 해결하는 시간이 쌓이면서 정이 들고, 그 과정에서 진짜 부부의 아름다움이 피어난다. 결국 결혼의 아름다움은 특별한 이벤트나 눈부신 순간에서 오는 것이 아니라, 함께 고민하고 풀어가며 차곡차곡 쌓이는 소소한 정 속에 깃드는 것 같다.

젊은이들은 결혼을 '행복한 순간의 연속'이라고 믿고 시작하곤 한다. 그렇게 생각하는 게 당연하다. 때때로 작은 상처에도 쉽게 지치고, 금세 실망한다면 결혼은 오래가지 못한다. 오히려 결혼을 '현실 속에서 미운 정과 고운 정을 함께 쌓아가는 삶'이라고 현실적인 삶을 받아들이고 믿는 이들이 행복을 더 빨리, 더 깊이 길게 오래 찾아간다.

결혼은 매 순간 아름다워야만 가치 있는 것이 아니다. 오히려 아름답지 않은 순간에도 곁에 있어 주는 사람이 있다는 것, 그것이야말로 인생의 큰 위로다. 인생이 언제나 봄날 같을 수는 없다. 누구의 삶도 늘 순탄하지 않다. 곁에 있는 배우자와 시련을 함께 해결해 가는 과정이 바로 건강한 결혼이다. 함께 이겨내며 성장한다는 것, 그 자체가 이미 아름다움이다.

그래서 결혼을 고민하는 젊은이들이 기억해야 할 한마디는 이렇다.

"결혼 생활이 모두 아름다울 필요는 없고, 때로 힘들다고 해서 아름답지 않은 것도 아니다."

세상 사람들이 아무리 아름답지 않다고 말해도, 두 사람만의 기준으로 아름답게 살아가면 된다. 눈물 나는 감동이 없어도 묵묵히 곁을 지켜주며 서로에게 위로가 되어 주는 것, 그것만으로 충분하다. 결혼에는 찬란해야 할 기준 같은 것은 없다. 두 사람이 함께 만들어 가는 삶의 색채가 곧 아름다움이다.

아름답지 않은 순간을 두 사람이 함께 채워가며 아름다운 그림으로 완성한다면, 부부의 결혼은 이미 충분히 '행복하다'.

<u>7</u>

외모는 변해도 인간성은
오래간다는 사실 알기

- 배우자의 기준은 무엇일까

...

결혼과 관련된 책을 쓰기 위해 많은 자료를 찾아보고 생각도 많이 하게 되었다. 책과 논문은 물론이고, 옛 고전까지 들춰보며 인간의 인연과 궁합에 대하여 공통점이 무엇인지 알아보았지만 참 좋은 배우자를 만나는 건 어려운 일이고 쉽지 않다.

논어 「위정(爲政)」편에는 "視其所以, 觀其所由, 察其所安, 人焉廋哉, 人焉廋哉"(시기소이, 관기소유, 찰기소안, 인언수재, 인언수재)라는 말이 있다. "그 사람이 하는 바를 살펴보고, 그렇게 하는 이유를 살펴보며, 그것을 편안히 여기는지 살펴라. 사람의 진심을 알 수 있지 않겠는가"라는 뜻이다. 공자는 사람을 관찰할 때는 겉으로 드러나는 모습이 아니라 행동의 동기와 가치관, 사람이 진정 편안해하는 것이 무엇인지를 보라고 가르쳤다. 공자가 논어에서 제시한 사람을 보는 기준은 오늘날에도 새겨볼 필요가 있다.

하지만 요즘 세대는 어떻게 배우자를 선택하고 있을까? 젊은 세대의 생각을 알기 위해 유튜브도 자주 보았는데, 그중 젊은 미혼 남녀에게 '이상형의 기준'을 묻는 한 유튜브 방송 인터뷰가 인상 깊게 와닿았다.

외모, 성격, 직업 등 여러 조건을 제시했을 때, 많은 여성은 남자의 외모를 우선한다고 답했고, 남성들 역시 비슷하게 여성의 외모를 중시했다. 키, 경제력, 직업, 학벌 등 여러 가지가 언급되었지만, 젊은 시절에는 외모가 가장 먼저 눈에 들어오는 것 같다. 어쩌면 외모를 보는 건 인간 본성에서 비롯된 자연스러운 반응일 수 있다. 젊은 날에는 아마도 아름다움을 향유하고 싶어 하고, 이상형을 그릴 때 조건도 보겠지만 눈에 보이는 매력을 자연스럽게 먼저 떠올리게 되는 것 같다.

세월이 흘러 결혼 생활을 20년 이상 이어온 중년 부부들에게 같은 질문을 던지면 배우자에 대한 기준을 달리 얘기한다. 외모를 우선한다고 말하는 경우보다는, 오히려 '편안함과 자상함', '선한 인성', '배려심', '따스한 정'을 가장 중요한 기준으로 꼽는다.

내가 알고 있는 한 전문직 여성은 연애 때 남자의 직업이 뚜

렷하지도 않고 경제적 능력이 없어 보였지만 자기가 먹여 살릴 수 있다는 생각으로 남자의 외모만 보고 결혼을 했다. 그런 결혼이 결국 남자의 무능력, 반복되는 실직을 겪으면서 이혼을 선택했다. 경제적인 갈등이 심각했던 것은 두말할 필요도 없다. 막상 살아보니 외모만으로는 결혼 생활이 유지되는 것이 아니라는 걸 깨달았기 때문일 것이다.

실제로 이런 일이 주변에 많기 때문에, 여성이나 남성은 인생에 다양한 경험을 얻는 과정에서 사람을 보는 눈은 솔직해지고, 더 진중해진다. 특히 이별이나 이혼을 겪은 사람들은 상대의 외모뿐 아니라 마음과 성품을 우선해서 보게 되는 이유는 한 번 아픔을 겪었기 때문일 것이다. 잘생기고 예쁜 외모도 중요하지만, 힘든 날 옆에 있어 줄 사람이 더 소중하고, 사회적 조건만큼이나 따뜻한 말 한마디가 절실하다는 것을 경험으로 알기 때문이다.

물론 처음 만날 때 매력적인 외모가 눈에 들어오는 것은 자연스러운 일이다. 외모도 좋고 능력도 좋다면 금상첨화가 아니겠는가. 배우자가 호감 가는 외모라면 좋은 일이다. 그렇지만 부부가 매일 일상을 함께하다 보면, 외모만으로는 관계를 지탱할 수 없다는 것을 알게 된다. 아무리 매력적인 외모라도 인성이 뒷받침되지 않으면 매력이 오래갈 수 있을까. 배우자를 존중하지 않고, 책임을 소홀히 하고, 배려가 없다면 연애 때의 감정은 사라질 것이다.

주변에 보면 외모가 다른 사람들 눈에 뛰어나지 않더라도 다정하게 사는 부부들이 많다. 오히려 자상하고 따뜻하며, 작은 일에도 배려할 줄 아는 사람이라면 부부 관계는 오래가기 때문이다. 배우자에게 안정감을 주는 성품, 존중과 배려가 있는 인품은 살아가는 동안 든든한 힘이 되고 편안함을 주기 때문이다. 결혼 생활을 적지 않게 해보니 외모는 세월과 함께 변하지만, 배우자의 인성이 참으로 중요하다는 걸 느낀다. 인성은 쉽게 변하지 않기에 세월이 흐를수록 부부 사이에 더 두드러지기 때문이다.

외모보다도 인성을 중시하라는 깨달음은 결혼 생활을 해 본 사람들이 할 수 있는 경험에서 나오는 얘기이다. 동서고금을 막론하고 전해 내려온 지혜이기도 하다. 고전에서도 배우자를 고를 때 외모만 보지 말고 평생 인품도 함께 보라는 가르침이 많은 이유도 여기에 있다. 실제로 주변의 결혼한 사람들을 살펴보면 외모만을 기준으로 결혼한 사람들이 오히려 가정에서 더 많은 갈등을 겪는 경우가 있다. 반면 외모보다 성품을 먼저 우선시하여 배우자를 선택한 관계는 오래도록 평온한 부부 관계로 이어지는 경우가 의외로 많다.

경험상으로 생각이 드는 것은 외모와 인성 중 하나를 선택하는 것이 아니라, 둘 다 균형 있게 보면 된다. 외모에 대한 호감은 관계의 시작을 도울 수 있지만, 그것만으로는 평생을 함께할 수 없기 때문이다. 마찬가지로 인성만 좋아도 서로에 대한 최소한의 매력과 호감이 없다면 관계 유지가 어려울 수 있다. 결국 외모든 인성이든, 어느 한 가지만으로는 정답을 찾을 이유는 없다. 다만, 장기적으로 행복한 결혼 생활을 유지하는 부부들의 공통점은 외모가 아니라 상호 존중, 배려, 소통 능력이었다는 연구가 많다. 물론 처음 만날 때의 신체적 매력도 중요한 요소지만, 시간이 지날수록 그 비중은 줄어들고 성품의 비중은 커지는 것이다.

결혼을 준비하는 젊은이들은 그래서 절대적인 해답을 구하기보다는 균형 잡힌 시각을 가져야 한다. 외모도 중요하지만 그것만으로는 결혼 생활에서 부족할 수 있다는 점을 인식해야 한다. 서로에게 호감을 느끼면서도 존중과 배려를 실천할 수 있는 사람, 매력적이면서도 따뜻한 마음을 가진 사람을 찾는 것이 이상적이다.

젊은 날의 외모는 한순간이지만, 인성은 평생 동안 함께하며 삶의 행복을 결정한다. 결혼을 해본 사람들이 이구동성으로 하는 얘기를 새겨들을 필요가 있다.

<u>8</u>

배우자의 가난한 배경보다,
부정적인 성격은 결국 사랑마저
지치게 만든다는 사실 알기

…

미국의 남매 가수, 카펜터즈의 'Yesterday Once More(어제 여 다시 한번)'를 자주 듣는다. 고교 시절에 눈이 올 때 듣던 추억이 아련하다. 노래 한 곡으로 어린 시절을 잊지 못한다. 부모가 있고 형제가 있어서 따스했던 어린 시절이 참 그립다. 노래도 추억을 되새기게 하는 가사가 있으니 말이다. 지금 다시 들어도 마음이 아련하다. 노래의 가사처럼 돌아가고 싶어도 다시 돌아갈 수 없다. 어른이 되어도 부모와 형제가 살던 시절로 돌아가고 싶다는 생각이 많이 든다. 부족했지만, 어린 시절이 행복했다는 생각이 든다. 추억이 있던 어린 시절이 있어서 지금의 삶을 견디며 살게 하는 듯하다. 가족에게는 따스한 정이 있고,

애틋함이 있다는 걸 느낀 어린 시절이었다.

인생을 부정적으로 사는 사람과 평생을 함께한다면 어떻게 될까. 심리학과 사회학에서 널리 알려진 '자기 충족적 예언'이라는 개념이 있다. 자신에게 부정적인 말을 반복하면 실제로 그런 결과를 만들어낸다는 것이다. 오히려 긍정적인 기대와 격려는 좋은 결과로 이어진다.

오랫동안 지켜본 다섯 쌍의 부부가 있다. 모임에서, 만날 때마다 결혼에 대한 부정적인 얘기를 자주 했고 "시댁이나 남편이 마음에 안 들면 그냥 이혼해야 한다"는 부정적인 말을 습관처럼 하던 네 쌍의 부부는 결국 이혼이 현실이 되었고, 유일하게 그런 말을 하지 않던 한 쌍만 지금 살고 있다. 물론 통계적으로 증명할 수는 없지만, 내가 본 다섯 쌍 부부의 경험에서 분명한 것은 부정적인 말과 태도가 부부 관계에 좋지 않은 영향을 미쳤다는 사실이다.

만성적으로 매사에 부정적인 사람들은 대체로 말투가 거칠고, 감정을 절제하지 못하며, 사람을 존중하지 않는 경향이 있다. 그런 사람과 만나서 얘기를 하면 에너지가 빼앗기는 느낌이 들 것이다. 물론 누구나 힘든 시기에는 일시적으로 부정적으로 빠질 수는 있다. 그것은 자연스러운 인간 감정의 표현이다. 문제는 어떤 상황에서도 습관적으로 비관적인 태도를 보이고, 모든 일에 불평만 늘어놓는 경우다. 그렇게 쌓인 부정은 건강과 인간관계를 해치고, 결국 자신뿐 아니라 주변 사람까지 지치게 만들면서 만나고 싶지 않은 사람으로 인식이 된다.

2017년, 행복이 무엇인지를 찾고자 세계 최고의 행복한 나라 부탄을 여행했었다. 부탄은 물질적으로는 풍요롭지 않지만, 그들만의 행복 철학을 가진 나라로 알려져 있었다. 실제로 가보니 부탄 사람들은 자신들을 가난하다고 여기지도 않으며 불행해 하지 않았고, 부족함 속에서도 서로를 돕고 공동체적으로 살고 있었다. 한국처럼 끝없이 비교하거나 경쟁하지 않으니 마음이 여유롭고 삶은 만족스러워 보였다. 물론 부탄에도 그들만의 어려움과 문제는 있을 것이다. 하지만 여행 내내 그들의 웃음과 태도 속에서 나는 행복이란 결국 자신이 가진 것에 감사하고, 긍정적으로 세상을 바라보는 데 있다는 사실을 깨달았다. 여행에서 돌아와서도 지금까지 남들과 비교하지 않으면서 살게 된 계기가 되었다.

배우자를 선택할 때도 마찬가지다. 성장 과정에서 부모의 가난하거나 힘든 환경에 처했던 어린 시절은 문제가 되지 않는다. 부모의 배경은 운명처럼 주어진 것이고, 살아갈 본인의 미래는 노력으로 충분히 극복할 수 있다. 그러나 어떤 상황에서도 습관적으로 부정적인 태도를 가진 사람이라면 이야기는 달라진다. "나는 안 돼, 내 팔자는 왜 이럴까"라며 매번 불평만 늘어놓고, 문제를 해결하려는 노력보다 비관에 머무는 사람은 결국 자신뿐 아니라 배우자의 에너지도 소진시킨다.

오히려 현실적인 낙관주의를 가진 배우자와 함께라면 어떤 어려움도 견뎌낼 힘이 생긴다. 현실적 낙관주의란 문제를 외면하거나 무조건 긍정적인 것이 아니라, 어려움을 인정하면서도 해결 방법을 찾으려는 태도를 말한다. "힘들지만 우리 함께 해결해보자"라고 말할 수 있는 긍정적인 사람, 실패해도 다시 일어설 수 있다고 믿는 사람과 함께라면 인생의 풍파를 함께 헤쳐 나갈 수 있다. 인생의 중반에 오니, 어떠한 경우에도 부정적인 생각에 지나치게 빠지려고 하지 않는 것도 부정이 부정적인 결과를 불러온다는 생각이 들어서다.

사람은 누구나 본능적으로 긍정적인 사람을 좋아한다. 식당에서 일행들에게 "맛있게 드세요"라며 미소를 건네는 사람과, 직원에게 무례하게 굴며 갑질을 일삼는 사람 중 누구와 함께하고 싶은지는 너무나 분명하다. 따뜻한 말 한마디는 기분을 살리고 관계를 따뜻하게 하지만, 습관적으로 부정적인 말은 깊은 상처를 남긴다.

물론 이것이 감정을 억누르라는 뜻은 아니다. 슬플 때 슬프다고 말하고, 화가 날 때 화를 표현하는 것은 건강한 관계의 일부다. 중요한 것은 감정을 어떻게 표현하고 해소하느냐에 있다. 감정을 인정하면서도 건설적으로 풀어가는 사람과 부정적 감정에 계속 머물며 주변을 끌어내리는 사람은 다르다.

결혼을 고민하는 사람들은 상대의 과거보다 현재의 태도를 유심히 보아야 한다. 세상은 늘 맑을 수 없고, 인생에도 장마와 폭풍우가 몰아치는 날이 있다. 힘든 일이 생겨도 문제 해결에 대하여 긍정적이고 현실적 낙관주의를 가진 사람이 배우자라면 힘든 상황을 극복할 수 있지만, 일상적으로 부정적인 태도는 아무리 가진 것이 많아도 함께 살기 힘든 결함이고 약점이 될 수 있다.

결혼은 서로의 미래를 꿈꾸고 함께 걷는 일이다. 과거에 힘든 생활을 했다고 하더라도 긍정적인 마인드를 가진 사람이라면 서로 살면서 시련에 대한 답을 찾을 수 있다. 완벽하게 긍정적인 사람은 없지만, 적어도 문제를 함께 풀어가려는 태도를 가진 사람을 만나라. 당신의 에너지를 빼앗는 사람이 아니라, 어려울 때도 함께 웃을 수 있는 사람, 그것이 평생 행복을 지키는 가장 현명한 선택이다.

9

나의 작은 성취에도 기뻐하며
미래의 가능성을 먼저 보는
여자 만나기

- 미래의 성장 가능성을 먼저 보는 여자

…

1997년 IMF 위기를 겪으면서 한국 사회에서는 '정년 보장'이라는 개념이 사라졌다. 명예퇴직은 더 이상 특별한 사건이 아니라 일상적인 일이 되었고, 여기에 2020년경 코로나 사태까지 겹치면서 많은 사람이 일자리를 잃었다. 나와 친분이 있던 지인 역시 코로나 사태로 중견기업에서 명예퇴직을 해야 하는 상황을 맞았다. 어쩔 수 없이 회사를 떠난 그는 몇 년 동안 재취업을 준비하며 힘든 시간을 보냈다. 나이가 있으니 재취업도 쉽지 않았다. 한때 잘나가던 기업 출신이었지만, 중소기업에서도 쉽게 받아주지 않았다. 늦은 시간까지 술자리도 자주 했던 기억이 있다.

그런데 인상 깊었던 건 지인의 아내였다. 남편이 집에서 지내며 재취업의 문턱에서 번번이 좌절하는 동안, 그녀 역시 두려웠을 것이다. 자녀 교육비와 생활비를 걱정하며 불안한 밤을 보냈을 테고, 때로는 남편에게 조급함을 느꼈을 것이다. 실제로 나중에 한 애기로는 부부 갈등이 없지는 않았다고 한다. 하지만 그 갈등을 건설적으로 풀어가려 노력했다고 한다. 그녀는 자신의 불안을 남편을 다그치는 데 쓰지 않고, 오히려 매일 아침 식사도 챙겨주면서 말없이 묵묵히 재취업을 지켜보았다고 한다.

가장이 명예퇴직을 하는 집은 경제적으로도 쉽지 않은 어려움을 겪는다. 명예퇴직 위로금이 있었지만 그것만으로는 부족했고, 아내가 파트타임 일을 시작하며 가계에 생활비를 보태었다. 아내는 현실을 받아들였다. 남편이 예전처럼 중견기업 같은 곳에 다시 들어가는 것이 불가능하다는 걸 누구보다 잘 알았지만, 실직으로 상처받은 남편을 재촉하지 않고 진심으로 격려했다. 어느 날 술자리에서 지인은 내게 이렇게 말했다. "와이프가 정말 고마워. 내가 좌절할 때도 함께 이겨내자고 하더라고. 힘들었을 텐데 말이야." 그 말이 내게 참 인상 깊게 다가왔다.

몇 년간 이어진 실직 기간 재정적으로 손해도 적지 않았고, 때로는 서로에게 짜증도 내고 다투기도 했다. 하지만 부부는 갈등을 대화로 풀어가며 더 의지했다. 함께 식사하고 대화하며 마음을 나누는 시간이 오히려 늘었다. 그러던 중, 예전처럼 화려한 기업은 아니었지만 중소기업체에 다시 취업하게 되었다. 지인은 어려울 때 자주 얘기를 들어 주었던 내게 식사를 대접했고, 아내를 향한 감사의 마음을 자랑처럼 얘기했다. "명예퇴직 후 참 힘들었는데, 내 옆에서 함께 버텨준 아내 덕분에 다시 일어설 수 있었어." 얘기를 들으면서 많이 부러웠던 기억이 있다.

부부란 이렇게 힘들 때 서로의 마음을 나누는 관계다. 인생을 살다 보면 누구나 힘들고 지칠 때가 있고, 그럴 때 가장 의지가 되는 건 부부간의 위로와 용기다. 인생 후반부로 갈수록 직장에서의 명예퇴직과 실직은 결코 남의 이야기가 아니다. 그런 위기의 순간에야 부부 사이의 진짜 힘이 드러난다.

후에 들은 이야기지만, 지인은 재취업 후 안정을 되찾으면서 아내에게 고마움을 표현하기 위해 그녀가 하고 싶어 하던 일을 할 수 있도록 지원했다고 한다. 명예퇴직 위로금과 재취업 후의 수입은 부부 공동의 것이었지만, 특별히 아내의 꿈을 응원하고 싶었다고 했다. 아내의 진심과 믿음에 대한 감사의 표현이었다. 행복은 이렇게 어려울 때 부부가 서로 위로하는 관계라는 생각이 들었다.

지인 부부와 식사를 하면서 문득 궁금해져 물어보았다. "몇 년 동안 실직 생활을 하면서 아이들 교육비와 생활비도 버거웠을 텐데, 어떻게 서로를 응원하며 이겨낼 수 있었습니까?" 내심 존경의 마음에서 묻자, 아내의 답은 의외로 단순했다. "물론 힘들고 불안했어요. 때로는 답답해서 다투기도 했고요. 하지만 결혼하기 전부터 이 사람은 무슨 일이 있어도 다시 일어설 거라고 믿었어요. 명예퇴직을 했어도 결국 다시 취업할 거라는 확신이 있었고, 함께 버티면 된다고 생각했습니다." 결혼 전부터 남편은 집에서 빈둥빈둥 놀 사람은 아니라고 생각을 했다고 한다.

그때 깨달은 것은 이 부부가 특별한 것은 위기 때 갈등을 현명하게 풀어갔다는 사실이다. 서로의 작은 성취에도 진심으로 기뻐하고, 힘든 시기에도 함께 버티며 미래를 믿는 부부였던 것이다. 물론 모든 부부가 이렇게 할 수 있는 것은 아니다. 실직이나 명예퇴직은 한국 사회에서 일상적으로 모든 직장인이 겪는 큰 스트레스이며, 갈등이 생기는 것도 자연스러운 일이다. 하지만 이 부부처럼 서로를 근본적으로 신뢰하고, 어려움을 함께 헤쳐 나가려는 태도를 가진다면, 위기는 오히려 관계를 더 단단하게 만들 수 있다. 그들의 삶은 젊은 날보다 말년에 더 빛나고 행복할 것이다.

<u>10</u>

위기의 순간에
곁을 지켜주는 배우자,
그 사랑은 오래간다는 사실 알기

- 지체장애

...

우리에게 슈퍼맨 영화의 주인공으로 잘 알려진 미국 배우 크리스토퍼 리브는 생전에 승마를 즐겼다. 크리스토퍼 리브는 어느 날 낙마 사고로 전신마비가 되면서 정상적인 삶이 송두리째 무너졌다. 인생 최대의 위기가 닥친 것이다. 모든 것을 포기하고 싶었을 것이다. 한때 많은 사람이 좋아했던 배우가 낙마로 인하여 전신마비가 되었다는 소식을 듣고 참으로 가슴이 아팠던 기억이 있다.

인생에서 이런 최악의 상황이 오면 인간은 어떻게 될까. 아마 대부분 삶에 대하여 절망할 것이다. 하지만 크리스토퍼 리브는 절망 속에서도 포기하지 않았다. 그 이유는 바로 끝까지 함께해 준 아내 데이나가 그를 감동적으로 도왔기 때문이다.

리브는 생전에 아내 데이나에 대해서, "당신은 여전히 당신이고, 나는 당신을 사랑해요."라는 아내의 말이 자신의 목숨을 구했다고 얘기했다. 사고 직후 극심한 절망에 빠진 그에게 데이나는 흔들리지 않고 곁을 지켰다. 그녀는 남편에게 변함없는 사랑을 전했고, 이것이 리브가 다시 살아갈 용기를 갖게 한 원동력이 되었다.

절망 속에서도 아내의 헌신적인 사랑 덕분에 리브는 다시 일어섰고, 척수 장애인을 위한 사회운동가로서 의미 있는 삶을 이어가다 생을 마쳤다. 리브가 떠난 이후에도 자녀들은 부모의 뜻을 이어 사회에 기여하고 있다. 크리스토퍼 리브의 가족 이야기는 소설 같은 얘기로 들릴 정도로 참 감동적이다.

데이나의 사랑이 특별했던 이유는 그것이 단순한 감정이 아니라 행동으로 보여 주었기 때문이다. 그녀는 남편의 재활을 위해 적극적으로 노력했고, 한편으로 전문가들의 도움을 받아 최선의 간병 시스템을 만들었다. 물론 돈이나, 경제적 자원, 전문 간병인, 심리상담 등의 지원이 있었기에 가능했지만, 그 중심에는 데이나의 변함없는 사랑과 헌신이 가장 우선해 있었다.

무엇보다 아내 데이나는 남편 리브를 '환자'가 아닌 '남편'으로 대했다. 리브의 존엄성을 지켜주면서, 그를 여전히 남편이자 가치 있는 사람이라는 것을 감정으로 표현하면서 보여 주었다.

이것이 리브가 다시 희망을 품고 사회운동가로 나설 수 있었던 원동력이 되었다.

쉽지 않은 삶의 광경을 지켜보면서 참 감동적이라는 생각이 들었다. 위기의 순간에 곁을 지켜주는 배우자, 그런 아내의 사랑이 믿기지 않은 결과를 가져온다는 사실도 깨달았다.

비단 크리스토퍼 리브와 데이나의 이야기만이 아니다. 주변을 돌아보면 위기 속에서도 남편과 가족 곁을 지킨 여성의 이야기가 많다. 남편의 사업 실패 후 생계를 책임진 아내, 중병에 걸린 남편을 오랫동안 간병한 아내, 발달장애 자녀를 키우며 가정을 지킨 어머니들. 그들의 이야기는 뉴스에 나오지 않지만, 우리의 인생을 참으로 경이롭게 감동적으로 만든다. 살 만한 세상으로 보이게 한다.

물론 모든 가족 관계가 위기를 견뎌내는 것은 아니다. 때로는 예상하지 못한 장애나 질병으로 헤어지는 부부도 있다. 그들의 선택을 뭐라고 할 수도 없다. 충분히 이해할 수 있다. 그만큼 간병의 무게는 결코 가볍지 않고, 사랑만으로 모든 것을 감당할 수는 없기 때문이다.

하지만 데이나처럼 끝까지 곁을 지킨 여성들이 보여준 사랑은 특별하다. 데이나의 사랑은 단순히 순간적인 감정이 아니라, 시간이 지나면서 더욱 깊어지고 견고해진다. 위기를 함께 극복한 부부는 어떤 시련이 와도 흔들리지 않는 단단한 유대감을 갖게 된다.

심리학자들의 연구에서도 이는 증명되었다. 큰 위기를 함께 극복한 부부는 그렇지 않은 부부보다 관계 만족도가 높고, 이혼율이 낮다는 결과가 있다. 역설적이지만, 고통을 함께 견뎌 낸 경험이 오히려 관계를 더 강하게 만드는 것이다. 등산모임에서 우연히 들었던 부부의 암 투병기가 있다. 부부가 동시에 암이 발병하면서 서로 격려하면서 고통을 이겨낸 얘기를 듣고 참으로 놀라웠다. 부부는 지금 60이 훨씬 넘은 나이지만 부부간에 더 돈독한 삶을 산다고 한다.

결혼 생활의 불행한 위기는 누구에게나, 언제든 예고 없이 찾아온다. 말하지 않을 뿐, 모든 사람에게는 다 말 못 할 고민이 있다. 사업의 실패, 직장의 상실, 가족의 건강 문제…. 그러나 그 순간 아내의 "괜찮아, 우리는 함께 이겨낼 수 있어"라는 한마디가 있다면, 모든 고통도 함께 견뎌낼 수 있다.

데이나가 리브에게 했던 말을 우리가 새겨 볼 필요가 있다. "당신은 여전히 당신이고, 나는 당신을 사랑해요." 이 한마디가 한 남자에게 다시 살아갈 힘을 다시 주었다. 위기가 와도 배우자의 한마디가 얼마나 중요한지 알게 해 준다.

다들 결혼을 고민할 때, 한 번쯤은 스스로에게 물어야 한다.

"나는 이 사람이 어려울 때, 내가 감당할 수 있는 범위 내에서 최선을 다해 곁에 있을 수 있을까?"

그 질문에 "그렇다"라는 대답이 나온다면, 함께 부부의 긴 인생길을 걸어가도 좋다.

진정한 사랑은 평온 속에서만 자라는 꽃이 아니라, 위기 속에서도 함께 최선을 다하려는 마음속에서 피어나는 꽃이다. 데이나가 보여준 것처럼, 위기의 순간에 곁을 지켜주는 여자의 사랑은 시간이 지나도 변하지 않는다. 아니, 오히려 더 깊어지고 단단해진다.

오해하지 말아야 할 것이, 이것은 비단 여성에게만 요구되는 희생이 아니다. 데이나가 크리스토퍼 리브 곁을 지켰듯이, 남성 역시 아내가 위기에 처했을 때 똑같이 지켜내면 된다. 아내가 암 진단을 받았을 때, 산후우울증으로 힘들어할 때, 부모님 간병으로 지쳐갈 때, 남편은 데이나처럼 "당신은 여전히 나의 아내이고, 나는 당신과 영원히 함께하며 사랑해요"라고 말할 수 있어야 한다.

사랑은 어느 한쪽의 일방통행이 아니다. 아내가 남편의 위기에 헌신하는 만큼, 남편도 아내의 위기에 헌신하면 된다. 출산 후 몸과 마음이 힘든 아내를 돌보는 것, 경력 단절로 자신감을 잃은 아내를 응원하는 것, 육아와 살림으로 지친 아내의 손을 잡아주는 소소한 것들도 남성이 한 번쯤 생각해 봐야 한다.

진정한 부부는 서로가 서로의 데이나가 되어주는 관계다. 아내만 일방적으로 희생하고 헌신하는 관계는 오래갈 수 없다.

남편도 아내가 힘들 때 똑같이 곁을 지켜주어야 한다. 그래야 그 사랑이 진짜고, 그래야 그 사랑이 오래간다.

크리스토퍼 리브가 건강했을 때 데이나를 어떻게 사랑했는 지도 곰곰이 생각해 보자. 리브가 데이나에게 보여준 존중과 사랑이 있었기에, 데이나도 위기의 순간에 그 사랑을 되돌려 줄 수 있었다. 이렇게 부부는 긴 인생에서 사랑을 주고받는 것이다. 위기의 순간, 곁을 지켜주는 것은 여성만의 몫이 아니다. 부부는 서로가 배우자에게 그런 존재가 되어야 한다. 그것이 진정한 부부이고, 오래가는 행복이지 않을까.

11

여자의 감추어진
본 모습이 나타나는 순간은 언제일까

…

40대가 넘어서 비로소 많은 나라를 여행했다. 꼭 가고 싶었던 나라는 다 가본 듯하다. 아파트 분양을 받았을 때보다도 가보고 싶은 나라를 다 가보았기에 살아온 인생에 큰 후회는 없다. 그만큼 독서와 여행이 내 인생 전반의 흐름을 바꾸었고, 운명을 새롭게 열어준 것은 큰 행운이었다. 여행은 단순한 즐거움이 아니라 많은 깨달음을 주었다. 무엇보다 여행길에서는 평소 보이지 않던 사람의 본성, 그리고 다양한 면을 볼 수 있다는 것을 알게 되었다. 이런 사실이 여행에서 얻은 가장 큰 수확이다. 한국에서 가깝게 지내던 인간관계도 모임을 할 때는 알기 어려운 모습들을 여행하는 낯선 땅에서는 알 수 있었기 때문이다. 며칠을 함께 다니다 보면 성격, 삶의 모습이나 인간관계의 진정한 모습, 배려심, 타인에 대한 존중 등 인간의 본성을 알 수 있다. 아니 여행을 하면서 고스란히 드러난다. 그래서 여행은 사람을 더 깊이 이해하는 기회가 되는 것이다.

특히 최소 1주일, 네댓 명이 함께 외국에서 배낭을 메고 자유여행을 하게 되면, 같은 숙소에서 먹고 자며 생활하는 동안 동행한 사람의 모습 하나하나에서 삶의 태도를 느낄 수 있다. 또 위기 상황에서 더 구체적으로 그간 살아온 삶의 여정도 보인다. 여행지에서 차를 잘못 타서 길을 잃었을 때, 숙소 예약에 문제가 생겼을 때, 관광지를 잘못 찾아갔을 때 어떻게 대처하는지를 보면 평소에 한국에서와의 다른 면이 반드시 보인다. 실제로 배낭여행을 다녀온 뒤 모임이 깨지거나 인간관계가 정리되는 것을 여러 번 보았다. 심지어 국내 여행에서도 배려 없는 태도, 누군가를 왕따시키거나 고립시키는 모습 때문에 인간관계의 신뢰가 무너지는 것을 본 적이 있다. 그래서 주변 친지 중 젊은 세대에게 인생을 알고, 인간관계를 진정으로 알고 싶다면 여행이 아주 좋은 기회라고 얘기해 준다.

배낭여행은 숙소 예약, 항공권, 교통, 언어 장벽 등 예상치 못한 문제들이 많다. 이런 순간에 동행자의 다양한 면을 유심히 지켜보면 된다. 적극적인지 수동적인지, 그냥 적당히 눈치만 보고 요령껏 다녀오려는 성향인지 다 드러난다. 물론 여행 중의 피로, 시차, 낯선 환경은 일상과는 다른 특수한 스트레스이지만 여행 때 인간의 본성과 민낯을 볼 수 있는 것만은 분명하다. 여행에서 보이는 모습이 그 사람의 전부는 아니지만, 적어도 스트레스 상황에서 어떻게 반응하는지를 짐작하거나 예측할 수 있는 하나의 중요한 단서는 된다.

만약 연인들이 결혼을 진지하게 생각한다면 최소한 3박 4일 이상, 가능하다면 일주일 정도 여행을 함께 해보라고 권하고 싶다. 다만 이런 여행을 통해서 의도적으로 상대를 평가하거나 시험하는 자리로 만들어서는 안 된다.

여행을 준비하는 과정부터 실제 외국 현지에서 부딪히는 모습에서 평상시에 보지 못했던 모습에 서로 실망을 한다면 결혼 전에 알게 된 것을 오히려 다행으로 여기면 된다. 미리 서로 맞추어 가는 과정에서 서로에게 적당한 배우자감이 아니라고 생각이 든다면 서로 각자의 길을 가면 된다.

연애할 때는 누구나 좋은 모습을 더 많이 보여준다. 남녀 모두 깔끔한 옷차림, 좋은 식당, 부드러운 말투, 근사한 카페에서의 대화, 만날 때마다 즐겁다. 그러나 결혼은 엄연히 다르다. 매일 함께 살아가면서 위기 상황에 대처하는 태도, 감정의 기복, 생활 습관 같은 다양한 면이 서서히 민낯으로 드러난다. 배우자에 대하여 잘 모를 수 있기 때문에 여행을 통하여 그 결혼 생활의 한 단면을 미리 경험해볼 수 있는 기회다.

언어가 통하지 않는 낯선 도시에서 함께 의식주를 해결해 나가다 보면, 상대가 나를 배려하는지, 문제를 함께 풀어가려는 태도를 가졌는지를 서로 알 수 있다. 익숙하지 않은 음식, 계획대로 되지 않는 일정, 돌발적인 날씨와 예기치 못한 사건들 속에서 그 사람을 과연 평생 믿을 만한 동반자인지 아닌지를 알 수 있게 될 것이다.

대학 시절 2박 3일 MT 여행에서도 사람들의 다른 면을 본 적이 있다. 식사를 준비하고 불편한 환경을 함께 겪으면서, 누군가는 배려심을 보였고, 누군가는 짜증과 불평만 늘어놓았다. 물론 그런 모습이 전부는 아니었지만, 적어도 스트레스 상황에서 함께한 사람들의 본성이나 반응을 보면서 인간관계를 진지하게 다시 고려하였던 적이 있었다. 그때의 경험은 나중에 마흔이 넘어 여러 나라를 여행하면서 더 깊이 경험하게 되었고, 삶에 엄청난 도움이 되고 있다. 배려심, 남탓만 하는지, 공정한지, 불만만 있는지, 일행과 호흡하는지를 살펴보면 된다.

살펴봐야 할 몇 가지는 뭘까.

"함께 여행하는 동행자에 대한 배려심이 있는가?"

"위기 앞에서 과연 유연하게 생각을 하는지, 아니면 남 탓만 하는가?"

"비용 지출이나 분담에서 함께 여행하는 동행자에게 공정하게 대하는가?"

"작은 불편에도 일행들에게 자기만의 불편이나 불만을 표현하는가?"

"낯선 환경에서 일행들과 함께 어떻게 호흡하면서 적응하려 노력하는가?"

이 질문들에 대한 힌트는 여행하는 며칠간의 일정에서 아마도 얻을 수 있을 것이다. 다만 이것이 절대적 판단 기준은 아니라는 것도 알아야 한다. 사람은 여행 스타일도 다르고, 피로도에 따라 다른 모습을 보일 수 있기 때문이다. 계획형과 즉흥형의 차이, 편안한 여행을 선호하는 것과 배낭여행을 즐기는 것의 차이는 단순한 스타일 차이일 수 있지, 성격 결함이 아니기 때문이다. 다만 이런 과정을 겪으면 이성에 대한 생각, 결혼해야 하는지에 대하여 좀 더 신중하게 접근할 수 있을 것이다.

여행은 결혼 생활의 한 단면을 보여주는 일종의 창문으로 생각하면 된다. 길을 잘못 들어도 추억으로 웃을 수 있는 사람, 실수가 있어도 남 탓을 하지 않고 긍정으로 분위기를 바꾸는 사람, 힘들 때 짜증 대신 배려로 분위기를 지켜내는 사람과는 평생을 함께하는 게 좋지 않을까. 지혜롭게 생각을 해 보면, 매번 자기 이익만 앞세우는 사람과는 여행 한 번으로도 어느 정도 먼 미래를 예측할 수 있다.

다만 여행만으로 모든 것을 판단하려 해서는 안 된다. 여행은 특수한 상황이고, 일상의 루틴, 가족 행사, 직장 스트레스, 육아 등 결혼 생활에는 여행과는 전혀 다른 다양한 상황이 있기 때문이다. 여행에서 완벽했다고 해서 일상에서도 그럴 거라는 보장은 없고, 여행에서 힘들어했다고 해서 일상에서도 그럴 거라고 단정할 수는 없다. 참고하면 된다.

결국 여행은 서로를 이해하는 여러 방법 중 하나이고, 동행을 하면서 서로의 본성을 파악하게 되는 것이다. 어찌 되었건 오랜 연애 끝에도 결혼에 대한 확신이 서지 않는다면, 함께 일주일간 배낭여행을 떠나보라. 여행을 시험의 장으로 만들지 말고, 함께 즐기고 문제를 해결하며 서로를 더 깊이 이해하는 과정으로 삼아보면 된다.

남녀가 함께 여행이 끝난 뒤, 서로 각자 속으로 자연스럽게 결혼에 대하여 물어보게 된다.

"이 사람과 예상치 못한 문제가 생겼을 때 평생을 함께 풀어갈 수 있을까?"

"이 사람의 다양한 모습과 태도를 보았을 때, 그래도 평생을 함께하고 싶은가?"

각자의 물음에 대한 대답 속에서 결혼에 대한 힌트를 얻을 수 있을 것이다. 여행 후에 해답은 당사자들이 더 잘 안다. 여행하면서 겪었던 일들이 모두 전부는 아니다. 그렇지만 계속 신뢰와 믿음이 생기지 않는다면 스스로 어떻게 해야 할지 판단의 기준을 명확하게 알 수 있을 것이다. 어찌 되었건 여행은 배우자를 선택하는 하나의 참고 자료로서 아주 좋은 기회라고 생각하면 된다.

<u>12</u>

이념과 종교관의 차이는,
사랑보다 더 깊은 갈등을
만들 수 있다는 사실 알기

- 종교

…

미국의 유명 배우 로버트 레드포드가 얼마 전 세상을 떠났다. 한 시대가 지나가는 것 같다. 영화 'The Way We Were'로 유명했던 배우다. 영화의 줄거리를 지금도 가끔 본다. 주인공인 바브라 스트라이샌드와 로버트 레드포드는 서로 사랑했다. 사랑은 했지만 정치적인 신념과 삶에 대한 가치관, 세상을 보는 생각은 서로 달랐다. 이념 차이로 둘은 안타깝게도 이별을 하게 된다. 사랑은 추억이 되었고, 추억만을 생각하면서 살아야 하는 안타까운 옛 연인이 되었다. 서로를 사랑했던 시절로 다시 돌아갈 수가 없었다. 세월이 많이 흘렀고 오래된 영화이지만 참으로 슬프다는 생각이 드는 영화다. 영화처럼 연인이 사

• 152 •

랑을 해도 가치관이나 지향점이 다르면 헤어져야 하는 게 현실이다.

누구나 한 번쯤 들어본 수도권 명문대를 졸업한 부부를 알고 있다. 연애로 만나 서로 사랑하게 되었고, 학벌도, 직업도, 조건도 부족할 것이 없어 보였다. 주변에서는 부러움의 시선을 보냈다. 한 가지 차이가 있었다면, 남자는 기독교 신자였고 여자는 불교 신자였다는 점이었다. 연애 때의 두 사람은 좋아하는 마음이 많았기에 결혼을 해야 한다는 생각에 '사랑으로 충분히 극복할 수 있다'고 믿었다. 이런 부분이 결혼에 대한 경험이나 지식 부족이다. 결혼 생활에서 종교가 다른 건 심각한 문제이기 때문이다.

결혼 생활이 시작되자 갈등은 예상보다 더 심각하게 다가왔다. 남편은 매주 교회에 나갔고, 아내는 불교 신앙을 존중받기를 원했다. 결혼 전에 서로의 종교를 인정하기로 약속했지만, 구체적인 합의나 어떻게 실천을 하면 좋을지에 대하여 현실적인 방안은 없었다. 명절은 어디서 보낼 것인가, 집안에 십자가를 걸 것인가 불상을 모실 것인가, 미래에 태어날 자녀는 어떤 종교를 가질 것인가. 이런 세부적인 문제들에 대하여 의논이나 조율 없이 대수롭지 않게 생각하고 결혼했던 것이다.

남편 쪽은 온 가족이 기독교, 아내 쪽은 온 가족이 불교였다. 양쪽 집안까지 얽히면서 갈등은 걷잡을 수 없이 커졌다. 두 사람은 별거를 선택했고, 끝내 이혼에 이르렀다. 자녀 없이 이혼하게 된 것을 다행으로 생각하면서 각자의 길로 갔다. 그들의 이혼에는 종교 외에도 여러 요인이 있었을 수 있다. 하지만 두 사람 모두 종교 문제가 가장 큰 갈등 원인이었다고 얘기했다.

사실 생활 습관이나 어릴 적 살아온 가족 문화, 삶을 바라보는 태도 같은 것은 부부가 살면서 어느 정도 절충이 가능하다. 그러나 종교와 이념은 다르다. 그것은 단순한 생활의 문제가 아니라 세계를 바라보는 가치관의 차이가 있고, 자기의 존재를 지탱하는 뿌리의 차이가 있다. 너무나 다른 것이다. 이 부부의 경우 사전에 충분한 대화 없이 결혼했고, 갈등이 생긴 후에도 명확한 원칙을 세우지 못했다. 결과는 타협점 없는 이혼이 되었다.

물론 종교 차이가 항상 이혼으로 이어지는 것은 아니다. 실제로 종교가 다른데도 행복하게 사는 부부들도 많다. 중요한 것은 주변에 이렇게 헤어지는 불행한 사례들을 보고 결혼 전에 절충점을 찾아야 한다는 것이다. 성공적으로 종교 차이를 관리하는 부부들은 몇 가지 원칙을 가지고 있었다. 일반적으로 평균의 사람들이 경험한 것에 비추어 보면 충분히 공감된다.

첫째, 결혼 전에 각자의 종교와 관련하여 명확히 약속한다. 주말 예배나 법회 참석은 어떻게 할 것인지, 명절과 제사는 어떻게 지낼 것인지, 자녀가 태어나면 어떤 방식으로 양육할 것인지와 자녀의 종교의 자유를 분명히 정한다. 막연히 "서로 존중하자. 그때그때 대화를 하자"는 약속만으로는 부족하다. 구체적인 상황에 대한 사전 합의점이 필요하다. 이런 과정이나 사전 조율이 없다면 결혼을 했을 때 갈등이 예상되더라도 서로 원망을 말아야 한다.

둘째, 양가 가족과의 경계선을 분명히 하는 게 좋다. 시댁이나 처가가 배우자의 종교를 비난하거나 개종을 압박할 때, 부부가 함께 단호하게 선을 긋는다. 가족의 개입을 허용하면 갈등은 더 커진다. 이런 부분은 집안갈등으로 이어진다는 것을 예상하고 두 사람 간의 원칙을 심도 있게 세우는 게 좋다. 원칙은 두 사람이 정하면 된다.

셋째, 배우자의 종교와 관련한 중요한 행사를 존중한다. 교회의 크리스마스 예배나 절의 부처님 오신 날 행사에 함께 참석하지 않더라도, 그 의미를 상호 인정하고 배려한다. 이 부분도 미리 연애 때 애기하면 두 사람의 미래 결혼 생활을 예상할 수 있다.

넷째, 자녀에게는 양쪽 종교를 모두 소개하고, 성인이 되어 스스로 선택하게 한다는 약속을 한다. 자녀 출생 후, 자녀의 종교를 염두에 두어야 한다. 어릴 때부터 한쪽 종교로 강제하면 부부 갈등이 심화된다. 이는 자녀에게도 중요하지만 부부에게도 매우 중요한 문제다. 그런 부분에 대한 애기를 통하여 훗날에 발생할 가족 간의 종교적인 문제를 미리 차단하는 방식이 좋다.

부부가 같은 종교를 공유하면 조화가 더욱 맞겠지만, 만약 다르다면 이 정도의 준비는 하는 것이 갈등의 소지가 줄어든다. 종교관이 다르다고 해서 반드시 불행한 것은 아니다. 결혼 전에 충분히 더 많은 대화와 준비가 필요하다는 것은 기억해야 한다.

연애 시절에는 '사랑으로 모든 걸 극복할 수 있다'고 생각하기 쉽지만, 사랑만으로는 다 해결되지는 않는다. 종교가 달라서 각자의 종교를 포기하지 못하는 상황이면 현실적인 계획과 약속이 필요하다. 자녀가 태어나면 갈등은 더 확대될 수 있기 때문이다. 아이의 종교 문제로까지 번지면 가정의 평화는 유지되는 것이 매우 힘들어질 수 있다.

종교관이 같아도 결혼은 쉽지 않다. 하물며 종교가 다르면 결혼에 대하여 더욱 신중함이 필요하다.

종교가 다른 예비부부라면 결혼 전에 반드시 서로에게, 이런 질문에 대하여 서로 묻고 답해보는 것이 좋다.

"우리는 결혼을 하면 주말을 어떻게 무엇을 하면서 보낼 것인가?"

"명절과 제사는 어떻게 지낼 것인가?"

"자녀가 태어나면 종교는 어떻게 할 것인가?"

"상대방의 종교 행사에 참석할 의향이 있는가?"

"양가 가족이 개종을 압박하면 부부는 어떻게 대처할 것인가?"

연애 때 이런 질문들에 대해 명확하고 솔직하게 대화를 나누어야 한다. 단순한 감정의 열정에만 의존해 결혼을 선택해서는 안 된다. 이런 질문을 하면서 상대의 답을 들어보고 결혼하는 것만으로도 훗날의 갈등을 예방할 수도 있다.

종교관이 다르면 명확한 약속 없이는 긴 세월 같은 공간에서 살아가는 일이 어려울 수 있다. 종교 문제로 인해 서로를 원망하거나 미워하는 상황은 누구에게도 이롭지 않다.

물론 종교가 다르다고 해서 반드시 연애나 결혼을 포기해야 하는 것은 아니다. 중요한 것은 연인 간에 사전에 충분히 대화하고, 현실적으로 약속하고, 상호 존중의 원칙을 세우는 것이다. 이런 준비가 되어 있다면, 종교가 달라도 행복한 결혼 생활을 할 수 있다. 실제로 많은 부부가 그렇게 살아가고 있다.

결혼은 단순히 함께 사는 일이 아니다. 서로의 차이를 이해하고, 함께 미래를 만들어 가는 일이다. '결혼하면 해결되겠지' 하는 막연한 희망이 아니라 명확한 계획과 약속이 있을 때, 종교 차이는 극복할 수 있는 과제가 된다. 사전 대화와 협의가 결국 행복한 결혼으로 가는 가장 중요한 시작이다. 갈등을 예상하고 대처하는 것이야말로 지혜롭고 슬기로운 결혼 생활이다. 결혼에 대한 이해와 공부가 필요한 이유이다. 사랑했지만 이념 차이로 헤어진 연인의 슬픈 영화 'The Way We Were'을 한번 보면 공감이 될 것이다.

13

궁합이나 사주는 참고용,
운명과 행복한 인생은
내가 만드는 것 알기

- 점쟁이들도 자기 미래는 모른다

…

젊은 시절 신림동에서 공부할 때 국가고시 날짜가 다가오면 진풍경이 연출되었는데 아직도 기억난다. 시험일이 다가오면 눈에 보이지 않는 행운의 부적을 챙기거나, 유명한 점집을 찾아가 결과를 물어보는 수험생이 의외로 많았다. 동서고금을 막론하고 인간은 늘 자신의 미래를 알고 싶어 했고, 지금도 여전히 힘들면 점집이나 무당을 찾는다. 그 마음을 충분히 이해한다.

나도 마찬가지다. 운명과 인간의 삶에 대한 관심이 많아 주역·명리를 전공으로 박사학위를 받았고, 호기심에 전국의 명당 터를 찾아다니기도 했으며 동양철학 고전들을 적지 않게 읽어왔다.

동서양을 막론하고 사람들이 공통적으로 관심 있어 하는 것이 바로 자신의 미래다. 그래서 타로, 점성술, 주역, 명리 등을 통해 운명을 알고자 했을 것이다. 자신이 앞으로 돈을 얼마나 벌 수 있을지, 결혼은 언제 하는지, 배우자는 어떤 사람을 만나면 좋을지, 재물 운은 있는지 말이다. 이런 미래를 향한 물음은 끝없이 호기심을 자극한다.

술수학 공부를 하면서 운명과 관련된 다양한 사례들도 접했고, 신내림을 받은 무당들의 굿이나 공연도 가끔 보았다. 그런 경험은 솔직히 두려움보다는 흥미로웠다. 공부하면서 오랜 연구 끝에 내린 결론은 이렇다. 학문으로서의 명리학과 상업적 점술은 분명히 구분되어야 한다는 것이다.

학문으로서의 명리학은 가치 있다. 수천 년간 축적된 인간 삶의 패턴과 통계적 관찰, 그리고 동양철학의 지혜가 담겨 있다. 사주팔자는 한 사람이 태어난 연, 월, 일, 시의 시간적 좌표를 바탕으로 그 사람의 성향, 강점, 약점, 인생의 흐름을 이해하려는 시도다. 이것은 심리학이나 MBTI 성격 유형 검사와 비슷한 측면이 있다. 자신을 이해하고, 더 나은 선택을 하기 위한 참고 자료로서 의미가 분명히 있다.

그러나 상업적 점술은 다르다. 불안한 사람들의 심리를 이용해 과도한 돈을 요구하거나, "이렇게 하지 않으면 불행해진다"며 공포를 조장하거나, "내가 예측한 대로 될 것"이라며 절대적 권위를 주장하는 것은 명리학의 본래 목적에서 벗어난 것이다.

주역이나 명리학을 공부하면서 배운 가장 중요한 교훈은, 운명은 고정된 것이 아니라 변화 가능한 것이라는 점이다. 사주는 그 사람의 기본 성향과 미래 가능성을 보여주지만, 최종 결과는 그 사람의 선택, 노력, 환경에 따라 얼마든지 달라질 수 있다. 내가 존경했던 주역이나 명리학의 큰 스승들도 언제나 이 점을 강조했다. "운명을 알되, 운명에 얽매이지 말라." 너무 운명론적으로 살면 스스로 할 수 있는 일이 없어진다. 단지 참고만 하는 것이다. 가슴속에 새겨야 할 말들이다.

지금도 결혼을 앞둔 남녀는 궁합을 보고, 미래의 중요한 결정을 앞두고 사주를 펼쳐본다. 그것 자체는 괜찮다. 하나의 참고 자료로 활용할 수 있다. 하지만 반드시 기억해야 할 몇 가지가 있다.

첫째, 운명 상담에 과도한 비용 요구를 경계해야 한다.

명리 상담의 적정 비용은 지역과 상담자의 경력에 따라 다르지만, 과도한 돈을 요구하거나 "액운을 풀려면 굿을 해야 한다"며 감당할 수 없는 돈을 요구한다면 주의해야 한다.

둘째, 운명은 여러 정보를 종합해서 참고해야 한다.

사주 상담만으로 운명에 대한 중요한 결정을 내리지 말아야 한다. 결혼을 예로 들면, 궁합도 참고하되, 실제로 상대와 함께 보낸 시간, 대화를 통해 알게 된 가치관, 위기 상황에서의 태도, 가족 관계 등 현실적인 정보들이 훨씬 더 중요하다. 궁합이 좋다고 나온 커플이 이혼하기도 하고, 궁합이 나쁘다고 나온 커플이 행복하게 사는 경우도 많다. 단순히 참고만 하고, 절대로 맹신하지 말자.

셋째, 부정적 예언에 너무 얽매이지 말아야 한다. 인생이 불행해 질 수 있다.

"올해는 당신의 사업 운이 없다", "이 사람과 결혼하면 이별수가 있다. 불행해진다", "두 사람 중 한 사람은 건강이 나빠질 것이다"라는 등등의 말을 듣고 실제로 삶을 자포자기하거나 소중한 관계를 포기하는 경우가 있다. 이런 부분을 매우 경계해야 한다. 술수학이 위험할 수 있는 이유다. 정신과 의사들조차도 이런 고민을 하는 환자들은 치료가 쉽지 않다고 말한다. 사주는 경향성을 보여줄 뿐, 확정된 미래가 아니다. 오히려 "올해는 사업에 어려움이 있을 수 있으니 더 신중하게 준비하자", "이 사람과는 이런 부분에서 갈등이 생길 수 있으니 미리 대화하자"는 식으로 건설적으로 참고용으로 활용해야 한다.

넷째, 절대로 극단적으로 의존하는 태도는 가지지 말아야 한다. 꼭 피해야 한다.

살아가면서 중요한 결정을 할 때마다 점집을 찾으며 부정적인 미래에 빠져 산다면 인생은 절대로 앞으로 나아가지 못한다. 이는 자신의 판단력을 스스로 포기하는 것이다. 특히 극심한 불안 속에서 점집을 전전한다면, 과도한 돈의 지출도 문제지만 삶 자체가 무너질 수 있다. 오히려 전문 상담가나 심리치료사, 존경받는 종교인의 도움을 받는 것이 더 효과적일 수 있다.

많은 사람이 극심한 고통과 불안 속에서 점집을 찾는다. 미래를 알고 싶은 마음을 충분히 이해한다. 지금 한국 사회처럼 미래가 불확실하고 선택이 두려울 때, 누군가에게 확실한 답을 바라는 것은 자연스러운 일이다. 그러나 안타깝게도 세상에는 인생에 불안을 이용해 과도한 돈을 요구하거나 불안을 더 키우는 사람도 많다는 사실을 알아야 한다.

진정으로 좋은 운을 만들고 싶다면, 사주나 점에만 의지하기보다는 실질적인 행동을 하는 것이 좋다. 독서와 자기 수양을 통해 삶의 중심을 세우고, 좋은 에너지가 흐르는 자연이나 계곡을 찾고, 선한 사회적 봉사 활동에 참여하며, 긍정적인 사람들과 교류하는 것이 더 직접적인 도움이 된다.

선한 일을 한다고 해서 반드시 좋은 일만 생기는 것은 아니다. 세상은 그렇게 단순하지 않기 때문이다. 선한 사람에게도 불행은 찾아올 수 있다. 다만 선한 행동을 하면 마음이 편안해지고, 그 편안함이 더 나은 판단과 선택으로 이어질 가능성이 높다. 인생에 내공이 쌓인다. 그런 과정에서 주변에 좋은 사람들이 모이고, 어려울 때 도움을 받을 가능성도 커진다.

내가 자주 하는 말, 매일 만나는 사람, 가진 태도나 행동을 보면 미래의 운명 방향은 어느 정도 예측할 수 있다. 운이 온다고 해도 준비되지 않은 사람은 그것을 잡을 수 없고, 운이 나쁘다 해도 준비된 사람은 그 안에서도 기회를 찾아낸다.

사주와 명리는 인생을 좌우하는 절대 법칙이 아니다. 자신을 이해하고, 더 나은 선택을 하기 위한 참고 자료로 생각해야 한다. 궁합이 좋다고 해서 반드시 행복한 부부가 되는 것도 아니고, 사주가 맞지 않는다고 해서 이별이 정해지는 것도 아니다. 중요한 것은 두 사람이 서로를 어떻게 대하고, 갈등을 어떻게 풀어가고, 함께 어떤 삶을 만들어 가느냐다.

행복한 인생은 결국 스스로 만들어가는 것이다. 좋은 배우자를 만나려는 이유도, 서로의 삶을 더 풍요롭게 만들기 위해서다.

주역·명리학 박사로서 전하고 싶은 메시지는, 사주를 보되 사주에 얽매이지 말라. 참고하되 절대적으로 너무 의존하지 말라고 얘기하고 싶다. 무엇보다, 자신의 삶은 자신이 만들어간다는 믿음을 잃지 말아야 한다. 운명은 스스로 노력하고 긍정적으로 생각한다면 스스로의 행복을 찾을 수 있고 좋은 방향으로 변화할 수 있다.

PART 3

남자의 결혼,
행복한 결혼과
불행한 결혼

1

사랑도 좋지만
결혼 계약서에 대하여
이야기해 보기

- 결혼은 시작일 뿐이다. 함께 어떤 미래를 그릴지,
구체적인 삶의 방향을 진지하게 의논하기
출산부터 육아, 살림, 재산 등

…

영화배우 오드리 헵번의 〈로마의 휴일〉에 대한 강렬한 추억으로 딸과 함께 로마로 여행을 떠났었다. 로마의 거리를 거닐며 오드리 헵번의 영화 속 모습이 눈앞에 어른거렸고, 말년에 유니세프 친선대사로서 아프리카에서 헌신적으로 활동했던 그녀의 따뜻한 모습까지 함께 떠올랐다. 화려한 영화배우로 최고의 삶을 살았지만, 헵번은 결혼 생활에서는 어려움을 겪었다. 두 번의 결혼과 이혼을 경험하며 배우 활동과 가정 사이에서 갈등했었다. 돈과 미모, 명성으로 세상 사람들의 부러움을 받았던 여배우조차도, 결혼만큼은 결코 순탄하지 않았다.

〈로마의 휴일〉에서 오드리 헵번이 연기한 공주는 단 하루의 자유를 누린다. 그리고 그 자유 속에서 기자 그레고리 펙을 만나 짧지만 강렬한 사랑을 경험한다. 두 사람은 사랑이 무엇인지, 인생의 아름다움이 무엇인지 보여준다. 영화가 끝날 무렵 공주와 기자의 사랑은 현실의 벽 앞에 멈춘다. 공주는 공주로 돌아가야 하고, 기자는 기자로 남아야 한다. 서로를 원했지만, 책임과 의무라는 현실의 무게가 두 사람을 갈라놓았다.

영화는 우리에게 사랑에 대한 여운도 남기지만 중요한 진실을 보여준다. 사랑만으로는 모든 현실적 장벽을 넘을 수 없다는 것이다. 사랑하면 결혼해야 할 것 같지만, 실제 결혼은 그렇게 단순하지 않다. 재산, 생활 방식, 자녀 교육, 장래 계획 등 수많은 현실적 요소가 얽혀 있다. 그래서 서양에서는 오래전부터 결혼 계약서를 활용해왔다. 사랑이라는 감정의 불확실성을 구체적 합의로 보완하려는 현실적 지혜로 활용하고 있다.

〈로마의 휴일〉의 두 주인공을 떠올려서 한번 생각해 보자. 만약 공주와 기자가 하루의 연인이 아니라 평생의 동반자를 선택했다면 어땠을까? 공주의 신분과 의무, 기자의 자유로운 삶은 쉽게 하나로 어우러지지 않았을 것이다. 평생을 함께하는 건 쉽지 않은 문제인 것이다. 사랑의 불꽃은 뜨겁지만, 결혼 생활은 현실적으로 다른 문제다. 그래서 결혼 앞에서는 "서로의 자유를 어떻게 지킬 것인지, 책임을 어떻게 나눌 것인지"에 대한 현실적 고민이 필요하다.

연인 간의 사랑은 순간의 감정일 수 있지만, 결혼은 삶 전체의 동반 관계다. 헵번의 눈빛 속에 담긴 순수한 사랑을 기억하면서도, 우리는 사랑을 오래 지켜내기 위해서는 현실적인 대화와 합의가 필요하다는 사실을 잊지 말아야 한다.

정말이지 지금은 세상이 많이 변했다. 변화는 여성들의 인식에만 그치지 않는다. 남성들의 생각 또한 크게 달라졌다. 결혼한 남자 중에서 결혼생활의 현실에 회의를 느끼는 경우를 자주 보게 된다. 연애 시절의 설렘은 쉽게 사라지고, 결혼 후의 현실에 적응하면서 말이다. 그러면서 많은 남성이 이구동성으로 강조하는 중요한 한 가지가 있다. 기러기 부부는 반드시 신중하게 결정해야 하고 가급적이면 하지 말라는 얘기다. 결혼 전에 아내가 기러기 부부도 할 수 있다는 얘기를 했다면 결혼을 안 했을 수 있다는 얘기를 많이 한다. 가족은 함께 살 때 가족이다. 장기간 떨어져 사는 것은 가족의 정이 느껴지지 않는다고 한다.

방송에서 기러기 부부 경험을 이야기하는 연예인들도, 기러기 부부 삶이 가족에게 얼마나 큰 부담인지 진솔하게 고백한다. 한 공간에서 함께 살지 않고 오랜 기간 떨어져 지내면 가족으로서의 유대가 약해진다는 것을 경험으로 알기 때문이다. 몇 년 이상 떨어져 살아야 했던 기러기 부부들 가운데, 한국에 남겨진 남편들의 삶은 눈에 띄게 힘들어졌다. 고독과 허무 속에서 지탱하기 어려운 생활을 이어가는 모습은 연예인들의 사례에서도 이미 확인된 바 있다. 물론 불가피한 사정으로 일시적으로 떨어져 살아야 하는 경우도 있다. 해외 파견이나 단기 유학 같은 경우다. 하지만 그런 경우에도 기간을 최소화하고, 정기적인 방문과 소통을 강화하는 노력이 필요하다.

기러기 부부를 하고 있는 많은 이가 같은 이야기를 한다. "가족은 함께 살아야 가족이다"라고 말이다. 새겨들어야 한다. 사는 게 뭔가. 아이들이 미국이나 외국에서 공부해야 꼭 행복하고 성공하는가. 가족이 해체되고, 가족 간의 정(情)이 약해지는데 그런 상황에서 사회적 성공의 의미는 뭘까. 이런 중요한 부분에 대하여 신혼 초에 확실히 애기해 두는 게 좋다. 먼 훗날의 일로 생각하지 말고, 장기간의 별거, 즉 기러기 부부는 신중하게 결정하자고 말이다.

결혼을 준비하는 예비부부들은 배우자와 함께 어떤 삶을 그릴 것인지 반드시 대화해야 한다. 그러면서 자연스럽게 결혼 계약서라는 것도 이야기해볼 필요가 있다. 누군가는 이렇게 반문할 수 있다. "사랑하는데 굳이 부부간에 무슨 계약까지 애기해야 하나? 너무 심하지 않은가"라고 말이다. 하지만 살아봐라. 세대가 바뀐 현실에서 결혼은 더 이상 낭만만으로 유지되지 않는다. 철저히 현실이기 때문이다.

내가 아는 한 지인은 아들의 약혼식에서 조금 특별한 선택을 했다. 양가 사돈끼리 결혼에 대한 합의서를 작성한 것이다. 합의서 안에는 주기적으로 사돈이 교류하며, 혹시 부부 갈등이 생길 경우 양가가 조언하고 지원한다는 내용까지 들어 있었다. 다소 특이해 보일 수도 있는 이 장면은 사실 깊은 의미를 담고 있다. 결혼은 두 사람만의 선택이 아니라, 두 가족이 함께 맺는 인연이기 때문이다. 물론 이런 합의가 법적 구속력을 갖는 것은 아니지만, 양가가 결혼의 중요성을 함께 인식하고 협력하겠다는 의지의 표현이었다. 좋은 의미로 볼 수 있다.

결혼 계약서는 단순히 돈 문제만을 다루는 문서가 아니다. 아이를 몇 명 낳을 것인지, 출산 시기를 어떻게 할지, 맞벌이·외벌이 여부, 가사와 육아 분담 방식, 생활비 관리, 재산 관리, 양가 지원 범위, 노후 계획까지 이 모든 것은 결혼 후에 반드시 마주할 현실이다. 사전에 대화하고 합의한다면 불필요한 갈등을 줄일 수 있다. 몇 가지는 젊은 세대에게 당부하고 싶은 내용이 있다. 서로 간에 결혼 계약서는 아니라도 한번 애기를 해보는 게 좋다.

<결혼 계약서에 포함할 수 있는 주요 항목들>

기러기 부부 여부: 자녀를 출산할 경우에 기러기 부부에 대한 생각 및 각자의 입장

재산 관리: 혼전 재산과 혼인 중 재산의 구분, 공동 계좌 사용 여부, 부동산 취득 시 명의 문제, 공동명의로 할 것인지 단독명의로 할 것인지 여부

일상 가사의 생활비 분담: 소득 비율에 따른 분담, 개인 용돈, 저축 계획에 대한 구체적인 수치화, 통장의 관리 등

자녀 계획: 자녀 수, 출산 시기, 육아 분담, 교육 방침에 대한 각자의 입장 및 협의 내용

가사 분담: 요리, 청소, 빨래, 세탁물 맡기기와 찾기 등 구체적 역할 분담

경력과 일: 맞벌이 지속 여부, 경력 단절 시 보상 방안

양가 관계: 명절 때 양가 방문, 경조사 참석, 경제적 지원 범위에 대한 항목

거주지: 주거 형태, 이사 계획, 양가 근처 거주 여부

해외에서는 이미 결혼 계약서가 흔하다. 자산가나 유명인, 재혼 커플뿐만 아니라 일반인들 사이에서도 자연스럽게 받아들여진다. 한국에서도 현실적인 부부들이 등장하면서 점차 늘어나는 추세다. 공증을 받으면 법적 효력도 인정받을 수 있다.

이혼한 부부들에게 물어보면, 대부분 "내가 이혼할 줄은 몰랐다"고 말한다. 하지만 그 과정에서 변호사 비용, 마음의 상처, 공황장애, 정신과 치료, 사회적 낙인까지 수많은 고통을 호소한다. 차라리 미리 결혼 계약서를 작성하며 진솔한 대화를 나누고, 그 합의를 토대로 이혼 없이 함께 잘 살아간다면 그것이야말로 가장 큰 성공이 아닐까. 물론 결혼 계약서가 만능은 아

니다. 계약서를 작성했다고 해서 모든 문제가 해결되는 것은 아니며, 계약서보다 중요한 것은 지속적인 대화와 상호 존중이다. 또한 한국에서는 아직 결혼 계약서가 생소하게 느껴질 수 있다. 계약서를 작성 안 해도 된다. 한번쯤은 연예 때 적어도 계약서를 작성하는 과정에서 나누는 대화는 반드시 필요하다.

변화된 세상에서 한국의 결혼 문화도 달라져야 한다. 낡은 틀을 답습하기보다, 젊은 세대가 다양한 방식으로 사랑과 결혼을 준비하고 실험해 보는 것이 필요하다. 사랑을 지키기 위한 노력이라면 무엇이든 시도해 볼 가치가 있다. 결혼 계약서도 그중 하나일 뿐이다. 작성한다고 해서 손해 볼 것은 없다. 결혼은 그만큼 투자할 가치가 있기 때문이다.

<u>2</u>

자녀와 함께 사는 삶,
그리고 각자의 행복 찾기

- 아이를 키운다는 건 행복을 만드는 과정
[자식에 대한 애정, 자식문제 함께]

…

인생은 혼자 왔다가 혼자 떠난다. 외롭고 힘든 여정에서 사람들은 각자 추구하는 곳에서 행복을 찾는다. 어떤 이에게는 배우자와의 동반자 관계가, 어떤 이에게는 자신의 일과 성취가, 또 어떤 이에게는 자녀가 삶의 큰 의미가 된다.

좀 늦게 결혼한 나도 결혼하고 자녀를 키우는 과정에서 인생의 의미와 행복을 깊이 느꼈다. 부모는 자녀를 통해 새로운 성장을 경험하고, 아이를 키우는 과정에서 웃음과 행복을 배운다. 아이를 키운다는 것은 단순한 양육이 아니라, 부모 스스로 배우고 성장하는 과정이다. 자녀가 있는 부부에게 아이는 함께 고민하고 협력하며 새로운 행복을 만들어가는 매개가 될 수 있다. 또 자녀가 있든 없든, 서로 합의하에 자녀 없는 결혼 생활을 하든 결혼 생활에 답은 없다. 어떤 방식으로든 행복하게 사는 건 부부의 선택이기 때문이다. 자식이 행복을 주기도 하지만 때때로 이별의 아픔이 되는 경우도 있다.

시트콤 배우로 유명한 배우 박영규는 방송 드라마에서 웃음을 많이 주어서 덕분에 참으로 많이 웃었다. 그런 배우이기에 인생에 대하여 큰 고민의 흔적을 느끼지 못했다. 그런 그에게 가슴 아픈 일이 있었다는 것을 방송을 보고 알았다. 자식으로 인한 깊은 상실의 고통을 겪었지만, 결국 다시 일어서 살아가는 힘을 찾았다고 방송에서 고백한 바 있다. 방송에서 보여준 이런 점은 우리에게 중요한 메시지를 주었다. 인생에는 예상치 못한 상실과 고통이 찾아올 수 있지만, 그 속에서도 다시 살아갈 이유를 찾아야 한다는 것이다. 자녀가 있든 없든 어떠한 방식으로 행복을 찾아야 하는 것이 결혼 생활이다.

자녀가 있는 부부는, 자녀와 함께하는 시간을 가장 우선하면서 소중히 하면 된다. 아이와 나누는 대화, 함께 웃는 순간, 작은 고민과 기쁨을 공유하는 그 시간들은 부모에게 큰 의미가 있다. 바쁜 일상 속에서도 아이와 함께하는 평범한 순간을 소중히 여겨야 하는 것은 어린아이들과의 행복은 다 때가 있기 때문이다. 동시에 부모로서의 역할에만 몰두하기보다는, 부부로서의 관계도 잊지 말아야 한다. 자녀 중심의 삶이 지나치면 오히려 부부 관계가 소홀해지고, 자녀가 성장한 후 '빈둥지 증후군'을 겪을 수 있다. 빈둥지 증후군은 늘 함께하던 자녀가 독립하면서 부모가 느끼는 상실감과 허전함을 말한다. 이를 예방하려면 자녀도 중요하지만, 배우자와의 관계도 함께 돌보아야 한다. 자녀가 있어도 가족 관계는 계속 변한다는 사실을 기억해야 한다.

자녀가 없는 부부도 마찬가지다. 자녀가 없다고 해서 결혼이 덜 의미 있는 것은 절대 아니다. 오히려 두 사람만의 깊은 유대를 형성하고, 함께 여행하고, 공동의 목표를 추구하며 풍요로운 삶을 만들어갈 수 있다. 자녀가 없는 부부들도 서로를 의지하고 사랑하며 충분히 행복한 결혼 생활을 영위할 수 있다.

불임이나 다른 이유로 자녀를 갖지 못한 경우, 그것이 결혼의 실패를 의미하지 않는다. 입양, 위탁, 멘토링 등 다양한 방식으로 다음 세대와 의미 있는 관계를 맺을 수도 있고, 혹은 부부 두 사람만의 삶을 충실히 살아가는 것도 훌륭한 선택이 될 수 있다.

지금 시대는 반려견이나 반려묘와 함께하는 삶도 충분히 의미가 있다. 요즘 반려동물은 단순한 애완동물이 아니라 가족의 일원으로서 정서적 교감과 위로를 나눌 수 있는 존재다. 식물을 키우며 생명을 돌보는 기쁨을 느낄 수도 있다. 가족에 대한 개념을 달리 보면서 애정과 관심을 표현하는 방식은 다양하다.

주변의 젊은 부부 중에는 의도적으로 자녀 없는 삶을 선택하는 경우도 늘어나고 있다. 이런 삶도 존중받아야 할 선택이다. 자녀 양육이 아닌 다른 방식으로 삶의 의미를 찾고, 사회에 기여하고, 서로를 공감하며 행복하게 사는 것도 충분히 가치 있는 삶이다. 어떤 형식의 가족 관계를 유지하든 그것은 부부의 의사가 존중되어야 한다.

결국, 결혼의 행복은 단일한 공식이 아니다. 자녀가 있든 없든, 부부는 자신들만의 방식으로 의미 있는 삶을 만들어 가면 된다. 중요한 것은 부부가 서로를 존중하고, 함께 선택한 길을 충실히 걸어가며, 일상의 작은 순간들 속에서 소소한 행복을 발견하면 되는 것이다.

자녀가 있다면 그 소중함을 느끼면서 부부 관계도 돌보고, 자녀가 없다면 두 사람만의 깊은 유대를 소중히 여기면 된다. 어느 쪽이든 '함께한다'는 것 자체가 결혼의 가장 큰 의미이고 행복이다.

3

처가든 본가든,
선 넘지 않는 관계 유지하기

- 가족관 거리감 유지법

…

결혼 후 양가 부모와의 관계를 어떻게 지내야 할까. 결혼하게 되면 많은 부부가 가장 현실적으로 부딪히면서 겪는 고민이다. 과거 세대에서는 시집살이가 여성들에게 큰 고통이었다. 지금도 모임에 나가면 "시집살이 때문에 정말 힘들었다"는 이야기를 자주 듣는다. 우리 부모 세대 여성들에게 시집살이는 당연한 통과의례처럼 여겨졌고, 어린 시절 우리는 그것을 아무렇지도 않게 지켜보며 자라왔다. 결혼 후 시집살이에서 적지 않은 여성들은 마음의 병이나 깊은 상처를 입었다. 실제로 시집살이로 인한 트라우마로 황혼 이혼을 선택한 여성들의 이야기가 언론 기사로 끊임없이 보도되곤 한다.

마찬가지로 요즘 남성들 역시 처가와의 관계에서 어려움을 겪는 얘기가 많이 들린다. 명절마다 처가 중심으로 움직이며 장인과 장모의 눈치를 보거나, 처가 부모의 기대에 부응해야 하는 압박을 느끼는 사위들이 의외로 많다. '처가살이'라는 말이 생겨난 것도 어쩌면 이런 현실을 보여주는 듯하다.

안타까운 점은, 정작 시집살이를 혹독하게 경험한 시어머니가 며느리가 들어오면 또다시 같은 고통을 대물림을 하거나, 친정어머니가 사위에게 과도한 기대를 하는 경우가 있다는 사실이다. 고통을 겪은 사람이 같은 고통을 다른 이에게 가하는 악순환이 반복되는 것이다.

예전에는 며느리가 시집살이를 당연히 감내해야 한다는 사회적 분위기가 있었다. 지금의 세대는 어떤가. 당연히 많이 다르다. 시댁에 얹혀서 살며 시부모의 뜻에 맞춰 희생을 강요하는 시대는 이미 지나갔다. 마찬가지로 사위가 처가의 기대에 일방적으로 맞춰야 한다는 생각도 더 이상 통용되지 않는다. 오늘날의 젊은 세대의 의식은 어느 한쪽에 과도한 희생을 강요하는 결혼을 거부한다. 예를 들면 그렇다. 며느리가 시댁에 무조건 잘해야 한다는 기존의 방식이나, 사위가 처갓집에서 과도하게 처가살이를 하는 것에 대하여 거부감이 있다.

결혼은 두 사람이 함께 살아가는 선택이다. 시댁도, 처가도 부부에게 과도하게 간섭을 할 수도 없고, 며느리든 사위든 양가 부모에게 동등하게 존중받아야 한다. 지혜로운 방법은 부부는 서로의 부모와 가까이 지내되, 일정한 경계를 유지하는 것이 필요하다. 일종의 선을 지켜야 한다. 부모의 간섭과 기대가 지나치면 결국 부부 관계는 흔들릴 수 있다.

결혼한 두 사람은 이미 성인이다. 성인은 스스로 삶의 방향을 선택할 권리가 있다. 부모가 간섭한다고 해서 결혼이 더 행복해지지는 않는다. 오히려 부부 갈등만 깊어질 수 있다.

물론 사랑이나 관심이 간섭으로 비칠 수도 있다. 특히 육아 초기에 양가 부모의 실질적인 도움은 매우 중요하다. 오랜 인생 경험에서 우러나온 조언이 큰 도움이 될 때도 많다. 문제는 부부가 합의하지 않은 사항에 대해 양가 부모가 일방적으로 개입하거나, 부부의 결정권을 존중하지 않을 때는 갈등이 발생한다.

그래서 결혼 생활에서는 처가든 본가든 적절하고 건강한 경계선을 가지는 것이 중요하다. 선을 넘지 않는 건강한 경계선이 부부의 행복을 지키는 선이 될 수 있기 때문이다. 남편들은 미혼 시절에는 부모와 거리를 두다가, 결혼 후에는 효도를 이유로 시댁에만 자주 가는 경우가 있다. 또 아내 중심으로 처가에만 집중하는 가정도 있으면서 사위들이 처갓집과의 갈등을 호소하는 경우도 늘어나고 있다. 정말 효도를 원한다면 지혜를 발휘해서 양가를 균형 있게 대해야 한다. 물론 현실적으로 정확히 수치상으로 50:50으로 나누는 것은 불가능하다. 그렇게 사는 것도 힘들고 현실에서는 너무 피곤하다. 양 집안의 사정, 거리, 부모의 건강 상태 등에 따라 유연하게 합리적으로 조정하면 된다. 중요한 것은 "한쪽만 우선한다"는 느낌을 주지 않는 것이다.

결혼한 부부는 누구의 소유가 아니라, 온전히 성인의 독립된 가정이다. 결혼은 두 사람의 관계이지, 양가 부모의 통제가 되어서는 결혼의 의미가 퇴색할 수 있다. 부모는 일정한 선을 지키며 넘지 않는 것이 맞다.

인간관계에서도 가까울수록 일정한 거리가 필요하다. 그것이 행복하게 오래가는 비결이기 때문이다. 하물며 결혼에서는 반복적인 관심조차 지나치면 부부에게는 간섭이 된다. 배우자의 부모라고 해서 사위나 며느리가 무조건 이해하고 받아준다고, 부부 관계가 행복해지는 것은 아니다.

대가족 시대는 이미 지났다. 지금의 결혼 분위기는 부부 중심으로 흘러가고 있다. 결혼하면 부부가 제일 친밀도 있고 가족이라는 개념이 최우선 되어야 한다. 그래야 사위나 며느리가 서로 행복하게 살 때, 시댁 부모도, 처가 부모도 모두 편안하다.

결혼하면 양가 가족은 자연스레 연결되기에 더욱 분명한 경계를 지켜야 하고 선을 넘지 않도록 해야 한다. 냉정할 정도로 시댁이든 친정이든 부부에게 잦은 간섭은 하지 않고 거리를 두는 게 좋다. 물론, 아이 양육이나 가정의 중요한 문제를 두고 부부가 합의한 경우라면 상관없다. 하지만 합의도 없이 선을 넘는 개입은 부부의 행복을 분명 해칠 수밖에 없다.

남편이든 아내든 먼저 자기 부모와 부부 사이에서 균형을 잡고, 선을 넘지 않도록 하는 태도가 필요하다. 특히 부모가 배우자를 비난하거나, 부부의 결정에 반대할 때는 오히려 배우자 편에 서야 한다. 양가 부모를 행복하게 하는 가장 확실한 방법은 자녀 부부가 행복한 것이다.

그럼 양가 부모와의 일정한 관계는 어떤 방식으로 설정하는 것이 좋을까. 과도한 방식의 간섭으로 느껴진다면, 예의를 지키면서 "우리는 성인이니 알아서 잘하겠습니다. 정말 도움이 필요하면 양쪽 부모님께 요청하겠습니다." 이런 식으로 부부가 미리 부모에게 정중하지만 분명하게 애기를 하는 게 좋다. 선을 넘지 않는 경계를 설정하는 것이 부부를 위한 길이다.

냉정하게 들릴 수도 있지만, 이것이 부부의 행복을 지키는 지혜로우면서도 확실한 방법이다. 시댁이나 친정 부모와의 거리를 둔다고 해서 멀어지는 것이 아니다. 오히려 가까운 존재일수록 더 존중하고, 더 조심해야 한다. 가족 관계를 맺으면서 최소 수십 년간 관계를 유지해야 하기 때문이다.

부모 세대도 자녀의 독립을 현실적으로 생각하면서 존중하는 지혜가 필요하다. "내 경험에는 이렇게 하는 게 좋았는데"라고 조언은 할 수 있지만, 최종 결정은 부부에게 맡기는 것이다.

혹이라도 손자나 손녀 육아를 도와주더라도, 부부의 육아 방법이나 방침까지 간섭이나 통제하지 않는 선에서 말이다.

어차피 결혼하면 긴 인생에서 부부가 합심해서 살아가야 하는 어른이기 때문이다. 평생 부모가 도와줄 수는 없다. 생물학적으로 부모가 먼저 떠난다. 그렇게 편하게 생각을 하면 된다.

결국, 적절한 거리가 있을 때 가족 관계는 부담도 없고 오래가고, 보고 싶어지고, 그리워진다. 부모가 결혼한 자녀에게 선을 넘지 않는 것이야말로 부부를 진정으로 위하는 지혜이다. 자녀 부부가 양가 부모를 공평하게 대하고, 서로의 가족을 존중하는 것이 행복한 결혼의 기초가 되는 것이다.

<u>4</u>

서로의 마음을 여는
대화의 기술 공부하기

- 마음의 대화

...

이기주 작가의 『언어의 온도』를 예전에 읽었다. 내용도 좋았지만, 책 제목만으로도 마음이 한결 따뜻해졌다. 현실에서 종종 말한마디로 오해와 다툼이 발생하고, 가정에서 갈등이 일어나는 것을 자주 본다. 그렇지만 따뜻한 말 한마디가 사람 사이의 갈등을 풀고, 무너질 것 같은 모든 관계를 다시 이어주는 경우도 많다.

그래서 언어에는 분명히 온도가 있다. 차갑게 다가와 상처를 남기는 말이 있는가 하면, 듣는 순간 마음을 감싸주고 삶을 견디게 하는 말도 있다. 부부 관계 역시 다르지 않다. 말 한마디가 남긴 상처가 이혼으로 이어지는 경우도 있고, 짧은 위로의 말이 긴 갈등을 녹여내면서 화해시키기도 한다. 식당에서 친절하게 인사하는 직원을 보면 음식이 다소 아쉬워도 기분 좋게 나오게 되고, 아무리 음식이 훌륭해도 무뚝뚝하고 불친절한 태도에는 다시 가고 싶지 않은 마음이 생긴다. 그만큼 따스한 언어의 표현은 아주 중요하다.

결혼해 보니 부부 사이의 따뜻한 대화는 결혼 생활의 기초이고 기본 예의라는 생각이 들더라. 항상 목소리를 높이고 핏대를 세우면서 애기를 한다면 서로 따스한 대화로 이어질 수 있을까. 꼭 부부가 아니더라도, 따뜻한 말이 사라진 인간관계는 오래가지 못한다. 돌이켜보면 지금의 나도 아내에게 충분히 따뜻한 표현을 하지 못했다는 후회가 남는다. 사회에서 만난 인간관계에서는 좋은 말을 아낌없이 하면서, 정작 가장 가까운 가족에게는 언어의 온도를 제대로 전하지 못했을지도 모른다. 아마도 이것이 나를 포함한 많은 사람이 겪는 아이러니일 수 있다. 가장 사랑하는 사람에게 가장 무심한 말을 하게 되는 것은 실상은 친밀함의 함정이다. 가깝다고 함부로 대하는 것이다.

가까운 사람일수록 '말하지 않아도 알겠지', '이 정도는 괜찮겠지' 하는 스스로의 착각에 빠지기 쉽다. 하지만 오히려 가까운 관계, 부부일수록 말의 온도가 더 중요하다. 작은 냉기도 계속 쌓이면 어떻게 되겠는가. 아마도 언어가 얼음이 되어서 차갑고 냉랭한 부부 관계를 만들 수 있기 때문이다.

모든 표현에는 다 때가 있다. 평생을 함께하는 것 같아도 돌아보면 인생은 찰나이고 짧은 시간이다. 그렇기에 부부간에 관계를 더욱 따스하게 하기 위하여, 언어에 온기를 담는 법을 배우고 수시로 표현해야 한다. 짧은 한마디라도 따뜻함이 스며 있다면, 듣는 사람뿐 아니라 말하는 사람의 마음까지도 기쁘게 한다.

예전, 남해의 어느 소도시를 여행하면서 맛집을 방문하게 되었는데, 식사하는 한 부부를 유심히 본 적이 있었다. 결혼 관련 책을 준비하다 보니 자연스레 눈이 갔었다. 그런데 식사가 끝날 때까지 부부가 한마디의 말도 나누지 않는 모습을 보았다. 부부의 표정도 냉랭했다. 한국의 일반적인 시끌벅적한 분위기와 아주 딴판이었다. 식사 동안에 따뜻한 말은커녕, 냉랭한 공기만 감돌았다. 부부 사이에는 나쁜 말을 하지 않는다고 해서 관계가 건강한 것은 아니다. 일상에서 무관심이나 침묵도 하나의 좋지 않은 메시지가 될 수 있다. 때로는 냉랭한 말보다 더 차가운 것이 무관심이나 이유가 없는 침묵에 불편함이다.

남해 여행 때 그 부부의 모습이 잊히지 않으면서, 여러 가지 생각이 들었다. 결혼하면 부부가 할 말이 없어도 따뜻한 말을 자주 하는 게 좋지 않을까. 말을 너무 아껴야 할 이유는 없다. 고운 말은 아무리 많이 써도 비용이 드는 것도 아니니까. 오히려 아내에게, 남편에게 아낌없이 따뜻한 말을 건네야 한다. 직장에서 승진을 위해 마음에도 없는 말을 하는 것보다, 가정에서 진심 어린 칭찬과 감사의 말, 유머를 자주 하면서 재미를 나누는 것이 훨씬 소중하다.

그렇다고 너무 가볍게 진정성 없는 따뜻함은 오히려 역효과를 낼 수 있다. 형식적인 칭찬이나 습관적인 진심이 없는 사랑 표현은 배우자가 금방 알아챈다. 진실되지 않은 표현이나, 진심이 담기지 않은 말은 공허하다. 결국 이기주 작가의 언어의 온도란 관심과 존중의 온도다. 상대를 진심으로 보고, 듣고, 이해하려는 마음이 있을 때 자연스럽게 따뜻한 말이 나온다.

언어는 표현되지 않으면 아무 소용이 없다. 사랑도 마찬가지다. 표현되지 않는 사랑은 진심으로 전달되지 않는다. 대화의 온도가 낮아질수록 부부 관계는 식어가고, 마음도 차갑게 변한다. 대화의 기술은 그리 어렵지 않다. 먼저 아무것도 아닌 말도 잘 들어주고, 공감하며, 따뜻한 말을 자주 건네면 된다. 감사, 칭찬, 사과, 격려, 유머⋯. 이런 말들을 자연스럽게 하는 것도 연습이 필요한 기술이다. 어색하더라도 의식적으로 시도하면서 습관으로 만들어야 한다.

결혼 생활이 긴 것 같지만, 돌아보면 순식간이고 금방 세월이 흘러간다. 부부의 긴 시간을 함께 버텨내려면 따뜻한 언어가 꼭 필요하다. 행복한 결혼은 거창한 사건으로 완성되는 것이 아니라, 매일 오가는 작은 일상의 따스한 대화 속에서 자라난다.

따뜻한 말은 행복이라는 마음을 담는 그릇이다. 그릇에 따스한 온기를 담을 때, 사랑도 오래 지속되고 부부가 행복할 수 있다.

<u>5</u>

부부는 상하가 아니라
아내를 친구처럼 대해야 하는
세상 이해하기

- 종속관계의 시대는 끝났다

…

출산율이 급감하는 한국 사회를 보면 안타까움이 크다. 결혼이 참으로 쉽지 않은 세상인 듯하다. 어렵게 결혼을 해도 끝내 이혼으로 가는 경우도 너무 많다. 행복하게 사는 게 참 어렵다. 결혼도 어렵고 어찌 보면 헤어지는 과정은 더 쉽지 않은 듯하다. 당사자 간의 이혼 소송이 막상 시작되면, 오랜 시간 관계 회복을 시도했던 쪽에서 먼저 이혼을 결심한 경우라면, 중간에 마음을 되돌리고 재결합해서 사는 일은 쉽지 않다. 그만큼 이혼에 대한 깊은 고민과 결단이 있었기 때문이다. 결혼도 이혼도 참 모든 게 쉽지 않은 문제이다. 결혼 공부를 많이 해야 하는 이유는 이처럼 결혼이 어려운 제도이기 때문이다.

왜 많은 사람이 어렵게 결혼을 했는데 이혼을 생각하게 될까. 이혼은 어찌 보면 단순히 감정의 문제가 아니다. 주변에서 이혼하는 경우를 보면 여러 가지 요소가 있다. 경제적인 문제, 성격 차이, 사업 실패, 불륜 등 여러 복합적인 것도 있겠지만, 의외로 배우자에게 무시당하거나 함부로 대우받는 관계를 더 이상 감당할 수 없어서 결심하는 경우가 많다. 이혼을 결심한 이들은 결혼 생활 속에서 '배우자'라는 이름으로 일방적인 희생을 감내하며 살아왔다. 물론 모든 부부가 존중 없이 산다고 볼 수는 없다. 하지만 부부간 불평등이 일상이 된 가정에서, 부당한 대우를 받는 부부 한쪽은 마음이 지치고, 배우자에 대한 애정이 떠나면서 결혼 생활이 무너진다.

그런 이유로 배우자 한쪽이 이혼을 결심한 순간, 부부는 더 이상 과거로 돌아가기가 쉽지 않다. "이혼하고 배우자 없이 차라리 혼자가 편하다"는 말은 단순히 내뱉는 말이 아니다. 왜 그럴까. 자식이 있음에도 이혼 결정을 내리는 것은, 자신의 자존감과 삶의 자유를 잃은 채 사느니 혼자라도 스스로의 자존감을 지키며 살겠다는 선택으로 보아야 한다.

결혼은 두 사람이 함께 행복하기 위해 하는 것이다. 어느 한쪽이 일방적으로 다른 한쪽의 삶을 희생시키면서 복종시키는 결혼은 더 이상 '사랑'이 아니라 '억압이나 굴복, 굴레'에 가깝다. 건강한 부부 관계에서는 서로를 위한 배려와 양보는 당연히 필요하다. 중요한 것은 일방적 희생이 아니라 부부 간의 상호 배려다. 결혼은 희생의 무게가 아니라, 존중의 균형 위에서만 오래 지속될 수 있기 때문이다.

예전에는 부부 관계를 말할 때 '남편은 가장, 아내는 내조자'라는 위계가 당연한 듯 여겨졌던 시절이 있었다. 그러나 인터넷이 중심이 된 세상은 아주 많이 변했다. MZ 세대의 세상에서는 결혼은 상하 관계가 아니라, 함께 걸어가는 동행이며, 무엇보다 친구 같은 부부 관계가 편하게 오래 지속될 수 있다.

1990년대 폭발적인 인기를 끌었던 드라마 〈사랑을 그대 품 안에〉는 이러한 변화를 상징하는 작품이었다. 드라마가 방영되는 날이면 거리에 사람이 없을 정도였다. 대학 시절, 동기 모임을 하던 중 같은 학과 동기 여학생이 "드라마를 봐야 한다"며 서둘러 집으로 돌아가던 모습이 지금도 생생하게 기억난다.

극중 백화점 창업주의 후계자 차인표와 평범한 회사원 신애라가 보여준 사랑은 단순한 로맨스를 넘어섰다. 신분의 격차에도 불구하고 한쪽이 다른 쪽을 지배하거나 일방적으로 희생하는 구조가 아니라, 서로의 꿈과 고민을 나누며 서로 친구처럼 다가갔다. 시청자들은 이 드라마 속 사랑에서 "결혼은 곧 친구 같은 동행"이라는 강렬한 메시지를 많이 느꼈기에 젊은 세대가 드라마에 열광했을 것이다.

흥미로운 것은, 드라마 속 연인의 감정이 현실로 이어졌다는 점이다. 차인표와 신애라는 촬영을 계기로 서로에게 이성적 감정을 느끼게 되었고, 현실에서 결혼까지 이어졌다. 두 사람은 결혼 이후에도 현재 함께 봉사활동을 다니고, 입양을 통해 새로운 가정을 꾸리며, 친구처럼 지내고 있다. 입양이나 봉사 등 사회적으로 쉽지 않은 결정들을 함께 모범적으로 보여주고 있다. 그런 과정에서 외부에 보이는 것은 부부 한쪽의 희생이 아니라, 서로에 대한 깊은 신뢰와 존중이 각인되고 있다. 미혼 시절에도 그랬지만 지금까지 참 부럽기도 하고 존경스러운 부부다.

부부가 친구처럼 지내야 하는 이유는 어찌 보면 단순하다. 친구는 서로를 존중하고, 대등하게 대화하며, 함께 웃고 울 수 있는 존재이기 때문이다. 남편이 아내를 무시하거나, 아내가 남편을 일방적으로 떠받치는 관계는 오래가지 못한다. 결혼은 일방적 희생으로만 유지되는 것이 아니라, 서로를 존중할 때 오래가기 때문이다. 결혼은 개인의 부나 지위로 지켜지는 것이 아니라, 함께 책임을 나누고 기쁨을 공유하는 균형 위에서 유지되는 것이다.

금실이 좋은 부부들을 보면 대부분 결혼을 상하 관계로 생각하지 않는다. 상하관계에서 금실이라는 말은 어울리지 않는다. 금실이 좋은 부부는 아내는 남편의 친구이자 동지이고, 남편은 아내의 가장 든든한 벗으로 살아가는 것이다. 그렇게 서로를 존중할 때, 결혼은 억지로 이어가는 제도가 아니라 자연스럽게 자녀와 함께 행복하게 노년으로 이어진다.

행복한 결혼의 비밀은 멀리 있지 않은 듯하다. 끝없이 부부 간에 서로를 친구처럼 대화하고, 존중하며 웃음을 나누는 것이다. 그것이 부부가 나이 들어도 친구처럼 끝까지 함께 걸어갈 수 있는 가장 확실한 방법이고 길이다.

당신의 결혼 생활에서 지금 곁에 있는 배우자는 어떤 존재인가? 한 번쯤 생각해 본 적이 있는가. 단순히 남편, 아내라는 역할을 넘어, 진정한 친구로서 서로를 바라보고 있는가? 오늘 한 번쯤, 결혼한 부부라면 배우자에게 친구처럼 편하게 말을 건네보는 것은 어떨까. 결혼을 생각하는 연인들도 서로를 친구처럼 다정한 말을 건네는 부부가 되는 생각을 해보자.

<u>6</u>

경제관념과 소비습관이
잘 맞는 부부 되기

- 돈 문제는 끝이 없다

…

결혼 전에 사채를 쓴 사실을 숨기고 혼인한 부부가 이혼에 이르는 경우를 직접 본 적이 있다. 아내는 결혼 후 남편의 사채 사실을 알게 되었고, 자신을 속였다는 배신감과 더불어 감당할 수 없는 원금과 고금리 이자 때문에 결국 결혼 생활을 이어갈 수 없었다.

제1금융권의 대출도 아니고, 고이율의 사채 문제는 결코 가벼운 문제가 아니다. 본인의 신용도를 넘어선 대출을 받았다는 것은 이미 채무를 해결할 수 없는 상황에 처했다는 뜻이다. 그 것도 젊은 나이에 말이다. 결혼 후에는 돈 문제가 곧바로 현실이 되기 때문에 배우자가 이를 모를 수 없다. 이런 경우 대부분은 이혼으로 이어진다. 채무를 감당할 수 없다면 헤어질 수밖에 없는 것이다.

아내는 신혼의 기쁨을 누리기도 전에 채권자들의 추심 행위를 받으며 남편의 과거를 알게 되었고, 추심 행위는 매일 반복되는 현실이 되면서 서로 살 수 없는 상황이 되었다.

결국 법원은 남편의 유책 사유를 인정했고, 혼인 파탄의 책임이 남편에게 있음을 분명히 했다. 부부는 이혼하게 되었고, 아내는 깊은 상처로 인하여 정신과 치료까지 받는 상황이 되었다. 법원에 이런 유사한 사건이 의외로 많다는 사실을 알아야 한다. SBS 《그것이 알고 싶다》에서 방송되는 일들이 남의 일이 아니라는 사실을 젊은 세대는 꼭 인식해야 한다. 숨긴 빚은 부부간에 결국 신뢰의 훼손으로 이어진다. 결혼 파탄으로 가는 결정적 원인이 되기도 한다는 사실을 알아야 한다. 절대로 긴 결혼 생활을 이어갈 수가 없다.

결혼의 본질은 신뢰이고 신뢰가 무너지면 파탄이라는 사실을 꼭 알아야 한다. 왜냐하면 결혼은 신뢰를 바탕으로 한 사랑의 완성이자 두 사람이 함께 인생을 살아가겠다는 약속이다. 그런 약속의 밑바탕에는 반드시 배우자에 대한 믿음이 깔려 있어야 한다. 부부 사이에 신뢰가 깨어지고 믿음이 없는 사랑은 오래가지 못한다.

특히 돈과 관련된 문제, 그것도 결혼 전에 이미 짊어진 빚을 결혼하는 배우자에게 숨기고 결혼을 했다는 사실은 사랑보다 더 큰 배신으로 다가올 수밖에 없다. 채무는 단순히 돈의 문제가 아니다. 그 빚은 부부간 신뢰를 갉아먹고, 미래를 빼앗아 간다. 행복을 멀리하고 불행을 가져오는 아주 쉬운 방법이다. 결혼은 단순히 사랑의 결합이 아니라 삶 전체를 공유하는 공동체의 삶이다. 신뢰를 저버리고 그 근본을 속이고 시작한 것이니 파국이 될 수밖에 없다.

예비부부나 젊은 남녀는 결혼을 준비할 때 이런 부분을 반드시 짚고 넘어가야 한다. 의외로 배우자의 결혼 전 채무로 이혼을 하는 경우가 많기 때문이다. 몇 가지 정도는 결혼 전에 서로 확인해 보자.

<결혼 전 재정 상태 점검>

- 서로 은행의 대출이나 개인 채무에 대하여 소상히 밝히기
- 만약 감당할 수 없는 돈이라면 어느 정도의 채무가 해결될 때까지 결혼을 미루는 것도 좋은 선택이다
- 솔직하게 재무 상태를 공개하고, 채무가 있다면 함께 해결할 현실적인 계획을 수립하기

연인 간의 신뢰 없는 결혼은 언젠가는 파국이 되고 부부간의 삶이 순식간에 무너진다. 결혼 전에 과거의 빚을 숨기는 것은 단순한 거짓말이 아니라, 어쩌면 상대방의 삶을 기만하는 행위로 보아야 한다.

중요한 것은 빚의 유무가 아니라, 부부 공동체의 운명을 인식하고 투명성과 함께 문제를 풀어가려는 태도다. 채무 문제가 심각한 상황이라면, 필요하다면 주변의 도움을 받아 현실적인 해결 방안을 모색하는 것도 좋다. 문제를 숨기는 것이 아니라 함께 해결하려는 의지가 있다면, 부부 관계는 오히려 더욱 단단해질 수도 있기 때문이다.

결혼 준비 단계부터 경제관념을 맞추는 연습을 확실히 해야 한다. 결혼 전 데이트 비용은 소득에 맞게 각자 나누어 부담하면 된다. 하지만 결혼 이야기가 오고 가는 상황이면 얘기는 달라진다. 큰돈의 지출이 예상되는 전셋집 마련, 살림가구, 혼수 등 현실적인 결혼 비용이 논의되기 시작하면 결혼이 쉽지 않은 문제라는 상황을 인식하게 된다.

이때부터는 과도한 채무를 지지 않도록 두 사람이 경제적 관념과 소비 습관을 솔직하게 나누고, 충분히 상의하고 의논을 해야 한다. 그렇지 않으면 결혼 생활이 빚으로 인해 갈등이 계속되면서 파탄날 수 있기 때문이다. 출산하면 아이 양육비와 교육비도 큰 문제로 따라온다는 것도 인식해야 한다.

예비부부들은 배우자에 대한 인간 예의의 차원에서라도 자신이 금융권 채무가 많이 있다면 반드시 솔직하게 상대방에게 이야기해야 한다. 결혼을 했는데 모르는 채무가 나타나고, 갈등이 지속되는 상황에서 자식까지 생기면 불행이 자식에게 대물림되는 최악의 상황을 맞이할 수 있기 때문이다. 결혼을 해보면 이 단계가 얼마나 중요한 관문인지를 알게 될 것이다.

또, 결혼 직후부터는 한 달 수입과 지출, 카드 사용과 생활비 문제가 부부가 공동으로 감당해야 할 과제로 떠오른다. 누가 경제권을 가질지, 공동으로 관리할지를 명확히 해야 서로 감정 대립과 부부싸움도 줄어든다.

<결혼 후 부부의 효과적인 경제 관리 방법>

- 돈 문제로 부부 간 신뢰가 깨어지는 행동은 서로 각자 철저히 조심하기
- 수입과 지출을 부부 간에 오해가 없게 솔직하게 투명하게 공유하기
- 중요한 큰돈의 지출은 부부 간에 반드시 합의 후에 지출하기
- 월 1회 정도 정기적으로 재정 상황과 통장을 함께 점검하는 습관을 필히 들이기
- 돈 문제가 생기기 전에 미리 돈 액수를 특정해서 대화하고 의논할 수 있도록 하기

실상 요즘의 부부들은 공동 관리를 선호하는 추세다. 그래서 아이가 태어나기 전까지도 두 사람은 경제적인 문제로 미래를 대비하는 모습을 함께 노력해야 한다. 결혼 생활 동안에 경제 문제는 끝없이 이어지기 때문이다.

부부의 경제관념이 비슷해야 가정이 평온하다는 것은 우리 부모 세대를 비롯해 주변을 보면 잘 알 수 있다. 모든 갈등의 시작은 돈이 가장 큰 문제라는 것을 알아야 한다. 소비 습관이 완벽하게 일치하는 부부는 없다. 중요한 것은 항시 부부 각자의 차이를 인정하고 대화와 조율로 서로 맞춰가려는 노력이다. 수입에 맞는 생활을 하고, 과시적 소비를 경계하며, 함께 저축 목표를 세우는 것만으로도 충분히 건강한 경제생활을 영위할 수 있다.

투자 문제도 마찬가지다. 배우자에게 알리지 않고 투자를 하여 가정 파탄이 일어나는 경우가 많다. 부동산 투자든, 미국 주식이든 한국 주식이든, 어떤 자산에 투자하든 반드시 부부 간 합의를 거쳐야 한다.

합의 없이 한쪽 배우자가 독단적으로 투자했다가 실패한다면, 단순한 손실을 넘어 가정이 파탄날 수 있음을 알아야 한다. 인공지능 시대에 투자의 범위가 주식, 선물, 부동산에서 코인 등으로 확대되면서 투자 실패로 인한 부부 갈등 사례가 급증하고 있다는 사실을 항시 명심해야 한다.

맞벌이를 하든 그렇지 않든 수입과 지출, 저축, 주택 마련 자금, 자녀 교육비 등은 모두 부부가 세밀하게 대화를 나누고 합의해야 한다. 예상치 못한 병원비 등 급박한 상황을 대비한 비상금도 함께 마련하는 것이 좋다.

부부의 경제관념이 크게 갈라진다고 해서 무조건 남남이 되는 것은 아니다. 서로의 차이가 있어도 진솔한 대화와 상호 존중, 그리고 함께 조율하려는 의지가 있다면 충분히 극복할 수 있다.

실제로 경제적 어려움을 함께 극복하며 더 끈끈해진 부부들도 많다. 다만, 돈 문제에 대한 부부간에 서로 합이 잘 맞아서 적지 않은 부를 형성하는 부부가 많다는 것은 유심히 새겨보아야 한다. 이런 부분이 결혼의 큰 장점이다. 한쪽이 일방적으로 쥐고 흔드는 관계가 아니라, 대화와 신뢰를 바탕으로 함께 풀어나가는 관계가 되어야 한다.

하지만 부부이면서도 투명성과 소통 없이 독단적으로 행동하거나, 상대를 속이고 신뢰를 저버리고 무시하면서 독단적으로 돈을 관리한다면 결혼은 고통으로 빠지게 된다.

결혼 생활을 오래도록 평온하게 지켜내려면 경제적 투명성과 대화, 그리고 함께 문제를 풀어가려는 태도를 가져야 한다. 돈의 많고 적음이 문제가 아니다.

부부간에 서로를 신뢰하고, 솔직하게 소통하며, 함께 미래를 설계해 나가는 부부가 결국 오래 행복하게 살아간다. 돈 앞에서 무너지는 결혼도 있지만, 돈 문제를 함께 지혜롭게 풀어 나가며 더 부유하고 단단해지는 결혼도 있다는 사실을 기억해야 한다.

부부 갈등 때에도
'내 잘못', '네 잘못' 하지 않기

- 나를 먼저 알기

...

맞벌이 부부로 적지 않은 세월을 살아왔다. 신혼 초부터 맞벌이였기에 장 보는 일, 세탁물 맡기기, 요리까지 아내와 함께 해왔다. 처음에는 서툴렀지만, 신혼 때부터 자연스럽게 역할을 나누며 생활을 맞춰왔다. 대학 시절부터 혼자 살며 생활 연습이 되어 있던 것도 많은 도움이 되었고, 무엇보다도 노년의 나 자신의 삶을 위해서, 아내에게만 의존하지 않고 살아가야 한다는 생각이 정리된 것도 영향이 있었다. 남자이지만 맞벌이를 하기에 당연히 그렇게 해야 한다고 여겼다.

그렇지만 맞벌이를 하면서 서로 탓을 하며 다툰 일도 많았다. 특히 퇴근 후 피곤한 상태에서 집안일을 놓고 다투는 일이 잦았다. "당신이 설거지를 안 해서 화가 난다"고 비난하면, 아내도 "나도 힘들었다"며 서로 맞받아쳤다. 부부싸움은 때로는 유치해 보일 수도 있다. 어떨 때는 감정이 격해져 크게 다투기도 했다. 서로 자신의 잘못이 아니라고 주장하며 치열하게 맞섰던 것이다. 싸움에 지면 마치 자존심이 무너지는 것처럼 아주 치열하게 말이다. 결혼 생활이 24년을 넘으면서 부부 싸움은 다 부질없다는 것을 깨달았다. 내 탓, 네 탓을 한다고 해서 남는 것은 상처뿐이었다. 지금 돌아보면, 그저 서로를 친구처럼 대하고 존중하며 인정했으면 될 문제들이었다. 아무것도 아닌 문제로 치열하게 다투었다는 사실이 오히려 인생의 낭비처럼 느껴진다. "당신이 설거지를 안 해서 화가 난다"가 아니라 "나는 설거지가 쌓여 있을 때 불안하고 힘들다"고 내 감정을 표현했더라면 훨씬 나았을 것이다. 같은 갈등이라도 표현 방식에 따라 결과가 완전히 달라진다. 물론 감정을 담고 있는 것보다는 그때그때 풀고 가는 것도 좋다.

세상은 많이 변해서 부부가 함께 늙어가며 노년을 맞이하는 동행자의 시대다. 부부 사이에는 갈등이 없을 수 없다. 갈등은 어찌 보면 자연스러운 것이다. 다만 중요한 것은 그 갈등을 건강하게 표현하고, 서로를 비난하는 방식으로 번지지 않도록 하는 것이다.

영국의 스타 부부 데이비드 베컴과 빅토리아 베컴은 갈등 해결 방식에 대해 "우리는 항상 서로의 입장을 먼저 듣는다"고 했다. 그래서 네 탓, 내 탓으로 번지지 않도록 한다는 것이다. 대중의 관심을 많이 받는 유명인 부부이지만, 서로를 존중하는 태도로 대화를 시작한다. 단순해 보이지만 실천하기 어려운 원칙이다. 대부분의 부부 갈등은 상대 말을 끝까지 듣지 않고, 자기변명부터 시작하면서 악화된다.

부부가 살면서 이혼은 생각보다 쉬운 현실이 된다. 끝없이 모든 문제를 배우자 탓으로 돌리면 결혼은 오래가지 못한다. "그 모든 게 다 네 탓이잖아"라는 대화는 이별을 부르는 징조다. 이런 말이 극단으로 치달으면 부부 한쪽은 마음의 문을 닫는다. 마음을 닫는 순간 관심은 무관심으로 바뀌고, 결혼 생활은 냉랭해지며 남처럼 살게 된다.

사람이 모여 사는 곳에는 책임 문제가 늘 따를 수밖에 없다. 하물며 결혼 생활에서 "서로의 잘못이 아니다"라고 말하기란 쉽지 않다. 부부가 사는 공간은 서로에게 안정된 공간이어야 한다. 안정감을 잃고 갈등이 생겨 서로 탓만 한다면 부부의 삶은 곧 피폐해진다.

물론 실수했을 때 "미안해, 내가 잘못했어"라고 인정하는 것은 필요하다. 진정한 사과는 "내가 잘못했어, 하지만…" 같은 변명식이 아닌, 깨끗하게 "내가 잘못했어. 미안해"로 끝나야 한다. 문제는 서로를 향한 끝없는 추궁과 비난이다. "네 탓, 내 탓하지 말자"가 "아무도 책임지지 말자"는 뜻이 되어서는 안 된다. 책임을 인정하는 것과 상대를 비난하는 것은 다르다.

부부 사이에 절대적인 옳고 그름은 없다. 한 발 물러 서서 보면 서로의 말이 모두 맞다. 살아보니, 부부 사이에서 이기는 것은 아무 소용이 없다는 것을 알게 되었다. 부부 싸움에서 이기면 뭐가 남는가? 상대의 상처와 자신의 공허함뿐이다. 부부 사이에서 승패가 무슨 의미가 있나. 가정에서의 부부 한쪽의 승리는 부부 둘 다 지는 것이다. 상처밖에 남는 게 없다.

어쩌다 가끔은 "당신 탓"이라고 말할 수는 있다. 하지만 그것이 반복되어 마치 추궁하듯 수시로 이어진다면, 한 공간에서 함께 지내는 것이 고통으로 변한다.

갈등이 생겼을 때나, 감정이 격해졌을 때는 잠시라도 시간을 가져보자. '너는'이 아니라 '나는'으로 시작하는 대화를 해보자. 과거의 싸움 내용을 반복해서 들춰내지 않고 현재 문제에 집중해야 한다. 그리고 누구 탓인지 따지기보다 해결책 중심으로 대화를 하자. 상대의 실수를 용서하고 잊어주는 것도 중요하다. 제일 좋은 방법은 갈등이 터지기 전에 평소 솔직하게 소통하는 습관을 들이는 것이다. 그러면 많은 문제를 예방할 수 있다.

갈등은 언제든지 있을 수 있다. 건강하게 표현된 갈등은 오히려 관계를 성숙시킨다. 그러나 서로 탓하는 일은 최소화해야 오래갈 수 있다. 24년의 결혼 생활 경험에서 얻은 확신이 하나 있다면, 부부 사이에서 네 잘못, 네 탓이라 해서 얻는 것은 아무것도 없다는 것이다. 한 공간에서 함께 살아가는 부부간의 싸움은 결국 다 덧없다는 깨달음이 결혼을 앞둔 젊은이들에게 도움이 되기를 진심으로 바란다.

8

어디서든 나의 결혼 생활을
함부로 애기하지 않기

- 배우자의 단점을 지적하기보다는 서로의 장점을 칭찬하기

...

살아오면서 제일 많이 생각하고 의문이 드는 것은 인간은 참 복잡한 존재라는 점이다. 우리는 사람 때문에 상처받기도 하고, 때로는 사람으로 위로를 받기도 하면서 살아간다. 행복한 삶만 사는 사람들이 없다 보니, 모든 사람이 다 그런 건 아니지만 타인의 불행을 보며 자기 삶을 위로받는 경우가 있다. 불행한 삶을 사는 사람일수록 주변의 불행을 보면서 위로를 받는다는 말도 때로는 아주 틀린 말은 아닌 듯하다. 물론 진심으로 아픈 상처나 고통스러운 마음을 공감하고 도우려는 사람들도 있지만 말이다.

예전에 집 근처 병원에 갔다가 혼자 식사를 하게 되었다. 토

요일 점심이 되지 않은 시간이어서 그런지 식당에 손님이 전혀 없었다. 이른 낮술을 하는 여자 손님 세 명이 있어서 의아하게 지켜보기는 했다. 얘기를 들어보니 시댁과 남편 험담을 하면서 서로 코치해 주고 있었고, 듣고 싶지 않은 불쾌한 얘기까지 듣게 되었다. 30대 중반으로 보이는 여성이 남편 문제를 얘기하자, 그 말을 듣고 있던 나이가 좀 더 많아 보이는 투박한 말투의 여성은 시댁에는 가지 말고 남편과 이혼을 하겠다며 강경하게 나가라고 했다. 과연 그게 결혼 생활에 진정한 조언인지 참으로 옆에서 들으면서 민망했다.

이 경험은 많은 생각을 하게 했다. 때때로 힘든 현실을 친한 친구에게 얘기하기도 하고, 힘든 가족사나 결혼 생활을 털어놓는 일이 자신도 모르게 가십거리로 변질될 수 있다는 사실이다. 이런 일이 주변에 보면 아주 흔하다. 믿고 의지하면서 위로를 받고자 했던 얘기를 상대가 진심으로 공감하는 듯 보이면서도 속으로는 상대의 불행을 이용하거나, 지혜롭지 않은 조언을 하는 경우가 많다.

그래서 결혼 생활의 어려움을 누구에게 어떻게 이야기하는지는 매우 신중해야 한다. 위로를 받고 싶어 꺼낸 말이 오히려 소문이 되어 돌아오고, 상황이 부부 관계를 악화시키는 경우가 있기 때문이다. 배우자와의 문제를 주변에 친하지 않은 누군가의 흥밋거리로 만들면 그것은 곧 배우자에 대한 예의를 잃는 일이다. 그 피해는 결국 나에게 돌아온다.

특히 모임 자리에서는 더욱 주의가 필요하다. 부부 동반 모임에서 아내들끼리 남편 이야기를 하고, 남편들끼리 아내 이야기를 꺼내는 경우는 그냥 자연스러운 일이다. 가끔 부부동반모임을 하면서 아내들끼리 하는 애기를 들으면서 가벼운 농담 정도로 생각하며 웃고 넘길 수 있다. 하지만 그것이 배우자의 험담으로 번지고 건설적인 해법이나 생산적인 대화가 아니라면 부부 사이의 문제는 심각해진다. 모임 끝나고 집으로 돌아와 괜한 부부싸움으로 이어지기도 하고, 배우자에 대한 불만과 불신이 더 깊어질 수 있기 때문이다.

결혼 생활은 본래 두 사람만의 은밀한 이야기이자, 양가 부모까지 이어지는 복잡 미묘한 삶의 이야기다. 부부의 은밀한 사생활을 모임에서 가볍게 주변에 흘려 험담 대상으로 소비된다면, 결국 배우자의 가치와 자신의 가치까지 떨어질 수 있다. 남의 가정사를 쉽게 애기하는 사람들도 많고 결코 도움이 되지 않는 애기를 하는 사람도 많다.

그렇다고 결혼 생활의 고민을 절대 누구에게도 말하지 말라는 뜻은 아니다. 오히려 자녀 교육이나 건강 챙기는 방법, 맛난 건강식의 레시피를 교환하는 건강한 의견들은 결혼 생활에 매우 중요하다. 그런 것들은 주변의 친한 지인들에게 자연스럽게 이야기하는 것이 좋은 모습이 될 수 있다.

남의 가정사를 험담이나 가십으로 소비하는 것과 진심 어린 조언을 통하여 문제를 해결해 주는 것은 전혀 다른 문제다. 정말 결혼 생활에 위기나 해결되지 않는 부부 사이의 문제가 있다면 믿을 수 있는 친구, 가까운 가족과 진지하게 상의하는 것은 지혜로운 방법이다. 필요하다면 가정생활에 지혜가 있고 연륜이 있는 상담가의 도움을 받는 것도 매우 현명한 선택이다. 부부 상담 전문가는 객관적 시각으로 문제를 바라보고 건설적인 해결 방안을 제시할 수 있기 때문이다. 무엇보다 비밀이 보장되기 때문에 안심하고 깊은 이야기를 나눌 수 있다.

여기서 한 가지 꼭 분명히 해야 할 것이 있다. 만약 배우자의 가정폭력, 심각한 약물 중독 문제, 가족에 대한 학대와 같은 생명이나 신체에 위험한 상황에 처해 있다면 반드시 주변에 도움을 요청해야 한다. 이런 경우에 배우자의 침묵이나 혼자만의 고민은 오히려 위험하다. 살다 보면 부부간의 심각한 문제로 해결의 기미가 보이지 않을 수 있다. 이런 경우에 정말 신뢰할 수 있고 비밀을 지켜줄 가족에게 알리고 도움을 받아야 한다. 필요하다면 가족 문제와 관련되는 기관에 연락하여 도움을 청하는 것이 자신과 가족을 지키는 길이다.

살면서 힘든 가족의 문제가 생겼을 때 심각한 대화를 나눌 상대를 선택하는 일은 매우 중요하다. 신뢰할 수 없는 사람에게 개인적인 이야기를 털어놓으면 금세 소문이 되어 안 좋은 방향으로 돌아올 수 있다. 부부 문제를 공유할 때는 경험상 이런 기준을 몇 가지 제안하고 싶다.

-진심으로 나를 걱정하는 지혜가 있는 사람일까?
-비밀을 절대적으로 지킬 수 있는 사람인가?
-진심으로 부부를 걱정하면서 해법이 될 조언을 해 줄 수 있을까?
-조언을 구하고 문제가 더 확대되지 않을까?

이런 여러 가지를 고민해 보고 충족되는 게 많다면 조언을 구하는 게 좋다.

다만, 현실에서 쉽지는 않지만 가능하다면 심각하고 중요한 문제는 배우자에게 먼저 말을 꺼내보는 것도 고려해야 한다. "요즘 우리 관계가 힘든 것 같은데, 주변 어른들이나 친구에게 조언을 구해 봐도 될까?" 혹은 "부부 상담을 받아보는 게 어떨까?"라고 먼저 얘기를 시도하는 것이다. 이렇게 하면 배우자도 존중받는다고 느끼고, 둘이 함께 문제를 해결하려는 태도가 관계를 더 단단하게 만들 수 있다. 다만, 이런 경우에는 현실에서 배우자와 심각한 갈등 상황이면 통하지 않을 수 있다는 것도 알아야 한다.

그래서 감정이 폭발했을 때는 더욱 말을 아껴야 한다. 화가

난 상태에서 쏟아낸 말은 과장되기 쉽고, 시간이 지나면 후회로 돌아올 수 있기 때문이다.

SNS 시대이니 더욱 조심해야 할 것은 위로받는다는 생각으로 온라인에 글을 써서 기록을 남기지 않는 것이다. SNS나 커뮤니티에 순간의 분노로 글을 올리는 경우를 흔히 보게 되는데, 의도하지 않게 배우자나 주변에 알려지면서 수습이 불가능한 경우가 생기기 때문이다. 특히 유명인들의 경우를 보면, 한 번 공개된 글로 인하여 지워도 흔적이 남아 상황을 더 악화시키곤 하는 것을 방송에서 보는 경우가 많다. 부부 문제는 일단 퍼지기 시작하면 되돌리기 어렵다.

삶에 있어서 부부의 사생활은 은밀하면서도 지극히 중요하다. 모임이나 가족 행사에서도 어디까지 말할지, 어디서 멈출지를 부부간에 스스로 정해두는 기준이 필요하다. 배우자와의 관계를 제3자의 입을 통해 왜곡된 방식으로 듣게 된다면, 그것은 부부에게 큰 상처가 될 수 있다.

결혼 생활은 이별을 전제로 하지 않는 한, 한마디 한마디를 매우 신중해야 하는 이유다. 신중함을 생각해야 하겠지만, 주변에 진심으로 도움을 주고받을 수 있는 일정한 관계도 잘 유지하면 도움이 될 것이다. 다만, 배우자를 험담거리로 소비하지 않는 것, 그것이 내 결혼을 행복하게 지키는 가장 현명한 길이다.

결혼 생활에서 가장 중요한 것은, 두 사람이 어떤 방식으로 서로를 지켜내고 삶을 함께 지탱하느냐에 달려 있다. 이는 남편이든 아내든 마찬가지다. 험담이 아닌 진심 어린 대화, 가십이 아닌 건설적인 조언, 그러면서 인생에 지혜가 있고 연륜이 있는 사람들의 도움을 구하는 용기, 그것이 진정 오래가는 부부의 지혜일 것이다.

<u>9</u>

자식들 앞에서 부부 싸움 하지 않기,
그리고 부부싸움에서
절대 '이혼' 언급하지 않기

- 자식에게 상처주지 않기, 상처밖에 없다

…

지금까지 살아온 인생에 몇 가지 아쉽거나 후회가 되는 것이 있다. 적지 않은 결혼 생활을 하면서 가장 후회가 되는 것은 딸아이가 보는 앞에서 몇 번 부부싸움을 했던 게 아닐까 싶다. 어찌 보면 다툴 수는 있지만 아이가 보는 앞에서 부부싸움을 했던 건 돌아보니 후회가 많이 남는다. 인생에서 몇 가지 후회 중에 한 가지다. 누가 잘했다, 잘못했다의 의미가 아닌 듯하다.

결혼하면 알게 모르게 지켜야 할 것들이 많다. 그중에서도 특히 자녀가 있는 부모라면 반드시 새겨야 할 중요한 원칙을 한 가지 얘기하라고 하면 자녀들 앞에서의 부부싸움을 가급적이면 어떻게든 하지 말라고 하고 싶다. 꼭 불가피하게 감정 통제가 안 되는 상황이라면 어쩔 수 없지만 말이다. 그렇다 하더라도 꼭 한 가지, 자녀 앞에서 이별과 관련되는 이혼은 절대 언급을 하면 좋지 않다.

어린 시절 부모의 잦은 부부싸움으로 인한 불행을 지켜본 아이들은 성인이 되어서도 결혼에 대해 부정적인 인식을 갖게 되는 경우가 많다. 부모의 심각한 부부 갈등을 목격하며 자란 아이들은 성인기 대인관계에서 불안정 애착을 보일 확률이 일반 아동에 비해 높다고 한다. 특히 부모가 싸우는 자리에서 "이혼하자"라는 말을 감정적으로 반복해서 듣고, 실제로 이혼이 이루어진다면 아이들에게 남는 상처는 얼마나 충격적이고 깊을까.

그런 과정을 겪은 자녀들은 '나는 왜 태어났을까'라는 회의에 빠지기도 하고, 자신의 삶을 불행하게 여기며 부모를 원망할 수 있다. 그러니 성장하면서 사랑에 대한 두려움, 결혼에 대한 거부감이 생기는 것은 어쩌면 당연한 일이다. 심리학자들은 이를 '대물림되는 관계 패턴'이라 부른다. 실제로 그런 상처를 받고 자란 아이들 역시 결혼을 한다고 해도 갈등 해결 방식을 배우지 못해 이혼율이 높다는 연구 결과도 있다. 그래서 부부가 맞지 않아서 이혼하게 되면 제일 큰 상처를 입는 건 어찌 보면 자녀들 일 수 있다.

"말은 씨가 된다"는 속담이 있다. 무심코 한 말이 나중에 실제로 일어날 수 있으니 말을 신중히 해야 한다는 우리 속담이다. 결혼하면 부부싸움을 하더라도 이혼을 언급하면 안 되는 이유가 바로 여기에 있다. 부부싸움 중에 이혼을 반복해서 애기하면 어찌 될까. 부부싸움은 가급적 피하는 것이 좋지만, 어쩔 수 없이 다툼이 벌어진다 해도 자녀 앞에서는 최대한 감정을 조절해야 한다. 배우자 일방이든 부부가 모두 흥분된 마음에 "이혼하자'는 말을 감정적으로 반복하는 것은 절대 해서는 안 되는 금기어다. 그 한마디가 아이들에게는 장래에 대한 불안, 부모에게 버림받을지 모른다는 두려움으로 이어지기 때문이다. 이혼하든 하지 않든, 감정적으로 격해진 상태에서 아이들 앞에서 나온 그 말은 불행의 씨앗이 될 수 있고, 훗날 아이들이 성장해서도 지울 수 없는 깊은 상처로 남는다.

부부 사이에 다툼은 충분히 있을 수 있다. 부부싸움을 하지 않는 부부는 거의 없다. 사소한 오해가 쌓여 말다툼이 커지고, 그것이 곧 싸움으로 번질 수도 있기 때문이다. 충분히 다툼이나 의견 대립은 있을 수 있다. 건강한 부부도 모두 갈등을 경험한다. 중요한 것은 '어떻게' 다투느냐의 문제이다. 초등학생 같은 미성년 자녀들이 있는 부모는 싸움과 감정적인 말을 하더라도 자녀가 있는 곳에서 이혼을 반복해서 언급한다면, 자녀들은 정말 깊은 트라우마를 겪는다.

실제로 부모의 이혼 갈등 때문에 집에서 가출한 한 중학생이 잠잘 곳을 찾지 못해 범죄에 빠지고, 인생이 파탄 났다는 기사를 본 적이 있다. 그 기사를 읽으며 어른으로서 참 마음이 아팠다. 지금도 그런 일이 여전히 우리 사회 곳곳에서 일어나고 있다는 사실이 너무도 안타까운 현실이다. 인간은 누구든지 버림받는 것에 대한 깊은 두려움을 갖는다. 여자든 남자든 마찬가지다. 심리학에서는 이를 '유기 불안(abandonment anxiety)'이라 부른다. 성인들도 버림받는 것에 대한 두려움이 있는데, 정서적으로 부모에게 전적으로 의지해야 하는 미성년 자녀들은 어떻겠는가. 그것이 현실로 다가왔을 때, 그 상처는 쉽게 극복되지 않는다.

어린 나이에 부모의 감정적이고 폭력적인 갈등과 과정에서 이혼을 경험한 아이들에게 그것은 가장 무섭고 두려운 경험이 된다. 그런 현실을 보면서 사회적으로도 결혼과 이혼, 그리고 이혼 후 자녀 양육에 대한 제도적 대책이 훨씬 더 획기적이고 적극적으로 마련되어야 한다. 물론 부부가 살면서 화가 나고 속상해서 다툴 수도 있다. 그러나 아이들이 곁에 있다면 반드시 삼가야 할 말은 "이혼하자"는 말이다. 가능하다면 아이와 떨어진 곳에서 대화하고, 아이가 자고 있는 밤이나, 아이가 학교에 간 시간을 활용하는 것도 방법이다. 부부가 감정이 격해지면 대화를 잠시 중단하고, 마음을 조금 진정한 후 다시 이야기하는 것이 훨씬 건설적이다. 부부간에 다툼이 생겼을 경우에 쉽지 않겠지만 젊은 세대에게 해 주고 싶은 현실적인 얘기이다. 이런 부분이 어른으로서, 부모로서 져야 할 책임이 아닐까 싶다. 자식은 아무 잘못도 없다. 그저 운명처럼 부모의 자식으로 태어난 것뿐이다. 그런데 부모 중 누군가가 감정적으로 이혼이라는 말을 툭 던지는 순간, 아이들이 공포에 휩싸이면서 삶에 불안해진다는 것을 알아야 한다. 부부싸움 중이라도 감정적으로 '이혼'을 운운하며 아이를 불안하게 만들지 말아야 한다. 한 번 내뱉은 말은 되돌릴 수도 없다. 특히 '이혼'이라는 단어를 감정적으로 반복하는 것은 습관이 되면서 부부싸움의 강도가 더 높아질 수 있다는 걸 알아야 한다. 아무리 실제로 이혼할 생각이 없다 해도, 무심코 나온 말은 다음 다툼 때 또다시 반복될 수 있고, 이는 걷잡을 수 없는 상황으로 이어질 수 있다. 심리학에서는 이를 '언어적 습관화'라고 부른다. 한 번 사용한 극단적 표현은 다음에 더 쉽게 나오게 되고, 그 말이 현실이 될 확률도 높아진다. 습관적인 다툼의 과정에서 가족 전체가 입은 상처는 이미 되돌릴 수 없다.

더욱 심각한 것은 이혼이라는 단어를 아이를 통제하는 수단으로 사용하는 경우다. "말을 듣지 않으면 엄마 아빠 이혼한다"고 위협하는 부모도 있다. 이는 정서적 학대에 가깝다. 아이는 자신 때문에 부모가 헤어질 수 있다는 죄책감과 두려움에 시달리게 되고, 이는 자존감 형성에 치명적인 영향을 미친다.

한 가지, 여기서 분명히 해야 할 점이 있다. 이혼 애기가 계속 반복될 만큼 부부 갈등이 심각하다면, 부부가 협의이혼을 통해서 각자의 길로 가는 것도 나쁘지 않은 선택이다. 이혼 자체가 절대 악은 아니다. 때로는 이혼이 가족 모두에게, 특히 자녀에게 더 나은 선택일 수 있다. 만약 부부간의 가정폭력, 심각한 약물중독, 지속적인 학대가 있는 가정에서 억지로 결혼을 유지하는 것은 오히려 아이에게 더 큰 해를 끼치기 때문이다. 실제로 아동심리학 연구에 따르면, 부모가 끊임없이 싸우며 불행하게 사는 가정보다 건강하게 이혼한 가정의 아이들이 더 나은 심리 상태를 보일 수도 있다고 한다.

정말 이혼이 필요한 상황이라면, 부부가 성숙하고 책임감 있게 준비해야 한다. 협의이혼이나, 재판상의 이혼 방법도 있지만 불가피한 경우에 최후의 방법으로 써야 한다.

그러나 이혼이 불가피한 상황이 아닌데도 감정적으로 "이혼하자"라는 말을 반복한다면, 그것은 아이에게 씻을 수 없는 상처를 남긴다. 순간의 감정을 다스릴 작은 여유를 반드시 가져야 한다. 인생에서 후회할 말을 하지 않는 습관은 결혼에서 가장 필요하다. 부부는 결혼 전에 감정적으로 상대를 위협하는 말, 특히 아이 앞에서 이혼을 운운하는 것은 절대 하지 않겠다는 약속이 필요하다. 이런 약속을 서로 나누고 지키는 것만으로도 많은 불필요한 상처를 예방할 수 있다.

모든 아이가 그렇지는 않지만, 어린 시절의 불행한 경험은 생각보다 훨씬 더 깊고 오래 남는다. 아이들은 부모의 모습 속에서 세상을 배우고, 사랑을 배우고, 결혼을 배운다. 부모의 언어와 태도가 곧 아이의 미래 관계 패턴이 된다.

톨스토이의 소설 『안나 카레니나』의 서문에 등장하는 문장을 우리는 너무나 잘 알고 있다. "행복한 가정은 모두 비슷한 이유로 행복하지만, 불행한 가정은 저마다 다른 이유로 불행하다." 지금까지도 이 문장이 공감을 얻는 이유는 뭘까. 세월이 아무리 흘러도, 행복한 가정의 조건은 크게 다르지 않다. 서로를 존중하고, 사랑하고, 안정감을 주는 것이다. 그러나 불행은 다양한 얼굴로 우리에게 찾아온다.

부모의 불행한 결혼 생활을 목격한 아이들, 보호받아야 할 시기에 가정에서 불안과 두려움을 경험한 아이들은 그 상처를 쉽게 잊지 못한다. 부모에게 정서적으로 의지해야 할 시기에 받은 상처는 평생의 트라우마가 될 수 있다. 부모로서, 자녀가 행복하게 성장하길 원한다면 아이 앞에서 감정적으로 '이혼'을 운운하며 위협해서는 안 된다.

분명한 건 세상의 모든 부모는 아이들에게 집은 세상에서 가장 안전한 곳이 되게 해야 한다. 부모의 언어와 태도에서 안전함을 느낄 수 있어야 한다. 아이들이 "우리 집에 오면 편안해"라고 느낄 수 있어야 한다. 밖에서 아무리 힘든 일이 있어도 집에 오면 위로받을 수 있다는 믿음이 있어야 한다.

톨스토이가 말했듯, 행복은 비슷한 이유로 오지만 불행은 수없이 많은 이유로 찾아온다. 다양한 불행 중 하나가 바로 감정적으로 이혼이라는 단어를 함부로 입에 올리며 아이를 불안하게 만드는 것이다. 정말 이혼을 할 것이 아니라면, 부부싸움에서 절대로 넘어서는 안 될 선을 지키는 것, 그것이 바로 아이들의 미래와 행복을 지키는 가장 현명한 부모의 자세다. 그리고 만약 이혼이 불가피하다면, 성숙하고 책임감 있게, 아이에게 최대한 안정감을 주며 준비하는 것이 부모의 의무다.

우리 모두 기억하자. 부모의 한마디가 아이의 평생을 좌우할 수 있다는 무게를 인식하고, 말을 조심하는 것이 진정한 부모의 사랑이라는 사실을 말이다.

<u>**10**</u>

시련과 위기도
결혼 생활의 일부분이라는 사실 알기

- 고통도 이해하고 받아들이기

...

한 방송에서 어떤 부부가 과거 결혼 생활의 어려움을 솔직하게 털어놓는 걸 본 적이 있다. 평소 좋아하던 부부였기에 방송을 보면서 놀라움이 컸다. 겉으로는 평탄해 보이던 그들의 삶에도 많은 아픔이 있었다. 사업의 어려움과 그로 인한 경제적 위기, 그리고 그 과정에서 겪은 갈등을 담담히 고백하는 모습을 보며 생각했다. 어떤 부부라 해도 순탄하게만 사는 삶은 없구나. 참 인생은 쉽지 않다는 생각이 들었다. 화면 속 웃음 뒤에는 누구나 감추고 있는 가슴 아픈 사연이 하나씩은 있는 법이다.

그 이야기를 들으며 자연스럽게 떠오른 사람이 있었다. 몇 년 전, 한 권의 책을 읽었는데, 젊은 나이에 갑작스러운 사고로 큰 부상을 입고 생사의 기로에 섰던 한 여성의 이야기이다. 그 책의 저자는 정말 최악의 절망을 넘어 유학까지 다녀오고, 지금은 교수로 활동하며 강의와 봉사를 이어가고 있다. SNS에서 우연히 본 그녀의 밝은 모습을 보니 참으로 한 인간의 삶이 그렇게 멋지게 보일 수가 없었다. 젊은 나이에 여성으로서, 또 인간으로서 감당하기 어려운 시련을 겪고도 꿋꿋이 일어선 그 삶 자체가 귀감이 된다는 생각이 들었다.

그 책을 읽으며 느낀 것이 있다. 엄청난 고통 속에서도 포기하지 않고 다시 살아갈 용기를 얻을 수 있었던 힘의 원천은 가족이었다는 점이다. 책 속에는 부모의 헌신과 딸에 대한 사랑이 깊게 새겨져 있었다. 엄청난 고통 속에서도 포기하지 않고 딸을 지극정성으로 돌보며 끝내 다시 살아갈 용기를 불어넣은 것은 다름 아닌 부모의 사랑이었다. 부모의 자식에 대한 사랑은 조건이 없었고, 대가도 없었다. 그저 부모라는 이름으로 자식을 살려낸 것이다. 지금 힘든 삶에 처한 부모들이 아마도 용기를 얻을 수 있을 거라는 생각이 들었다.

주변을 보면, 겉으로 보기엔 평범한 가정도 사소한 문제 하나쯤은 다 안고 살아간다. 하지만 이 가정이 겪은 고통은 차원이 달랐다. 한창 꿈을 꾸어야 할 시기에 딸이 큰 사고를 당해 생사의 갈림길에 서게 되었을 때, 부모의 마음은 얼마나 무너졌을까. 그러나 부모는 포기하지 않았다. 오히려 부모라는 이름으로, 가족이라는 이유만으로 딸의 모든 고통을 함께 견뎌냈다. 결혼이란 결국 이런 것이 아닐까. 예상치 못한 위기와 참혹한 고통 속에서도 부부가 서로를 붙잡고, 자식에게 위로와 용기를 전하며, 다시 살아갈 힘을 만들어가는 것이다. 그게 부부의 삶이 될 수 있다. 인생은 본질적으로 모든 일이 불확실하다. 어떤 부부도 문제가 없는 인생을 절대로 평생 보장받지 못한다. 인간에게는 이처럼 때로는 감당하기 힘든 시련이 불시에 찾아오기 때문이다.

솔직하게 인생의 관점에서 현실을 들여다보면, 모든 시련을 다 극복할 수 있는 것은 아니다. 의지만으로는 해결할 수 없는 문제들도 분명히 존재하기 때문이다. 말기 암이나, 돌이킬 수 없는 불운한 사고, 우울증이나 심각한 정신질환처럼 인간의 능력을 넘어서는 상황도 있다.

그래서 부부는 어찌 보면 단순한 동반자가 아니다. 인생의 고비마다 서로에게 용기를 주며 함께 버티어 살아가는 존재다. 세상에 쉬운 길만 있다면 좋겠지만, 현실은 그렇지 않다. 다만 군세게 버티고 함께 걸어간다면, 많은 고통을 이겨낼 수 있다. 그것이 부부가 함께 살아가는 진정한 의미일 것이다.

살아본 어른들은 세상의 순리나 이치를 잘 안다. 인생은 결코 만만치 않다는 것을 말이다. 뜻하지 않은 시련에 부딪히기도 하고, 그 어려움을 넘지 못해 관계가 파탄 나기도 한다. 그러나 책 속 가족의 삶은 우리에게 분명한 교훈을 준다. 고통 속에서도 포기하지 않고, 자식을 위해, 가족을 위해 끝내 버텨낸 부부의 사랑의 힘은 수많은 부부에게 용기를 전해준다.

오늘도 힘든 시간을 겪고 있는 부부가 있다면, 그런 삶을 보고 힘을 내자고 말하고 싶다. 그러면서 부모의 사랑과 헌신이 어려움을 이겨낼 수 있다는 것을 보며 힘을 내자. 결혼은 고통을 피하는 길이 아니라, 고통과 맞서며 함께 버티는 길이다. 예기치 못한 시련이 닥쳐와도, 부부가 서로를 지지하고 가능한 모든 자원을 활용한다면 많은 것을 잘 이겨낼 수 있다.

하지만 모든 것을 극복할 수는 없다는 사실도 인정하고 받아들이면서, 때로는 최선을 다해도 안 되는 일이 있다는 현실도 인정하자. 그렇다고 해서 잘못 인생을 사는 것도 아니다. 중요한 것은 결과가 아니라, 서로를 포기하지 않고 함께 버텨내려 했다는 부부의 그 과정이다.

그 책을 읽고 나서 문득 생각했다. 저런 큰 시련을 겪은 분들의 이야기가 많은 이에게 희망을 주지만, 동시에 각자의 상황은 모두 다르다는 것이다. 그래서, 결과에 상관없이 가족이 최선을 다하는 것 자체가 이미 큰 용기라는 것을 기억해야겠다고 말이다. 누군가의 아픔을 함부로 교훈으로 삼을 게 아니라, 그저 우리도 우리 자리에서 최선을 다하면 되는 것이다. 그게 부부로 살아가는 우리가 할 일이 아닐까 싶다.

11

지나간 연애사 들먹이며
서로 상처 주지 않기

- 현재의 행복을 찾기

…

　한 커뮤니티에 올라온 젊은 신혼부부의 이야기를 곰곰이 읽었다. 두 사람은 연애 시절부터 서로에게 솔직했다고 한다. 무슨 얘기든 자유롭게 하는 모습이 좋아서 결혼했다고 한다. 그렇게 결혼을 했고, 신혼 무렵, 둘은 술자리를 함께 하던 중 "서로의 연애했던 과거를 다 털어놓자"고 술기분에 얘기를 하게 되었다. 그리고 두 사람은 결혼 전에 있었던 연애사, 곧 전 연인들에 대한 이야기를 사소한 디테일까지 사실적으로 털어놓았다.

　문제는 그때부터였다. 세세한 과거 이야기까지 모두 털어놓으면서 결혼을 한 지 얼마 되지 않은 부부는 감정이 격해졌고, 큰 다툼으로 이어졌다. 이후에도 술만 마시면 서로의 과거를

• 224 •

들먹이며 비아냥거렸고, 부부싸움은 잦아졌다. 시간이 흐를수록 대화는 줄어들고, 그들의 삶은 현재가 아니라 과거 속에 머물러 버렸다. 서로 얼굴만 보면 배우자의 과거 연애를 떠올리면서 부부는 끝없는 갈등을 반복하게 되었다.

미혼 시절의 연애사를 감정적으로 꺼냈던 탓에 과거에 사로잡혀 살던 이들 부부는, 1년이 채 지나기도 전에 서로에 대한 불신으로 이혼에 이르고 말았다.

그 이야기를 읽으면서 참 안타까웠다. 아니, 솔직히 말하면 답답하기도 했다. 왜 하필 술자리에서 그런 얘기를 했을까. 아무리 솔직함이 좋다고 해서 모든 걸 다 얘기해야 하는 건 아닌데 말이다.

이 부부의 문제는 단순히 '과거를 말했기 때문'만은 아니었던 것 같다. 술자리에서 감정적으로 세세한 디테일까지 털어놓았고, 이후 그 과거를 서로를 공격하는 무기로 사용했다는 점이 더 큰 문제였다. 근본적으로는 두 사람의 정서적 성숙도가 부족했던 게 아닐까 싶다. 의외로 이런 문제로 헤어지는 젊은 신혼부부가 많다.

과거 연애사를 어떻게 다룰 것인가는 부부마다 다르다. 어떤 부부는 과거를 솔직히 공유하고도 행복하게 산다. 어떤 부부는 과거를 숨기다가 나중에 발각되어 더 큰 문제가 된다. 한국이든 서구든, 성숙하게 과거를 받아들이는 부부도 있고 그렇지 못한 부부도 있다. 중요한 것은 '과거의 공유 여부'가 아니라 얼마나 성숙하게 다루느냐가 아닐까.

결혼은 현재의 삶을 함께하는 약속이다. 그리고 미래의 행복을 함께 나아가는 것이다. 그런데 서로를 과거로만 평가하면서 과거에 함몰되어서 산다면, 어떻게 미래의 행복으로 나아갈 수가 있을까. 지금 내 곁에 있는 사람은 현재의 사랑이고 과거의 연인과는 비교할 수 없을 만큼 소중한 존재다. 그래서 결혼을 한 것이다. 당연히 지금 이 순간을 함께 살아가는, 소중한 배우자가 최우선되어야 한다.

부부는 결혼 전후로 과거를 다루는 방법이 필요하다고 본다. 우선, 무엇을 공유할지 부부가 함께 신중하게 결정해야 한다. 연애 때 어디까지 알고 싶은지, 말하고 싶은지를 서로 대화를 통해 합의하는 것도 좋다. 그렇지만, 일방적으로 쏟아 내거나, 상대가 원하지 않는데도 강요해서는 안 된다. 적절한 시기와 방식을 선택해야 한다. 술자리가 아닌 차분한 대화가 필요하고, 불필요하게 세세한 디테일보다는 필요한 정보 위주로 나누는 것이 좋다. 또, 상대를 배려하는 표현을 사용해야 한다.

무엇보다 중요한 건, 과거를 무기로 쓰지 않기로 약속하는 것이다. 싸울 때 과거를 들먹이지 않는다는 분명한 약속이 필요하다. 과거는 비난이 아닌 이해 도구가 되어야 한다. 그런데 부부간에는 감정이 격해지면 이걸 잘 지키지 못한다. 처음부터 약속을 단단히 해두는 게 중요하다. 다만, 중요한 것은 하지 말아야 할 내용들을 굳이 애기할 필요가 없다.

물론 중요한 문제가 될 사실은 반드시 공유해야 한다. 이혼했는데 이혼하지 않았다고 속인다든지, 전 연인과의 스토킹 등의 형사 법적 문제, 전 연인과 해결되지 않은 금전 문제나 연인으로는 헤어졌지만 아는 지인으로 여전히 연락하는 등의 민감한 문제들을 숨기면 나중에 더 큰 배신감과 불행이 올 수 있다. "모르는 것이 약"이라는 말은 이런 중요한 사실에는 적용되지 않는다. 이런 문제는 정말 숨기면 안 된다.

주변 지인들과 함께 자주 공유하는 말이 있다. "지나간 과거에 연연하지 말고, 다가오지 않은 미래를 두려워하지 말며, 오로지 현재를 즐기며 살라." 이 말이 모든 사람에게 울림이 있지만, 젊은 부부들이 더 새겨들어야 한다고 본다. 이 애기는 "과거를 숨기고 살라"는 의미가 아니다. 오히려 과거를 인정하되 거기에 얽매이지 말라는 뜻이다. 과거에 집착하지 말라는 것이지, 과거를 부정하라는 게 아니다.

부부의 행복은 '모든 것을 다 아는 것'에서 오는 것도 아니고, '모든 것을 다 숨기는 것'에서 오는 것도 아니다. 중요한 것은 서로를 신뢰하고, 과거를 성숙하게 다루며, 현재에 집중하는 것이다. 과거는 이미 지나갔고 다시 돌아오지 않는다. 우리는 눈앞의 삶에 충실하며, 현재의 행복을 지켜가는 데 집중해야 한다. 그렇게 살기에도 인생이 너무 빠른 속도로 지나가기 때문이다. 커뮤니티에서 본 그 부부를 보면서 든 생각은 이거다. 술김에 중요한 대화를 하지 말고, 과거를 비아냥거리는 무기로 쓰지 말았어야 한다. 그리고 과거보다 현재와 미래에 집중했었다면 좋았다. 가장 중요한 것은 지금 내 곁에서 함께 살아가고 있는 배우자의 모습이다. 과거를 성숙하게 다루고, 현재의 사랑에 집중하며, 과거를 서로를 공격하는 무기로 쓰지 않는 것이다. 그것이야말로 부부가 행복하게 살아가는 길이라고 생각한다.

12

다른 인간관계도 중요하지만,
가족을 최우선하는 부부의 지혜로운 삶

- 가족을 우선하기

...

결혼과 관련된 책을 쓰면서 어느 모임의 자리에서든, 누구와의 어떤 대화든 그냥 스쳐 지나가지 않고 귀 기울이게 된다. 모르는 사람이든, 모임에서 만난 사람이든, 친한 지인이든 결혼과 관련된 이야기는 늘 기록하듯이 주의 깊게 들어왔다.

철학자 세네카는 "인생을 낭비하지 말라"는 말을 남겼는데, 단순한 말 같지만 삶의 본질을 꿰뚫는 경구다. 아주 좋아하는 문장이다. 영원히, 무한히 살 수 있는 사람은 아무도 없다. 삶이 유한하기에 우리는 낭비하지 않고 인생을 잘 살아야 한다. 그중에서도 부부의 인연은 결코 가볍게 여길 수 없는 가장 특별한 인연이다. 누구보다도 부부의 인연은 정말 소중히 다루어져야 한다.

스쳐 지나가는 인연 때문에 정작 가장 중요한 부부의 인연을 해쳐서는 안 된다. 잘못하면 돌이킬 수 없이 소중한 가족을 잃을 수 있기 때문이다. 물론 모든 인간관계가 나름대로 소중하고 의미가 있다. 직장 동료나 친구들도 삶의 중요한 관계이고, 건강한 사회적 관계는 오히려 가족 관계를 풍요롭게 만들기도 한다. 다만 모든 관계 속에서도 배우자와 가족을 최우선으로 여기는 태도가 필요하다는 얘기다.

오래전 한 모임에서 지인에게 들었던 이야기가 아직도 생생하게 남아 있다. 남편이 직장 동료들을 집들이에 초대했다. 결혼한 지 얼마 되지 않은 아내는 정성껏 요리와 술상을 마련했다. 그런 자리에서 아내가 남편에게 좀 핀잔을 주었다고, 남편은 사람들 앞에서 아내의 뺨을 때려 버렸다. 순간 모든 사람의 분위기는 얼어붙었고, 결국 아내는 남편에게 울부짖듯 목소리를 높이며 크게 부부싸움으로 번졌다.

그 사건 이후 아내는 집을 떠났고, 부부 관계는 완전히 파탄이 났다. 이야기를 들으며 정말 충격이었다. 과연 그런 일이 있을 수 있을까. 사람 많은 데서, 그것도 신혼 초에 아내를 때리다니. 결혼 생활을 하면서 화가 날 때가 있지만, 정상적인 상식을 가진 남자라면, 손을 든다는 건 생각조차 할 수 없는 일이다. 그것도 손님들 앞에서 그렇게 했다는 게 도저히 이해가 안

갔다. 나중에 남편은 직장마저 잃고 아내와도 이혼했으니, 얼마나 삶이 비참해졌는가. 한순간에 홀로 사는 기구한 인생이 되었다. 아무리 후회해도 돌이킬 수 없는 일이었다.

이 남편이 아내를 잃은 이유는 해서는 안 될 가정폭력을 저질렀기 때문이다. 남편의 행동은 어떤 이유로도 용납될 수 없었다. 문제는 다른 사람들 앞에서 배우자를 무시하고 폭력을 행사한 그 태도였다.

일부의 일이지만, 한국 사회에서는 여전히 '남편'이라는 이름으로 아내를 무시하는 일이 많다. 늦은 시간 술을 마시고 친구들을 데려오거나, 주말마다 모임을 핑계로 아내를 홀대하는 경우도 있다. 손님들 앞에서 아내를 낮추며 자신의 우월감을 드러내려는 태도다. 부부가 함께 손님을 맞이하고 즐겁게 보내는 건 좋은 일이다. 그런데 그게 배우자를 무시하는 방식으로 반복된다면 가정은 반드시 병들게 된다.

집들이나 모임을 할 때는 배우자와 사전에 상의하고, 손님 앞에서도 배우자를 존중하고 배려해야 한다. 사회적 활동과 가족 시간의 균형을 잡되, 배우자의 사회적 관계 또한 함께 존중하는 게 중요하다.

살다 보면 우리는 수많은 인연이 스쳐 지나간다. 학교 친구, 직장 동료, 사회에서 만나는 사람들, 모임이나 단체의 사람들의 인연들도 물론 소중하다. 가족만 있고 다른 관계가 없으면 오히려 가족에게 과도한 부담이 될 수도 있기 때문이다.

그렇지만 누구도 배우자나 자식보다 우선할 수는 없다. 만약 배우자와 자식보다 다른 인간관계를 더 우선시한다면, 그건 한 번쯤은 돌아봐야 한다. 배우자를 무시하거나 학대하도록 부추기는 관계가 있다면 더더욱 재고해야 한다. 순간의 체면을 지키기 위해 배우자를 무시하거나, 건강하지 못한 인연 때문에 소중한 가족을 희생해서는 안 된다. 물론 이게 모든 사회적 관계를 단절하라는 의미는 아니다. 건강한 우정과 사회적 관계는 삶을 풍요롭게 만든다.

나이가 들수록 깨닫게 된다. 직장은 퇴직하면 끝이고, 일부 모임은 시간이 지나면 자연스럽게 사라진다. 그러나 진정한 친구와 의미 있는 인간관계는 노년에도 삶의 큰 버팀목이 된다. 그리고 무엇보다 남는 것은 가족이다. 결국 인생에서 부부와 가족보다 우선하는 관계는 없다.

가족을 잃고 나서 뒤늦게 다른 인간관계를 붙잡아도 소용없다. 후회는 늘 너무 늦게 찾아온다. 그래서 가장 소중한 사람부터 챙기며, 동시에 사회적 만남도 균형 있게 유지하는 삶의 태도를 가져야 한다고 본다. 가족 관계에도 때가 있다. 함께할 수 있을 때 충분히 함께하고, 체면보다 가족을 먼저 생각해야 한다. 부부의 삶을 남의 기준에 맞추지 말고, 오직 부부라는 진정한 인연을 최우선으로 여기며 살아야 한다. 동시에 친구들과 좋은 관계를 유지하면서도 배우자를 존중할 수 있다는 사실도 잊지 말아야 한다.

세네카가 말한 "인생을 낭비하지 말라"는 말은 가족 외의 모든 관계를 경시하라는 뜻이 아니라고 생각한다. 오히려 시간을 현명하게 사용하되, 가장 소중한 부부 관계에 충분한 시간과 에너지를 쏟으라는 의미다. 가족을 사랑하면서도 의미 있는 우정과 사회적 관계를 유지하는 것, 아마도 그게 인생을 지키는 길이고, 후회 없는 삶을 사는 길이라고 생각한다.

13

배우자의 단점을
가족들 앞에서 험담하지 않는,
서로 무시하지 않는 부부가 되기

- 배우자에 대한 태도

…

예전처럼 대가족이 함께 살던 시대는 이미 지났다. 이제는 결혼해도 아이를 낳지 않는 가정이 많고, 가족 모임도 점점 줄어들고 있다. 아이가 없는 부부도 늘어나면서, 이혼 역시 어찌 보면 점점 가볍게 여겨지는 분위기다. 그렇지만 여전히 부부가 조심해야 할 부분이 많다.

한 아내의 남편 험담으로 인한 부부 갈등 이야기를 들은 적이 있다. 아내는 시댁 식구들만 만나면 남편 험담을 심하게 했다. 상습적이고 습관처럼 해서 부부에게 심각한 상황이 된 것이다. 처음에는 단순한 하소연처럼 들렸지만, 점점 그 빈도가 잦아지고 습관이 되었다. 심지어 친정 식구들 앞에서도 "정말

무책임해, 경제관념이 없어"라며 남편의 단점을 반복해서 털어
놓았다.

처음에는 같이 들어주던 친정이나 시댁 가족들도 대수롭지
않게 넘겼다. 그러나 시간이 흐르자 분위기가 달라졌다. 명절
마다, 가족 모임마다 반복되는 남편의 단점 이야기 때문에 남편
은 마음에 큰 상처를 입고 점점 위축되고 주눅이 들었다. 시댁
과 친정 식구들 역시 남편을 불신하게 되었고, 그런 시선은 부
부 관계 자체를 흔들어 놓았다.

배우자로부터 신뢰를 잃었다는 생각은 순했던 남편에게 깊
은 아픔을 남겼다. 남편은 결혼이란 무엇이며, 가족이란 무엇
인지에 대한 의문까지 품게 되었고, 결혼을 후회하기 시작했다.
그리고 어느 날부터 두 사람 사이에는 보이지 않는 벽이 생겼
다. 남편은 아내에게 마음을 완전히 닫아버렸고, 부부 사이는
멀어졌다.

이야기를 들으면서 참 안타까웠다. 남편이 얼마나 속상했
을까.

아내가 남편의 험담을, 남편이 아내의 험담을 하는 일은 예
전에도 지금도 흔하다. 그러나 가족 간의 습관적인 험담은 단
순한 말이 아니다. 듣는 이들에게 불편함과 민망함을 남기고,
부부 관계의 신뢰를 무너뜨리며, 친정과 시댁 사이에 갈등을
불러온다.

다만, 여기서 한 가지 분명히 구분해야 할 것은, 배우자를 깎아내리기 위한 비난과 문제 해결을 위한 상담은 구분되어야 한다. 배우자에게 심각한 상황이 생겼는데 덮어두는 게 오히려 부부 관계를 더 위험하게 만든다. 결혼 생활에서 속상한 일을 한두 번 하소연할 수는 있다. 하지만 매번 반복되고 습관이 된다면 가족 관계는 금세 삐걱거리게 된다. 특히 가까운 친정 식구들 앞에서나 시댁 식구들 앞에서 사소한 불만으로 배우자의 단점을 반복해서 말하는 건 더 이상 부부 둘만의 문제가 아니다. 습관적으로 배우자를 욕하는 건 스스로를 욕하는 것과 같다.

지혜로운 부부들은 무엇을 말해야 하고, 무엇을 말하지 않아야 하는지 잘 안다. 말 한마디가 관계에 어떤 영향을 미치는지 알기에, 배우자에 대해 말할 때도 신중하다. 순간의 분노이든, 습관적인 버릇이든, 사소한 불만으로 배우자를 비난하는 말은 짧게 흘러나오지만 그 상처는 오래 남는다.

사소한 불만은 가족 앞이 아닌 둘만의 공간에서 해결해야 한다. 정말 힘든 일이 있다면 신뢰할 수 있는 가족에게 이야기할 수 있지만, 그게 습관이 되어서는 안 된다.

이제는 혼자 사는 삶도 흔해졌다. 그러나 부부라면, 배우자와 함께 사는 삶을 선택했다면, 서로를 깎아내리기보다 세워주는 편이 훨씬 낫다. 그게 배우자와의 관계를 좋게 만드는 길이다. 배우자의 가족 앞에서 배우자를 자연스럽게 존중하는 태도는 배우자에게 깊은 고마움을 주며, 부부 관계를 더욱 단단하게 만든다. 습관처럼 내뱉는 사소한 불만의 험담은 자신을 불행으로 이끌지만, 공개적인 자리에서 배우자를 존중하는 태도는 자신을 더 빛나게 하고 행복한 길로 인도한다. 내가 뱉는 말이 나의 행복한 미래를 결정한다. 그 말이 불행으로 돌아올지, 행복으로 돌아올지는 전적으로 나의 말에 달려 있다. 배우자에 대한 긍정의 말은 행복으로 가고, 부정의 말은 불행으로 간다. 부부는 가족 앞에서 사소한 불만으로 배우자의 단점을 습관적으로 드러내지 않고, 오히려 배우자의 가족이나 친지 앞에서는 자연스럽게 존중하는 태도를 보이는 게 중요하다. 이는 배우자에게 존중받는 기쁨을 주며, 부부의 신뢰를 더욱 깊게 만든다.

서로에 대한 사소한 불만은 가족 모임이 아닌 둘만의 공간에서 소통하며 해결해야 하고, 공개적인 자리에서는 불만을 신중히 다루고 말을 아끼는 게 좋다. 부부가 어떤 말을 선택하느냐, 그리고 무엇이 사소한 불만이고 무엇이 심각한 문제인지를 구분하느냐에 따라 그들의 삶은 불행해질 수도, 행복해질 수도 있다. 남편이든 아내든 배우자의 단점보다는 장점을 보면서 좋은 부부가 되는 길을 찾아보자.

PART 4

남자의 결혼,
그녀를 이해하는
남자가 되기

1

결혼을 하면, 삶의 중심은
배우자와 자식이라는
현실 받아들이기

- 각자 본가는 멀리

...

결혼은 사랑하는 연인과 함께 새로운 가정을 꾸리는 일이다. 결혼 후 삶의 중심을 어디에 두느냐는 생각보다 복잡한 문제다. 양가 부모와의 관계, 배우자의 형제들과의 교류 등의 문제로 많은 부부가 현실적으로 고민을 하게 된다. 시댁이니 처가니 하면서 우선순위를 두다 보면 부부 갈등이 생기는 경우도 의외로 많다.

그중에서도 왜 남자들은 결혼을 하면 갑자기 효자가 될까? 주변에서 실제로 겪은 일이다. 대학 졸업 후 독립해 원룸에서 혼자 직장생활을 하던 B씨는 부모에게 자주 연락하지 않았다. 용돈을 드리는 일도 드물었고, 명절 외에는 본가를 잘 찾지 않았다. 그저 평범한 아들의 모습으로 살았다.

하지만 결혼 후 그의 모습은 완전히 달라졌다. 부모에게 자주 전화를 하고, 주말이면 어김없이 아내와 함께 본가를 방문했다. 같은 경기도 지역이라 거리도 멀지 않았다. 아내와 함께 식사를 자주 사면서 결혼한 누나와 매형, 조카까지 챙기면서 가족 모임을 주도했다. 결혼 전에는 볼 수 없던 '효자'의 전형이 된 것이다. 맞벌이 아내의 수입이 적지 않다 보니, 가족 모임에서 식사비를 아낌없이 부모와 형제들에게 쓰면서 본가 식구들의 칭찬을 받았다. 당연히 시댁 식구들이 "결혼하더니 사람이 달라졌다"는 말이 이어졌다.

문제는 이런 아들의 변화가 아내에게는 점점 고통이 되었다는 점이다. 지방에 부모가 계신 아내는 정작 본인의 친정에는 자주 방문하지 못하는 상황에서, 남편의 암묵적 강요로 시부모에게 수시로 전화를 드려야 했다. 원치 않는 시댁 모임에 자주 참석해야 했고, 모임의 준비와 뒷정리를 아내가 도맡았다. 직장 여성이었음에도 주말에 쉬지 못하는 상황이 되었다. 결혼 후 자신의 삶은 점점 사라져갔다.

문제의 심각성은 남편은 정작 아내의 이런 고통에 무심했다. 그런 시댁에 대한 가족 관계가 지쳐갈 때쯤에 아이가 태어났다. 결혼에 회의가 들어서 이혼도 생각하던 차에 아이가 태어나면서 아내의 생각은 더 복잡해졌다. 아이가 태어난 뒤에도 남편이 시댁 방문에 대한 인식이나 태도는 바뀌지 않았고, 부부 갈등은 더 심각해졌다. 육아에 지쳐 있는데도 남편은 "손자를 보여 드린다"며 아이가 태어나기 전보다도 더 자주 본가를 찾았다. 이렇게 되니, 아내의 피로와 불만은 더 커져만 갔다.

왜 남편은 미혼 때는 무심하게 대하던 부모에게 결혼 후 그렇게 효자가 되었을까? 좋게 생각하면 결혼으로 철이 들면서 책임감이 생겼거나, 부모가 연로해져서이거나, 진심으로 효도하고 싶어서일 수도 있다. 효도한다는 자체는 나쁜 일이 아니다.

진짜 문제는 남편의 태도에 있었다. 남편이 아내와 전혀 상의하지 않고 일방적으로 시댁 방문을 결정했고, 대화 없이 시댁 식사 모임을 계획했다. 그 과정에서 아내는 늘 식사 준비와 뒷정리를 도맡아야 했다. 남편은 시댁 모임 자리에서 아내를 배려하거나 돕지 않았다. 효심 자체가 아니라, 배우자와 상의 없이 일방적으로 결정하고, 배우자에게 부담을 전가하며, 배우자를 배려하지 않는 태도가 결혼 후 수년간 지속되면서 문제가 심각하게 터졌다.

아내가 남편에게 별거를 제안했다. "이런 관계로는 더 이상 살 수 없다"는 말을 했고, 남편은 아내의 충격적인 결정을 되돌릴 수 없었다. 아내에게는 시댁 식구들에 대한 서운함도 함께 다가왔다. 아들의 지나친 시댁 방문이 언제부터 당연한 듯 받아들인 것에 대한 불만도 터졌다. 아내가 결혼을 후회하고 삶에 지쳐 버릴 만했다. 요즘도 이런 부부가 의외로 많을 것이다. 아내의 의사와 무관하게 반복되는 시댁 왕래와 형제들 간의 모임은 부부 갈등을 깊게 만들고, 심각한 부부간의 위기를 초래할 수 있다. 남편의 지나친 효심이 부부의 행복을 해치는 역설적인 상황이 되는 것이다. 배우자 한쪽을 희생하는 효도는 깊게 신중하게 판단을 해야 한다. 이는 비단 남성만의 문제가 아니다. 여성도 마찬가지다. 결혼 후에도 지나치게 친정에 얽매이면서, 친정 식구들과의 가족 모임을 아무렇지 않게 일상적으로 하는 것이다. 아무런 상의도 없이 하는 처가의 모임이나 행사에 남편 역시 같은 고통을 느낄 수 있다.

예전에 한 아내는 결혼 후에도 매주 친정을 방문했고, 신혼부부의 일에 친정 부모의 의견을 그대로 반영했다. 남편과 상의 없이 친정 부모에게 돈을 보내고, 친정 행사에 남편을 동의 없이 끌고 다녔다. 남편은 점점 이방인이 되어갔고, 친정집에서 이방인처럼 대하는 아내 가족들의 모습에 남편은 결혼 생활에 심각한 회의를 느꼈다. 처가의 잦은 모임에서 장인과 장모는 사위를 함부로 대하였다. 나중에 아내가 남편에게 처가에 적지 않은 돈을 수시로 송금을 한 것을 알게 되면서 남편은 이혼 소송을 제기했다. 쌓였던 분노가 터진 것이다.

결혼은 혈연 중심의 기존 가족에서 독립해 부부만의 새로운 가족을 만드는 일이다. 그렇다면 부부만의 삶을 최우선해야 하지 않을까. 결혼하면 배우자의 의사를 우선하면서 합리적으로 살아야 한다. 부부간의 관계를 돈독히 하고 신뢰를 쌓은 후에 양가 부모를 대하여야 한다. 이는 양쪽 부모를 홀대하거나 버리라는 의미가 아니다. 결혼하면 가족 관계에 대한 우선순위를 명확히 해야 한다는 얘기를 하고 싶다.

젊은 세대가 확실하게 알아야 할 문제는, 결혼 후 가족의 중심은 철저히 배우자와 자녀가 되어야 한다. 물론 맞벌이를 하면서 불가피하게 자녀 양육을 부탁할 수는 있지만, 결혼 생활의 일상적 결정과 방향은 배우자와 함께 의논해서 정해야 한다.

시댁이나 친정의 잦은 방문으로 이혼한 부부들의 사례를 분석해보면, 경험상 몇 가지 현실적인 조언이 있다.

첫째, 시댁이든 친정이든 방문하기 전에는 배우자와 먼저 상의해야 한다. 남편이든 아내든 "이번 주말에 우리 부모님 뵙고 올까?"라고 묻고, 배우자의 동의를 얻어야 한다. 배우자가 힘들어하면 일정을 조절해야 한다. 철저하게 배우자와 미리 의논하는 게 좋다. 훗날에 다툼이나 갈등을 막을 수 있기 때문이다.

둘째, 방문할 때는 배우자가 혼자 일하지 않도록 함께 준비하고 정리해야 한다. 지금의 시대에는 가족이 많지 않다. 요리, 설거지, 청소 등을 부부가 함께 하거나, 외식으로 부담을 줄이는 것도 좋은 방법이다. 가급적 현실적으로 가장 편안한 방법을 택하자. 남자도 아내의 주방 일을 돕는 세상이 왔다.

셋째, 양가 부모를 항시 공평하게 대해야 한다. 시댁만 자주 방문하거나 친정만 챙기면 불균형이 생긴다. 가능한 한 양가를 부부의 합의에 따라 비슷한 빈도로 방문하려는 노력이 필요하다. 세상이 변한 현실에 맞게 서로 공평하게 대하면 다투지 않는다. 결혼해 본 주변 경험자들에게 확인해 보면 된다.

넷째, 불가피하게 양가 부모에게 방문을 못 하면, 부모에게 배우자의 상황을 솔직히 설명하는 게 좋다. "요즘 아내가 육아로 힘들어서 자주 못 뵙겠습니다"라고 솔직하게 얘기를 하는 것이 가족 간의 갈등을 줄이는 길이다. 아내든 남편이든 항시 이런 부분은 서로 결혼 전에 세밀하게 미리 알아야 한다. 결혼해서 매사에 서로 피곤해지면 안 된다.

예전에 여행지에서 만난 한 남자는 자신의 아내와는 사랑했지만 친정 부모의 지나친 간섭으로 신혼 초에 이혼을 선택했다고 했다. 아주 오래전 술자리에서 자신의 이혼을 슬프게 얘기하던 기억이 떠오른다. 부부는 서로 사랑을 했는데, 장모의 지나친 간섭과 잔소리에 지쳐서 이혼을 선택했다고 한다. 후회는 없다고 했다. 그의 얘기가 요즘 젊은 부부들에게 많이 일어나는 문제다. 사랑만 하면 모든 결혼 문제가 풀리면 좋겠지만, 결혼이 그렇게 쉬운 건 아니다. 삶의 중심축을 어디에 두느냐는 부부 모두가 중요하게 인식해야 한다.

좋은 부부란 서로를 삶의 '최우선 순위'로 두는 사람들이다.

나를 낳아준 부모를 소홀히 하라는 뜻이 아니다. 결혼하면 행복의 기준으로 가장 먼저 배우자와 자녀에게 관심을 쏟아야 한다는 말이다. 부부가 먼저 행복한 삶을 사는 것이 부모에게 효도하는 길이다.

부부 모두 그 중심이 '우리 부부'라는 사실을 잊지 말아야 한다. 결혼은 과거의 부모나 형제를 떠나는 것이 아니라, 미래를 함께 만들 사람을 가장 중심에 두는 선택이다. 부모를 존중하고 효도하되, 그 방식은 반드시 배우자와 함께 결정하는 게 지혜롭게 사는 길이다. 일방적이고 배우자를 배려하지 않는 효도는 결국 가정을 무너뜨린다.

인생에서 오래 함께할 사람은 부모도, 형제도 아닌 배우자다. 부부가 서로를 삶의 중심에 두고 양가 부모를 함께 존중할 때, 그 결혼은 오래도록 행복하게 이어질 수 있다.

2

워킹대디·워킹맘이든
서로 가정에 책임지는 부부 되기

- 부부 공동의 책임

...

한국 사회에서 일과 가정의 양립은 젊은 부부들에게 큰 과제다. 워킹맘과 워킹대디, 맞벌이든 외벌이든 현대 부부는 모두 가정에 대한 책임을 함께 져야 한다. 해결 방안을 끝없이 모색해야 하지만, 여전히 여성들이 직장과 가정을 병행하는 과정에서 더 큰 부담을 지는 것이 현실이다. 논문을 쓰면서 관련 자료를 찾다 보니, '여성의 일·가정 양립'은 개인의 노력만으로는 한계가 있는, 국가 차원의 문제로 보였다. 그렇다 하더라도, 개인은 현실에 적응하면서 살아야 한다.

예전에는 결혼 후 남자와 여자의 역할이 분명히 나뉘어 있었다. 남자는 밖에서 돈을 벌고, 아내는 집안일을 전담하는 것이 자연스럽게 여겨졌기 때문에 지금처럼 큰 갈등이 생기지는 않았다. 지금의 현실은 어떤가. 젊은 세대는 맞벌이를 하지 않으면 집값, 교육비, 생활비를 감당하기 어려운 시대에 살고 있다. 수도권의 높은 집값 속에서 아파트를 구입해 살아가려면 맞벌이는 사실상 선택이 아니라 필수다.

남편이 돈만 잘 번다고 가정이 원활하게 굴러가는 것은 아니다. 집안일과 아이 양육은 누군가 반드시 해야 하는 일이다. 맞벌이가 아니더라도 가정을 꾸리는 일은 한 사람의 몫이 아니다. 과거에는 그 모든 부담이 아내에게 전적으로 전가되었지만, 이제는 부부가 함께 책임져야 한다. 가사는 단순히 남편이 생색내면서 아내를 '도와준다'는 개념이 아니라, 두 사람이 함께 짊어져야 할 공동의 책임이다.

이러한 인식은 많이 바뀌었지만, 여전히 여성에게 과도한 부담이 집중되는 것이 현실이다. 맞벌이를 하면서도 집안일, 식사 준비, 아이 양육의 대부분을 여성이 담당하는 경우가 많다. 아이의 성장과정에서 병원 진료, 예방접종 날짜, 유치원 일정을 챙기고, 식사 등 식재료를 관리하며, 가족의 모든 일정을 조율하는 등 가사와 육아의 '보이지 않는 노동'은 여전히 주로 여성의 몫이다. 남편이 "말만 하면 내가 도와줄게"라고 말만 해서는 요즘 시대에 어울리지 않는다. 직접, 무엇을 언제 어떻게 해야 하는지를 적극적으로 대처하고 행동으로 하여야 한다.

물론 워킹대디 역시 직장 생활과 가사를 병행하는 것이 쉽지 않다. 회사에서 육아휴직을 쓰거나 아이 때문에 조퇴하는 것에 대한 눈총도 여전하다. 남성들도 가정에 충실하고 싶어도 직장 문화가 이를 허락하지 않는 경우가 많다. 이런 어려움에도 불구하고, 워킹맘이 겪는 이중 부담은 상대적으로 더 크다는 것이 현실이다.

게다가 결혼을 하면 경력 단절의 위험도 여성에게 더 크다. 아이를 낳고 키우는 과정에서 아이가 아프면 조퇴를 하거나, 육아휴직을 쓰는 사람은 대체로 엄마다. 사회적 시선도 여전히 차별적이다. 아빠가 육아하면 "좋은 아빠"라는 칭찬을 받지만, 엄마가 육아하는 것은 너무나 당연하게 여겨진다. 참 쉽지 않은 사회적인 문제다.

최근 인터넷에서 '반반 부부'라는 개념이 화제가 된 기사를 읽었다. 생활비는 반반, 집안일도 반반, 아이 양육도 반반 나누자는 것이다. 사회의 평가와 시선은 좀 엇갈린다. 어떤 사람은 지나치게 계산적이라고 비판하고, 또 어떤 사람은 공정한 출발점이라고 옹호한다. 과연 어떤 게 정답일까?

반반 부부 기사를 읽으며 세상이 점점 더 현실적으로 변하고 있다는 생각이 들었다. 예전의 방식으로 결혼 생활을 유지하기 어려운 시대가 된 것이다. '반반 부부' 자체가 문제라고 보지 않는다. 오히려 부부간의 명확한 분담은 불공정함을 예방할 수 있다. 일정한 기준을 정하고 함께 가사와 양육을 부담하는 것은 합리적이다.

문제는 획일적이고 경직된 태도다. "내가 맡은 절반만 책임지면 된다"는 식의 계산적인 관계는 위기 상황에서 쉽게 깨진다. 아이가 아프거나 집안일이 몰릴 때 갈등이 생기는 것은 당연하다. 맞벌이든 외벌이든 '반반'을 원칙으로 하면서, 상황에 따라 유연하게 조정하는 태도가 현실적이다.

결혼 생활의 본질은 가족의 구성원으로 함께 살아가는 일이다. 만약 모든 일을 철저히 계산으로만 한다면, '결혼을 왜 했을까'라는 의문이 들 것이다. 아이가 아플 때나 집안일이 몰릴 때는 누군가가 더 많은 책임을 져야 하고, 다른 한쪽은 그만큼 양보하고 배려해야 한다. 중요한 것은 정확히 반으로 나누는 것이 아니라, 상황에 맞게 균형과 유연성을 유지하는 것이다.

특히 남성의 역할 변화에 대한 인식이 중요하다. 과거처럼 집안일을 아내의 몫으로 여기는 생각에서 완전히 벗어나야 한다. 집안일에 남성도 적극적으로 참여하고 책임을 나누어야 한다. 집안일과 육아는 여성의 부수적인 일이 아니라, 부부가 함께 꾸려가는 삶의 본질이다. 더군다나 요즘은 아내가 남편보다 더 많은 소득을 버는 경우도 적지 않다. 여성들의 사회적 진출과 경제적 기여는 이미 현실이 되었고, 남편 또한 그 혜택을 누린다면 개인적 모임을 줄이고 가정에 더 충실한 방향으로 나아가는 것이 바람직하다.

'반반 부부'라는 개념은 젊은 세대가 갈등 없이 결혼 생활을 지속할 수 있는 하나의 기준이 될 수도 있다. 중요한 것은, 반으로 나누는 계산보다 서로의 짐을 함께 나누려는 마음의 방향이다. 결혼은 '누가 얼마나 했는가'의 문제가 아니라, '함께 어떻게 살아갈 것인가'의 문제다.

은퇴한 부부들을 보자. 나이가 들어서는 부부에게는 '반반'이라는 개념보다, 그저 곁에 함께 있어 주는 것만으로도 감사한 일이다. 외로움 속에 홀로 사는 사람들을 떠올리면, 갈등 없이 오랜 세월 함께 살아간다는 것은 그 자체로 행운이고 축복이다.

맞벌이 시대의 결혼은 과거와 다른 새로운 균형을 요구한다. 워킹맘과 워킹대디 모두 여성에게 집중된 부담을 인식하면서 인정하고, 남성이 적극적으로 가사에 참여하며, 부부가 공정하면서도 유연한 방식을 찾아가야 한다. 그것이 이혼 없이 현대 부부가 서로 책임지며 합리적이고 행복하게 살아가는 길이지 않을까.

3

상대방의 감정을 존중하고,
이야기를 끝까지 들어주기

- 잘 들어주기

…

가수 션은 방송에서 아내와 어떻게 행복한 부부로 살아가고 있는지 그 비결을 이야기한 적이 있다. 10여 년 전의 인터뷰였지만 부부들에게 현실 조언인 듯해서 기억에 남는다.

SBS 〈힐링캠프-기쁘지 아니한가〉에 출연했을 때, 두 사람은 행복의 비결을 세 가지로 정리해서 얘기했다. 첫째, 내가 대접받으려면 먼저 배우자를 대접할 것. 둘째, 단점보다 장점을 보려는 관점을 가질 것. 셋째, 오늘이 마지막 날이라는 마음으로 살 것, 이 세 가지를 강조했다.

즉, 남편이 존중받고 싶다면 아내를 먼저 존중해야 하고, 단점보다 장점을 먼저 보는 습관을 들이며, 인생이 길지 않다는 사실을 기억하고 하루하루를 감사히 살아야 한다는 뜻이다. 가수 선의 이 말은 이혼 소식이 넘쳐나는 세상에서 결혼을 긍정적으로 바라보게 해주는 지혜롭고 아주 중요한 메시지다. 지금까지도 두 사람은 여전히 행복하게 살고 있으니 모범적인 부부라 할 만하다.

물론 선 부부도 갈등이 전혀 없었던 것은 아닐 것이다. 모든 부부는 살아가며 크고 작은 갈등을 겪는다. 중요한 것은 갈등이 없는 것이 아니라, 갈등을 어떻게 지혜롭게 해결하느냐다. 선 부부가 보여준 세 가지 원칙은 갈등을 건설적으로 풀어가는 태도라고 볼 수 있다. 결혼 생활을 하고 있는 많은 사람은 선 부부처럼 하는 것이 쉽지 않다는 것을 안다.

전문가들이 공통적으로 말하는 부부싸움의 원인도 대체로 이와 연결된다. 부부 갈등의 핵심은 서로의 말을 제대로 들어주지 않고, 배우자의 감정을 무시하는 데 있다. 말이 통하지 않는다고 배우자 탓만 하다 보면 결국 부부 관계는 멀어진다. 자기 탓은 끝까지 인정하지 않는 것이다.

사실 상대의 말을 끝까지 들어주는 일은 생각보다 쉽지 않다. 많은 부부 역시 마찬가지이다. 부부싸움을 할 때 괜히 자존심이 상해 아내나 남편의 말을 끝까지 듣지 않는 것이다. 듣는 순간 내가 지는 것 같다는 생각을 하기 때문이었다. 아무것도 아닌 자존심을 생각하기 때문이다. 그래서 결혼이 어렵고,

인간의 심리가 복잡하다고 느껴지기도 한다.

그렇다면 구체적으로 어떻게 경청해야 할까. 단순히 "끝까지 들어주라"는 말만으로는 부족하다. 실제로 이혼한 부부들의 사례를 보면 몇 가지 참조할 합리적인 방법이 있다.

배우자가 말할 때 끼어들지 말아야 한다. 반론을 준비하며 듣지 말고, 이해하려는 마음으로 먼저 들어야 한다. 그러면서, 배우자의 감정을 공감을 해주어야 한다. 배우자가 얘기하는데 스마트폰을 보면서 무시하는 태도를 취하고, TV에 집중하는 다른 행동을 하는 것은 절제해야 한다. 이성적으로 쉽지 않겠지만, 배우자의 얘기를 모두 들은 후에 얘기하면 된다. 말로만 듣고 행동이 변하지 않으면 의미가 없다. 결혼 생활에서 쉽지 않지만, 이렇게 몇 가지를 서로 실천을 한다면 부부싸움도 최소화되고, 결혼 생활에 큰 갈등이 생기지 않는다.

집안 친척 어른 부부는 칠십이 넘도록 큰 갈등 없이 살아왔다. 한번은 그 비결이 궁금해서 묻자, 서로의 말을 끝까지 들어주는 습관 덕분이라고 했다. 한쪽이 무슨 이야기를 하든 끊지 않고, 변명하지 않고, 그냥 끝까지 들어주는 것이라는 것이다. 그리고 나서 상대의 말도 똑같이 귀 기울여 들어주었던 단순한 습관들이 평생의 결혼 생활을 지켜준 것이다.

물론 '큰 갈등 없이'라는 말이 "단 한 번도 싸우지 않았다"는 뜻은 아니다. 작은 다툼은 분명 있었을 것이다. 다만 의견이 다르거나 부부싸움을 하더라도 끝까지 서로의 말을 들어주었던 것이 큰 갈등으로 번지지 않았던 것이다. 인생의 지혜는 누구에게든 배워야 한다. 그게 행복의 방법이라면 말이다.

부부 사이의 경청은 결코 쉽지 않다. 그러나 신혼 때부터 습관화한다면, 나이 들어서도 후회하지 않는 부부가 될 수 있다. 서로를 존중하며 살면, 나 또한 존중받는 삶을 살 수 있다. 존중하는 관계 속에서 서로가 귀한 존재가 되는 것이다.

다만 경청만으로 모든 문제가 해결되는 것은 아니다. 경제적 어려움, 건강 문제, 양가 부모와의 갈등처럼 구조적인 문제들은 경청 외에도 실질적인 해결책이 필요하다. 또한 서로 다른 욕구가 충돌할 때는, 경청 후 협상과 타협이 필요하다. "네 말을 들었고 이해했지만, 나는 이런 부분이 힘들다. 어떻게 중간 지점을 찾을 수 있을까?" 이런 대화의 기술이 아주 중요하다.

책을 집필하며 불행한 부부의 사례도, 행복한 부부의 모습도 함께 살펴보았다. 분명한 것은, 행복한 부부의 모습을 본받고 그대로 실천하려는 노력이 곧 나의 행복으로 이어진다는 사실이다. 부정적인 삶이나 태도를 가진 부부들을 멀리하고, 가급적이면 좋은 점, 긍정적인 것은 무조건 가까이하면서 배우면 좋다.

행복한 부부들의 공통점은 그들만의 좋은 습관을 분명히 가지고 있지만, 불행한 부부들은 배우자의 말을 무시하고, 감정을 외면하며, 자기 방식대로만 살아간다. 남는 건 대립, 갈등, 그리고 공허한 삶으로 이어진다. 부부가 서로를 존중하며 행복한 삶을 살아가는 모습은 가정뿐 아니라 사회에도 선한 영향력을 미친다.

부부는 상대의 감정을 귀로 듣고, 마음으로 받아들일 때 사랑이 자란다. 말솜씨보다 중요한 것은 끝까지 들어주는 태도다. 부부는 말을 잘하는 사람이 아니라, 끝까지 들어주고 공감하며 마음을 나누는 사람일 때 더욱 단단해진다. 좋은 습관이 자리 잡을 때, 서로를 존경하며 오래도록 행복하게 살아갈 수 있다.

결혼에서 완벽한 공식은 없다. 경청하고 존중해도 힘들고 어려운 순간이 찾아올 수 있다. 가장 중요한 것은 포기하지 않고 계속 노력하는 모습이다. 그렇게 함께 성장하며 살아가는 것이 진정한 부부의 모습이다.

4

사랑합니다·고맙습니다·미안합니다를
자주 표현하기

- 감정 표현

...

조선시대의 천재 여성 허난설헌(許蘭雪軒)은 뛰어난 재능을 지닌 시인이었다. 집안은 명문이었고 부모와 오빠들의 사랑도 받았다. 젊은 나이에 이미 천재적인 명성을 얻었고, 그녀의 시는 오늘날까지도 감탄을 자아낸다. 허난설헌은 그토록 탁월한 재능과 깊은 영혼을 지녔음에도, 스물일곱이라는 젊은 나이에 생을 마감하고 말았다. 허난설헌 자료를 읽으면서 많은 의문이 스쳤다. 무엇이 그녀를 불행하게 했을까. 결혼이 그녀를 불행한 삶으로 만들었을까. 허난설헌에 대한 기록을 읽으면서 천재적인 여성이 이렇게 불행한 삶을 마감할 수 있을까 하는 안타까움이 들었다.

생각해 보면 허난설헌의 불행에는 여러 요인이 있었다. 조선 시대 여성에 대한 사회적 억압, 여성 시인으로서 인정받지 못하는 좌절, 어린 두 자녀를 전염병으로 잃은 깊은 슬픔, 가부장적 가족 구조 속에서의 고립 등 여러 가지가 있었다. 명문 집안 출신이면서, 부모와 뛰어난 오빠들도 있었지만 허난설헌에게 결혼은 또 다른 굴레였을 수 있다. 당시 조선시대 여성은 아무리 재능이 뛰어나도 사회적으로 인정받을 수 없었고, 오직 아내와 어머니로서의 역할만을 요구받았다.

허난설헌이 남긴 시에는 깊은 슬픔과 외로움이 배어 있다. 그녀의 불행은 단순히 개인적 불운이 아니라, 당시 여성이 겪었던 구조적 억압을 보여준다. 재능 있는 여성이라 해도 자신의 목소리를 낼 수 없었던 시대, 배우자와 대등한 관계를 맺을 수 없었던 사회 구조가 그녀를 고립시켰다. 허난설헌의 기록을 살펴보면서, 참으로 너무 안타깝다는 생각을 많이 했다.

허난설헌이 세상을 떠나고 수백 년이 지난 지금, 우리는 허난설헌의 시대와는 다른 변화된 세상에 살고 있다. 여성도 자신의 재능을 펼칠 수 있고, 부부는 대등한 관계로 소통할 수 있는 시대다. 그렇다면 이 자유로운 시대에 우리 부부들은 어떻게 살아가야 할까.

현대의 많은 부부가 여전히 결혼 안에서 외로움을 호소한다. 물리적으로는 부부가 함께 있지만 정서적으로는 멀어져 있는 부부들이 많다. 배우자의 감정 표현에 목말라 하거나, 애정 없는 결혼 생활에 외로움을 호소하는 경우가 많기 때문이다. 경상도 출신의 무뚝뚝한 내가 결혼 생활에서 느낀 아쉬움은 바로 "사랑합니다. 고맙습니다. 미안합니다"라는 이 세 마디를 자주 하지 못했다는 것이다. 부부간에 서로 사랑을 표시하고, 고마운 것도 당연한 듯이 생각하지 말고 수시로 고마움을 표시하고, 부족하거나 실수한 것은 솔직하게 미안하다고 얘기하는 것이다. 이런 표현이 꼭 필요한 것이 부부 관계다. 배우자를 먼저 떠나보낸 이들이 가장 후회하는 얘기가 있다. 살아생전 이 세 마디를 자주 하지 못했다는 것이다. 결혼은 체면이나 부끄럽고 쑥스러운 게 아니다. 그냥 감정 표현을 솔직하게 하면서 사는 것이다.

한 젊은 결혼 5년 차 맞벌이 부부가 있었는데, 처음 사랑했던 연애 때와 달리 점점 대화가 줄어들고 감정적으로 멀어지고 있었다. 육아와 일에 지쳐 서로에게 짜증만 내는 날이 많았다. 주변에서 잘못하면 이혼할 수도 있으니, 부부 상담을 받으라는 얘기를 듣고 이혼한 경험이 있는 인생 선배의 상담을 듣고 이 세 마디를 바로 실천하였다. 효과는 바로 나타났다. 부정적인 태도에서 긍정적인 태도로 먼저 변화시킨 것이다. 이혼하지 않고 관계가 조금씩 회복되면서 지금은 잘 살고 있다. 이 세 마디가 모든 문제를 해결하는 만능 해법은 아니지만, 부부간 대화에서 형식상으로라도 들으면 기분이 좋은 말이다. 긍정의 말이 반복되면서 예전보다는 부부 사이가 좋아졌다고 한다.

부부간에는 경제적 어려움, 건강 문제, 양가 부모와의 갈등 같은 구조적 문제들은 실질적인 해결책이 필요하다. 많은 부부 갈등의 근본에는 소통의 단절이 있다. 그래서, 사랑한다, 고맙다, 그리고 미안하다는 이 세 마디는 부부간의 단절된 감정 골을 연결하는 통로가 될 수 있다.

허난설헌의 시대와 달리, 지금의 우리는 자유롭게 말할 수 있는 시대에 살고 있다. 배우자에게 사랑을 표현하고, 감사를 전하고, 잘못을 인정할 수 있는 시대가 되었다. 주변 누구 눈치를 보지 않고 사랑을 표현하는 좋은 세상에 살고 있다. 언제 떠날지 모르는 이 세상에서 이런 감정 표현의 자유를 활용해야 하지 않을까. 허난설헌이 그토록 갈구했을지도 모를 누군가의 사랑, 그리고 평등하고 따뜻한 관계를 말이다. 행복을 얻고자 한다면 좋은 방법이나 언어적 표현은 부끄러워하지 말고 적극적으로 받아들이면 된다.

행복은 좋은 표현으로 쟁취이다. 결혼 전이든, 그리고 결혼 후에도, 이 세 마디를 흔들림 없이 반복하는 부부가 되도록 노력해 보자. "사랑합니다. 고맙습니다. 미안합니다." 표현하는 데에 돈이 들어가는 것도 아니다. 행복한 결혼은 거창한 이벤트나 값비싼 선물로 꼭 만드는 것은 아니다. 매일의 따뜻한 작은 말 한마디가 결혼 생활을 지탱하는 가장 중요한 비밀이 될 수 있다.

허난설헌은 여성이라는 이유로 자신의 재능을 펼칠 수도, 목소리를 낼 수도 없는 시대에 살았다. 그녀의 불행은 개인의 불운이 아니라 어쩌면 태어난 시대의 한계였다. 지금은 좋은 세상이다. 자유롭게 누구를 만나 사랑을 할 수 있고 자유롭게 표현할 수 있는 세상에 살고 있다. 부부에게는 표현의 자유가 있고, 따뜻한 소통의 기회가 있으며, 평등한 관계를 만들 수 있는 가능성이 있다. 행복의 가능성을 세 마디의 따뜻한 말로 현실로 만드는 것, 그것이 현대를 사는 부부가 할 수 있는 가장 현명한 선택이 아닐까.

허난설헌의 기구한 인생에 대해 너무나 많은 안타까움이 남는다. 기회가 된다면, 허난설헌이 살았던 조선시대의 결혼 제도와 여성의 삶에 대해서도 더 깊이 탐구해보고 싶다. 시대를 앞서간 천재 여성이 누리지 못한 자유와 평등을 안타까워하며, 세 마디의 표현을 하면서, 우리의 결혼 생활을 누려보자. 지금 내 옆에 있는 연인에게, 배우자에게 적극적으로 해 보자.

5

인생에서 배우자의
꿈과 목표를 항시 응원해 주기

- 꿈을 응원하기

...

유튜브는 이제 많은 정보를 얻는 공간이 되었다. TV는 거의 보지 않지만, 유튜브에서는 여행 프로그램이나 사람들이 살아온 인생 이야기를 관심 있게 자주 본다. 한 부부의 일상을 담은 영상을 보면서 꿈을 찾아가는 모습이 참으로 보기 좋았다. 젊은 날로 돌아가고 싶다는 생각이 들었다. 금융권 출신의 아내와 대기업에서 일하던 공대 출신 남편, 이들은 한국에서 안정된 직장을 내려놓고 과감히 미국 유학길에 오른 부부였다.

많은 사람이 쉽게 선택하지 못하는 길이었지만 부부는 꿈을 찾아서 유학길에 올랐다. 한국에서라면 맞벌이하면서 안정된 삶을 보장받을 수 있었을 텐데, 부부가 동시에 모든 것을 내려놓고 외국으로 나가서 다시 시작한다는 것은 결코 쉬운 일이 아니기 때문이다. 부부간에 서로의 생각이 맞지 않고, 깊은 신뢰가 없다면 불가능했을 선택을 과감히 도전한 것이다.

물론 힘든 도전의 이면에는 우리가 모르는 현실도 있을 수 있다. 부모의 충분한 재정적 여유, 실패해도 돌아갈 안전망, 재능이나 학벌 같은 자본이 뒷받침되었을 수 있다. 좋은 경제적인 배경도 있을 수 있겠지만, 낯선 환경에서 비자 문제, 재정적 압박, 건강보험 문제, 외로움과 문화 충격, 경력 단절의 위험 등 크고 작은 어려움도 분명히 있었을 것이다. 유튜브에서는 성공적으로 적응한 모습만 나오지만 부부 나름의 고충도 있을 것이다.

그럼에도 이들이 먼 나라에서 늘 함께하면서 서로를 격려하면서 성장하고자 노력하는 점은 배울 만하다. 실패보다 미래의 성취를 바라보며 응원하는 모습은 '젊은 날의 용기'가 얼마나 아름다운지 보여주었다. 아내는 남편의 학업을 응원했고, 남편은 아내의 새로운 도전을 격려했다. 그들의 이야기를 보며 도전하는 용기가 대단하다는 생각이 들었다. 부부는 훗날에 후회 없는 삶을 살았다고 얘기할 것이라는 생각이 들었다. 결혼했다고 해서 배우자의 꿈이 사라져야 하는 것은 아니다. 오히려 결혼은 서로의 꿈을 응원하며 함께 도전하는 과정이다. 30대 초반부터 끝없이 무엇인가 목표를 두면서 살고자 했던 젊은 날의 나의 모습도 생각났다. 돌아보니 무엇인가를 도전해서 이루지 못하는 것이 실패가 아니라, 아무것도 도전하지 않는 삶이 실패라는 생각이 든다.

인생에서 꿈이 있다는 것은 큰 힘이 된다. 나이가 들어서도 새로운 도전을 이어가는 모습은 더욱 아름답다. 젊은 날 안정된 직장을 포기하고 새로운 길에 나서는 용기는 정말 대단하다. 낯선 외국에서 부부가 각자의 꿈을 존중하며 함께 응원하는 모습은 멋진 인생의 한 장면처럼 다가왔다. 훗날 부부는 아마도 선택한 일들을 후회하지는 않을 듯하다.

살아보면, 결혼은 때때로 한쪽의 일방적 희생과 타협을 요구하기도 한다. 그러나 부부가 서로의 꿈이 있다면, 그것을 쉽게 포기하지 않고 함께 이뤄가는 길을 선택해야 한다. 실제로 중년의 부부들은 "젊을 때 해보지 못한 도전이 아쉽다"는 후회를 많이 이야기한다. 삶에는 모든 게 다 때가 있다는 것이다.

그렇다고 모든 부부가 직장을 그만두고 큰 도전을 해야 한다는 뜻은 아니다. 각자의 상황에 맞는 현실적인 삶의 방식이 있기 때문에 각자의 삶은 존중되어야 한다. 도전에는 각자만의 방법이나 시간이 있다. 주말이나 퇴근 후 작은 도전부터 시작할 수도 있고, 온라인 강의나 부업, 취미 활동으로 꿈을 키워갈 수도 있다. 중요한 것은 나이가 들어가더라도, 배우자의 꿈을 무시하지 않고 응원하는 태도다. 꿈을 찾아가는 과정이 인생에

활력을 줄 수 있기 때문이다.

요즘은 정보 공유도 쉽고, 자료를 찾기도 쉽고, 혼자 공부하기도 쉬워서 도전할 기회가 많다. 책을 쓰며 작가가 되기도 하고, 유튜브를 통해 일상을 나누며 크리에이터가 되어서 영향력 있는 1인 방송인이 될 수도 있다. 배우자가 새로운 취미를 시작한다면 격려하고, 자격증 공부를 한다면 시간을 배려해주는 것이다. 안정된 직장을 유지하면서도 서로의 작은 꿈을 응원할 수 있다.

부부가 서로를 응원할 때, 함께 이룬 성취는 두 사람만의 큰 추억이 되고 자산이 된다. 꿈을 찾아가는 흔적은 인생에 남고, 기쁨은 가족이나 자식들에게도 자신감을 보여주는 힘이 된다. 결혼은 안정된 현실에만 머무르는 것이 아니라, 서로의 꿈을 응원하며 진정한 삶의 가치를 느끼는 것이다.

결혼했다고 젊은 날 가졌던 꿈을 포기하지 말자. 꿈은 현실적인 계획과 서로에 대한 배려에서 함께 이루어 가면 된다. 크든 작든, 빠르든 느리든, 서로의 꿈을 응원하는 부부가 되자. 꿈이 있을 때 삶은 더욱 가치가 있다. 목표가 행복이 되고 추억이 되기 때문이다.

<u>6</u>

함께 있는 시간을
가장 소중한 시간으로 만들기

- 최고의 소중한 시간

…

언제부터인가 한국 사회에서 인간관계는 "바쁘다, 바쁘다"라는 말이 자랑처럼 들리고 있다. 바쁘다는 말은 자신이 얼마나 성공적으로 살고 있는지를 과시하는 표현처럼 쓰인다. 모임에 가면 "누구는 너무 바빠서 못 왔다더라"는 이야기를 자주 듣는다. 그러면 괜히 나는 한가해서 참석한 사람처럼 느껴질 때가 있다. 주변에서도 '한가하다', '여유롭다'는 말을 하면 사회적으로 무능하게 보이는 분위기마저 있다. 그래서인지 여유롭다는 말이 자신의 무능함을 드러내는 것처럼 느껴지기도 한다.

매일 아침 지하철에서 출퇴근하며 수시로 울리는 카카오톡 메시지를 확인하고, 집이든 회사든 사람들과 끊임없이 응대하

• 266 •

며 살아가는 것을 당연시한다. 요즘 우리의 일상이다. 이런 반복되는 일상이야말로 한국 사회를 불행하게 만드는 요인일 수 있다는 생각이 든다. 가정보다 직장을 우선시하고, 부부가 모두 여유 없이 바쁘게 살아간다. 건강보다 일을 우선하다가 건강을 잃어버리고 후회하는 직장인들도 많다. 어쩌면 이런 바쁜 삶의 방식이 한국인의 높은 불행지수와 연결되어 있는지도 모른다. 여행을 자주 하게 된 이후로 나는 바쁘게 사는 삶이 결코 잘 사는 삶이 아니라는 것을 깨달았다. 바쁨이 오히려 불행을 부르는 말이 아닐까 하는 생각이 든다.

가정에서도 마찬가지다. 가족이 같은 공간에 있어도 각자 스마트폰을 붙잡고 있다. 저녁 식사 시간에도 가족 간 대화보다 실시간 인터넷 뉴스의 댓글창이 더 큰 관심거리가 된다. 신혼부부든 결혼 10년 이 되었든, 30년이 넘었든 모두 비슷한 삶의 루틴이다. 대화가 줄어드니 자연스럽게 웃을 일도 많지 않고 자연히 가족 간의 정이 줄어든다. 배우자의 하루가 어떤지조차 모르는 경우도 많다. 낮에는 각자 분주히 살고, 밤에는 대화가 사라진다. 가족이란 무엇인지 씁쓸한 생각이 든다.

농촌 드라마 전원일기를 다시 보니, 어렸을 때 보던 느낌과는 많이 다르게 다가왔다. 힘들게 보이는 가족 간의 갈등이나 공동체 삶이 인간에 대한, 가족에 대한 따스한 정으로 느껴졌다. 다시 돌아갈 수 없는 전원일기 속의 추억이 그리워진다. 사람들이 힘들고 모든 게 부족했던 1970~1980년대의 TV 프로그램 영상 속 장면들을 보면서 추억에 빠진다. 왠지 모르게 정겹고 따뜻함을 느끼고 그리워하는 이유가 있다. 힘들어도 그 시절이 그리운 이유는 아마도 따스한 정(情)이 있었기 때문일 것이다. 요즘의 시대는 혼술과 혼밥의 시대이다 보니, 정이나 낭만, 따뜻한 이야기가 줄어든 시대다. 가족이 함께하는 시간이 적으니 추억도 잘 쌓이지 않는다. 그래서일까, 요즘은 "가족이 함께 있어도 외롭다"는 말을 세대와 상관없이 흔히 듣게 된다. 어찌 보면, 참으로 안타까운 일이다.

나이가 들어서 지난 어린 시절의 이야기를 친구들과 나누다 보면, 물질적으로 부족하고 힘들더라도 함께 웃고 나누던 그 시절이 그립다는 말을 자주 듣는다. 부부도 마찬가지이다. 나이가 들어 어느 날 문득 깨닫는다고 한다. 배우자와 눈을 맞추고 웃었던 게 언제였는지, 함께 손을 잡고 걸었던 게 언제였는지 기억나지 않는다는 사실을 말이다. 그 만큼 세월도 빠르게 흘러가는 것이다.

예전에 보았던 한 다큐멘터리가 기억에 강렬히 남았다. 어린 시절 가족을 추억하게 하고, 가족의 소소한 정을 떠올리게 하면서, 세대를 넘어 감동을 준 영화 〈님아, 그 강을 건너지 마오〉(2014)였다. 이 영화를 보며 적지 않은 눈물을 흘렸다. 어린 시절이 너무 그리웠기 때문이다.

<님아, 그 강을 건너지 마오>는 강원도의 작은 시골 마을에서 98세 할아버지와 89세 할머니가 매일 고운 한복을 차려입고 두 손을 잡고 다니는 모습을 담았다. 서로를 귀히 여기며 장난을 치고, 하루를 함께 보내는 부부의 일상은 보는 이의 가슴을 뭉클하게 했다. 할머니가 정성스럽게 차린 밥상을 마주하고, 밤이면 나란히 누워 도란도란 이야기를 나누는 모습은 그야말로 '사람 사는 모습'이었다. 영화는 그 평범한 하루하루가 얼마나 아름다운지를 담담하게 보여주었다. 자녀들은 이미 출가했지만, 노부부는 서로에게 친구이자 연인이었다. 76년을 함께한 세월 동안 단 하루도 떨어져 지낸 적이 없었다. 특히 반려견이 세상을 떠난 뒤 곧 할아버지도 세상을 떠나고, 할머니가 산소 앞에서 소녀처럼 흐느끼는 장면은 세상에서 가장 슬프면서도 아름다운 순간으로 기억에 남았다. 눈물이 나지 않을 수 없었다.

영화가 주는 감동은 단순히 슬픔에서 비롯된 것이 아니다. 노부부가 하루하루를 소중히 여기며, 소박한 삶 속에서 잔잔한 정으로 진심으로 서로를 사랑했다. 노부부만의 긴 인생의 여정이 있었기에, 마지막 이별이 더 애틋하고 눈물겹게 느껴졌던 것이다.

이 다큐가 개봉 당시 수많은 이의 마음을 울린 이유는, 20대 연인부터 70대 부부까지 세대를 불문하고 노부부의 삶에서 따스한 정을 느꼈기 때문일 것이다. 사람의 정이 메마른 시절에 아마도 모두 따스한 정을 그리워했을 것이다. 나이가 들어가며

'나도 저런 사랑을 할 수 있을까'라는 생각을 하지 않을 수 없다. 영화 속 노부부의 삶은 오늘날의 고독사와 고립사가 넘치는 삶과는 너무 달랐다. 편리함 속에서 오히려 인간의 정과 가족의 온기가 사라지고 있음을 깨닫게 했다. 노년의 부부 사랑을 지켜보며 눈물지었던 이유는 단순한 상실의 아픔 때문만이 아니었다. 노부부가 평생 쌓아온 추억으로 다시는 돌아가지 못한다는 안타까움 때문이었다. 매일 아침 함께 마신 차 한 잔, 손을 잡고 걷던 시골길, 서로를 바라보며 웃던 평범한 순간들의 행복. 그 소소한 행복들이 영원히 사라졌다는 사실이 우리를 먹먹하게 했다. 추억이 많은 삶이 행복하기 때문이다.

20, 30대가 보면서 '저렇게 살고 싶다'고 느꼈을 것이고, 50대 이상은 다큐를 보면서 '우린 왜 저렇게 못 살았을까' 하면서 부부의 정을 생각하는 영화였다. 다큐를 보면서 부부의 행복은 거창한 곳에 있지 않다는 생각이 들었다. 함께 웃고, 식사하며, 일상을 마주하며 이야기하는 평범한 순간들이 쌓여 추억이 되고, 인생의 추억이 모여 부부가 된다. 부부가 저녁 식탁에 마주 앉아 "오늘 어땠어?"라고 물을 수 있고, 주말에 부부가 함께 재래시장에서 장을 보고, 손을 잡고 노포집을 다니는 것, 그런 소소함이 가장 평범한 행복한 삶이라는 생각이 들었다.

지금 한국 사회는 어떤가. 바쁘다는 핑계 속에서 부부와 가족이 점점 멀어지고 있다. 직장에서의 성취와 경쟁은 퇴직 후 사라진다. 모든 것들이 세월 앞에서는 공허하게 흩어지고, 남는 것은 가족뿐이다. 70년 넘게 함께한 노부부의 삶이 우리에게 깊은 울림을 준 이유는 단순하다. 노부부는 하루를 소중히 여겼고 추억을 매일 만들었고, 부부의 삶 속에서 서로에게 따뜻한 정, 그리고 만족과 행복을 느꼈다. 그래서 이별 앞에서 더욱 슬프고 아름다웠던 것이다. 행복한 추억을 다시 만들 수 없기 때문이었을 것이다.

세월은 우리를 막연히 기다려주지 않는다. "나중에 하자", "다음에 하면 되지, 언젠가는 하겠지"라며 미룬 시간은 우리 인생에서 다시 오지 않는다. 바쁘다는 말에 쫓겨 흘러보낸 시간은 결코 되돌릴 수 없다. 언젠가 우리도 노부부처럼 돌아올 수 없는 강을 건너야 한다는 사실을 알기에, 부부의 오늘이 더욱 소중하다.

세대와 나이에 상관없이, 지금 곁에 있는 배우자와의 작은 행복을 소중히 여기자. 인생은 한 번 강을 건너면 다시 돌아올 수 없는 여정이다. 함께할 시간을 자주 만들고 추억을 쌓는다면, 삶의 마지막 순간에도 후회 없는 부부의 길을 걸을 수 있을 것이다. 지금 이 시간을 가장 소중한 시간으로 만들자. 언젠가 우리도 강을 건너게 될 그날, 쌓아온 추억을 떠올리며 후회 없이 미소 지을 수 있기를 바란다.

7

힘든 일과 외로운 일은
가장 먼저 함께 상의하기

- 힘든 일은 나누기

...

2020년대에도 코로나로 인한 경기 침체로 많은 이들이 예기치 않게 직장을 잃었다. 한창 돈을 벌어야 하는 나이에 회사를 떠난 사람들이 주위에 많았다. 실직에 충격과 고통을 가장 가까운 배우자에게조차 알리지 못하는 경우가 적지 않다. 직장을 잃었다는 자존심과 생계에 대한 두려움, 가족을 실망시킬까 하는 마음이 침묵하게 만드는 것이다.

실제로 주변에서도 뜻하지 않게 직장을 잃고 가족에게 사실대로 말하지 못하는 경우를 자주 봤다. 아침이면 출근하는 척 집을 나서 도서관에서 하루를 보내거나, 정처 없이 거리를 떠돈다. 구직 사이트를 뒤적이다 지쳐 커피숍에 앉아 적지 않은 시간을 보내고, 퇴근 시간에 맞춰 집으로 돌아온다. "오늘 회사에서 어땠어?"라는 배우자의 물음에 "응, 그냥 그렇지. 괜찮았어"라고 아무 일 없었다는 듯이 대답한다. 남의 이야기가 아니라 지금 우리 주변에서 실제 일어나고 있는 일이다.

남편만의 이야기도 아니다. 아내도, 부모도, 누구든 힘든 일을 가족에게 숨기려 할 때가 있다. 부부간이나 가족 간에 힘든 얘기를 하지 않는 사례는 생각보다 주변에 흔하다. 가족들에게 얘기하지 않고, 혼자 고통을 견디는 사람이 여전히 많다는 게 안타깝다.

그럼 가족의 의미는 뭔가. 괴로운 일일수록 가장 먼저 나누어야 할 사람은 배우자란 사실이다. 부부간에 싫든 좋든 사실을 감추지 않고 드러낼 때 비로소 실마리나 해결의 길이 열린다. 가족은 함께 사는 동반자이기 때문이다. 기쁠 때 함께 웃고, 힘들 때 함께 고민하는 게 가족 아닌가. 그렇지 않다면 '가족'이라는 이름은 아무런 의미 없이 공허해진다. 같은 공간에 살면서 각자의 고통을 숨긴다면, 그건 단지 동거일 뿐이고 남이 아닌가.

한 온라인 커뮤니티에서 읽은 30대 부부의 이야기가 생각난다. 남편이 회사에서 권고사직을 받았지만 석 달 동안 아내에게 말하지 못했다. 매일 도서관에서 이력서를 쓰고 면접을 보러 다녔지만 번번이 떨어졌다. 남편의 실직을 눈치 챈 아내는 말도 못 하면서 석 달 동안 부부는 점점 멀어졌고, 아내는 "남편이 나에게 솔직하지 않고 피하는 것 같다"며 섭섭해하고 외로워했다. 나중에 남편이 고백했을 때, 아내는 이렇게 말했다고 한다. "왜 진작 말하지 않았어? 우리가 같이 고민했으면 이렇게 힘들지 않았을 텐데." 그날 이후 두 사람은 함께 구직 정보를 찾고, 면접 준비를 했다. 얼마 뒤 남편은 새 직장을 얻었고, 부부는 고통을 함께 이겨냈다는 생각에 더 가까워졌다. 게시글 마지막 결론이 좋아서 흐뭇했던 기억이 있다. 그 글이 많은 이에게 공감을 받았고, 나 역시 "어려움을 함께할 때 부부는 빛난다. 행복하시길"이라고 댓글을 달았다.

부부가 함께 어려움을 이겨낸 실화를 바탕으로 한 영화 〈뷰티풀 마인드〉도 생각난다. 천재 수학자이자 경제학자인 존 내쉬 박사는 조현병을 앓았다. 환청과 환각 속에서 현실과 환상을 구분하지 못했고, 학계에서도 점차 잊혀갔다. 아내 앨리샤는 포기하지 않았다. 병원 입원을 권하는 주변의 조언에도 남편을 곁에 두었고, 증상이 심해질 때마다 현실로 돌아올 수 있도록 도왔다. 아내의 헌신적인 사랑 덕분에 내쉬는 병을 이겨냈고, 노벨 경제학상을 받았다.

영화의 마지막 장면에서 내쉬는 아내를 향해 고백한다. "당신은 나의 유일한 사랑이자, 나의 전부입니다." 만약 그가 아내의 사랑을 잃었다면 평생 병원에 갇혀 천재로 기억되지도 못했을 것이다. 아내의 사랑이 남편을 살렸고, 부부의 힘이 한 인간의 삶을 다시 세웠다.

물론 우리의 현실이 극적이지는 않지만 부부의 본질은 동양이나 서양이나 같다. 실직이든, 사업 실패든, 건강 문제든 배우자와 함께 짊어질 때 무게의 고통은 반으로 줄어든다. 남편이든 아내든, 힘든 일이 생기면 가장 먼저 배우자와 상의해야 한다. 부부는 서로의 성공과 실패를 함께 짊어지는 공동체니까. 한쪽만 잘 되는 결혼은 없다. 한 사람이 무너지면 가정 전체가 흔들리고 가족들도 서서히 같이 무너진다.

인생의 중반을 넘기면 누구에게나 예상치 못한 시련이 찾아온다. 먼저 은퇴나 실직이라는 현실이 다가올 수 있다. 사업 실패, 직장 퇴직, 뜻하지 않은 암이나 불치의 병, 가족 간의 불화, 경제적인 실패 등… 어떤 어려움이든 부부에게 위기가 닥치면서 이겨내야 할 일은 한두 가지가 아니다. 그렇지만 요즘처럼 가족도 많지 않은 시절에 "우리는 혼자가 아니다. 외롭지 않다"라는 믿음을 주는 부부라면 인생에 고통은 줄어들고, 두려움도 희망으로 바꿀 수 있다. 그게 결혼의 본질이지 않을까.

고독사니 고립사니 하면서 외롭고 지쳐 세상을 포기하고 싶은 순간을 순간적으로 느낀다고 하는 사람들이 많다. 그럴 때 부부 사이에 괜찮은 척하지 말고 서로를 의지하자. 약한 모습을 보이지 않는다는 것이 강한 게 아니다. 부부 사이에는 누가 먼저라고 할 것 없이 자존심을 버리고 솔직해지는 용기가 필요하다.

부부가 나이 들어서 함께 사는 이유가 뭔가. 서로에게 힘들 때 서로를 의지하기 위한 것이 아닐까. "요즘 회사 일이 힘들어. 구조조정 대상이 될 것 같아.", "사업이 잘 안 돼서 고민이야. 같이 방법을 생각해보면 좋겠어.", "건강검진 결과가 안 좋아. 같이 병원에 가줄래?" 이런 한마디를 서로 의지하도록 하면서 힘을 주는 부부가 되는 것이다.

결혼은 단순히 같은 집에 사는 게 아니다. 기쁨과 슬픔, 실패와 성공을 함께 나누며 서로를 지켜주는 약속이다. 그 약속을 잊지 않으면, 어떤 시련도 부부의 사랑 앞에서는 작아진다. 존 내쉬가 아내 덕분에 노벨상을 받았듯이, 도서관에서 홀로 고민하던 남편이 아내와 함께 새 출발을 했듯이, 부부가 함께 하면 불가능해 보이던 일도 가능해진다.

힘들 때는 부부간에 숨기지 말자. 그럴 필요가 전혀 없다. 살면서 힘든 일은 누구에게나 생긴다. 생기지 않는 부부는 절대로 없다. 배우자는 당신을 비난하려는 사람이 아니라, 함께 짐을 나누는 동반자다. 혼자 견디려 하지 말고, 함께 이겨내자. 그게 부부가 된 이유고, 가족이라는 이름의 진짜 의미다. 가족이 있어서 외로움은 없다.

8

배우자의 건강을 챙겨주기,
몸이 아플 때 가장 먼저 옆에 있어 주기

- 사별

…

인간의 운이 가장 먼저 빠져나가는 시기는 언제일까? 사업이 실패하고, 직장에서 실직하고, 돈을 잃은 때가 아니다. 건강이 무너질 때다. 동양과 서양의 많은 철학자, 그리고 인생을 오래 살아온 어른들은 한목소리로 얘기한다. "운이 떠나기 시작하는 순간은 건강이 무너질 때다."

인생 중반부가 되니, 건강에 엄청난 신경을 쓰며 살고 있다. 돈을 잃거나 명예를 잃거나 권력을 잃는 것도 건강이 없으면 아무 의미가 없다. 결혼을 한 부부에게서 중요한 문제는 내 건강뿐 아니라 함께 사는 배우자의 건강이다. 부부 중 누구 한 사람이라도 아프면 간병 때문에 일상이 완전히 무너질 수 있으

• 277 •

니까. 부부가 다 아프면 자식의 삶도 무너질 수 있다.

최근 한국 사회에서는 가족 간의 극단적인 사건들이 끊이지 않는다. 오랜 세월 배우자를 간병으로 돌보며 경제적·육체적·정신적으로 지쳐 더 이상 견디지 못해 극단적 선택을 하는 경우가 하루가 멀다 하고 발생한다. 그만큼 가족, 부부의 건강은 삶의 질을 좌우한다. 얼마 전 친구들과의 모임에서 모두가 한목소리로 했던 얘기가 배우자의 건강이다. "내 건강도 중요하지만, 배우자의 건강이 더 중요해." 내가 아파도 문제지만, 배우자의 건강이 나빠지면 남은 인생은 간병과 병원비로 엉망이 될 수 있다는 데 모두가 깊이 공감했다. 나이가 들어보니 친구들과의 대화에서 가장 큰 화두가 건강이라는 걸 다들 공감한다.

한 50대 부부가 치열하게 건강을 회복하려고 노력하는 이야기를 들었다. 남편은 일에만 몰두하며 사업한다는 핑계로 정기검진도 거르고, 과음과 과로를 반복했다. 남편의 건강을 염려한 아내는 "병원 좀 가보라"고 수없이 말했지만 남편은 "괜찮다"며 무시했다. 어느 날 갑자기 남편은 쓰러져 병원에 실려 갔고, 심근경색 진단을 받았다. 다행히 남편은 목숨은 건졌지만 정상적으로 활동이 불가능 했다. 이후 5년간 아내는 남편을 간병하며 자신의 삶을 완전히 잃었다. 간병에 지친 아내가 한 말이 남편의 가슴에 비수가 되어 남는다. "자기 건강도 지키지 못한 사람이 가족을 어떻게 사랑한다고 할 수 있을까요? 돈을 번다는 게 무슨 의미가 있었나요?" 자신의 건강을 돌보지 않으면서 살았던 인생이 가족들 모두에 고통을 준 것이다. 건강을 지키는 건 나 자신만을 위한 일이 아니다. 배우자를 위해서도 무조건 건강을 최우선해서 돌보아야 한다. 부부는 자신의 건강과 배우자의 건강도 무조건 함께 챙겨주어야 한다.

건강의 중요성을 생각하면 아버지가 돌아가시기 직전 병실 모습이 생각난다. 침대 위에서 고통에 잠겨 있는 아버지의 모습도 가슴 아팠지만, 함께 입원해 있던 분들의 모습은 건강을 잃은 노후가 얼마나 허망할 수 있는지를 보여주었다. 옆 침대 할아버지를 돌보던 할머니는 70대 후반이었는데, 매일 병원과 집을 오가며 지쳐 있었다. 할머니의 모습을 보며 많은 생각이 들었다. 부부가 아프지 않게 삶을 마감한다면 얼마나 큰 복일까. 자신의 건강도 중요하지만 배우자와 함께 건강에 투자하고, 서로의 건강을 세심하게 살펴야 한다. 인생 말년에 배우자를 먼저 떠나보낸 이들이 더욱 힘들어하는 모습을 많이 봤기 때문이다. 배우자의 건강을 세심하게 살펴야 하는 이유이다.

그렇다면 부부가 서로의 건강을 어떻게 지켜줄 수 있을까? 우선 마음으로라도 서로에게 꾸준히 관심을 두는 거다. "요즘 괜찮아?", "어디 불편한 데 없어?", "아픈 데는 없지?"라는 짧은 질문 하나가 건강에 경각심을 만들어 준다. 부부가 정기검진을 함께 가고, 결과를 함께 확인하며, 필요하면 함께 병원에 가는 것은 서로를 의지하면서 든든하다. 건강한 식단을 준비하는 것도 한쪽의 몫이 아니라 부부가 함께 고민하고 실천하는 일이다. 나이가 들면 자연히 노환으로 아플 수 있다. 하지만 나의 건강도 챙기면서 배우자의 건강을 우선하면서 아프지 않은 삶을 최소화하도록 노력해야 한다.

부부가 말년에 행복하게 사는 방법은 의외로 단순하다. 돈도 중요하지만, 배우자와 내가 모두 건강한 게 무엇보다 중요하다. 나이가 들어서는 값비싼 취미나 사치보다 부부가 함께 가볍게 즐길 수 있는 건강한 생활에 투자하는 게 훨씬 현명하다. 병원에 돈을 쏟아붓기 전에 아프지 않도록 건강에 투자하는 삶이 말년의 가장 큰 재산이다.

배우자의 건강을 지켜줄 사람은 가장 가까이에 있는 나 자신이다. 수명은 길어지고 오래 사는 게 고통이 되었다는 얘기를 많이 한다. 나이가 들수록 주변 인간관계는 줄이고 배우자와 함께 보내는 시간을 늘리며 서로의 건강을 더 세심하게 살펴야 한다. 아프지 않은 삶을 위해 함께 노력하고, 혹여 몸이 좋지 않더라도 곁을 지켜주는 부부가 되어야 한다.

배우자의 건강을 나 자신의 건강만큼 소중히 여기고 함께 챙긴다면, 부부는 말년에 가장 행복한 노후를 맞이할 수 있다. 그게 평생을 함께 살아온 사람에게 줄 수 있는 가장 큰 예의이며, 인생의 마지막까지 지켜야 할 사랑의 가장 중요한 형태다. 건강은 혼자만의 문제가 아니라 부부가 함께 지켜가는 공동의 책임이고, 서로를 위한 가장 큰 사랑의 표현이다.

9

인간은 모두 다르다,
서로의 취향과 다름을
인정하고 존중하기

- 서로 간의 취미를 인정하고 함께 하는 취미 가지기

...

여행을 다닌 경험이 많지 않았지만 무슨 용기가 생겼는지 꼭 가야 한다는 생각을 했던 나라, 그리고 무작정 떠났던 나라가 쿠바다. 그렇게 떠났던 중남미의 쿠바여행이 내 인생에 많은 방향의 전환이 되었다. 가장 중요한 것은 여행을 다녀오면서 한 가지를 깊이 있게 깨달은 바가 있다. "사람의 삶은 모두 다르다"는 사실이었다. 쿠바 현지의 작은 숙소 '까사'에서 머물며, 요리와 숙박을 책임지던 부부와 며칠을 함께 지냈다. 남편은 40대 중반쯤 되어 보였고, 아내와는 동갑이라고 했다. 부부의 일상을 지켜보는 것만으로도 배울 점이 많았다.

남편은 새벽같이 일어나 아침 식사 준비를 했다. 음악을 크

• 282 •

게 틀어놓고 흥겹게 요리하는 모습이 인상적이었다. 그런 남편과 다르게 아내는 느긋하게 일어나 커피 한 잔을 마시며 천천히 하루를 시작했다. 남편이 손님들과 활발하게 대화를 나눌 때, 아내는 구석에서 조용히 책을 읽었다. 성격도, 생활 리듬도, 취향도 달라 보였다. 하지만 이상하게도 쿠바 부부의 집에는 긴장감이 없었다. 서로를 재촉하거나 불평하는 모습을 한 번도 보지 못했다. 여유로웠다.

까사에서 묵은 지 둘째 날, 식탁에 둘러앉아 대화를 나누던 중 남편이 술잔을 건네며 말했다. "동갑인 아내와 나는 많이 달라. 나는 시끄러운 걸 좋아하고, 아내는 조용한 걸 좋아해. 나는 사람 만나는 게 좋고, 아내는 혼자 있는 시간이 필요하지. 젊었을 땐 이게 문제였어. '왜 나랑 다르지?' 하면서 서로 맞추려고 했거든. 그런데 나이 들면서 깨달았어. 우리는 원래 다른 사람이구나. 그래서 이젠 서로의 다름을 인정하면서 살아. 나는 내 방식대로, 아내는 아내 방식대로. 그래서 크게 싸울 일도 없어."

옆에서 남편의 애기를 듣던 아내가 웃으며 덧붙였다. "욕심을 크게 내지 않으니 부부싸움할 일이 없지. 남편이 새벽에 일찍 일어나 시끄럽게 해도, 나는 귀마개를 하고 자. 내가 저녁에 조용히 있고 싶을 때, 남편은 밖에 나가서 친구를 만나. 서로 자기 시간을 존중해 주면 돼."

부부의 말은 평범했지만 세월이 지난 지금까지 마음에 깊이 남아 있다. 한국으로 돌아오는 비행기 안에서도 까사에서 묵으면서 부부와 나누었던 대화가 계속 떠올랐다. 쿠바에서 만난 까사 부부는 서로의 차이를 억지로 맞추려 하지 않았다. 오히려 다름을 인정하고, 그 위에서 평화를 만들고 있었다. 지금 생각하니 그렇다. 어느 나라든 부부는 다르다는 것을 인정하고 서서히 맞추어 가면서 사는 것이구나.

돌이켜보니 결혼 초기에는 아내가 나와 다르다는 사실을 받아들이기 어려웠다. 그럴 때마다 "왜 나랑 안 맞지?"라는 생각에 답답했다. 부부싸움도 대부분 이런 차이에서 시작되었다. 서로를 바꾸려 하면서, 상대방이 내 기대에 맞지 않으면 실망하고 화를 냈었다.

하지만 쿠바에서 돌아온 뒤 생각이 바뀌었다. 흔히 부부가 잘 지내려면 닮아야 한다고 생각한다. 취향도 성격도 비슷해야 한다고 믿는다. 하지만, 같은 부모에게서 태어난 형제조차 취향과 성격이 전혀 다르다. 부모와 자식도 생각이 달라 실망할 때가 있다. 그런데 하물며 서로 다른 환경에서 자란 두 사람이 만나 함께 살아가는데, 모든 것이 꼭 맞을 리가 없다.

부부 관계의 핵심은 다름을 인정하면서 그냥 살아가는 것이다. 부부싸움의 단초는 배우자가 나와 같아지기를 바라며, 조금만 맞지 않으면 실망하거나 화를 낸다. 하지만 다른 점을 받아들이고, 서서히 맞추어 가는 과정이 바로 결혼이라고 생각을 하면 편하다. 실제로 행복하게 사는 부부들을 유심히 보면 알 수 있다. 대부분 서로의 차이를 자연스럽게 받아들이며, 서로의 간격을 부드럽게 좁혀 가며 산다.

친구 부부는 남편은 아침형 인간이고, 아내는 완전한 저녁형 인간이다. 신혼 초에는 이것 때문에 자주 다투었다고 한다. 남편은 아내를 '게으르다'고 생각했고, 아내는 남편을 '융통성 없다'고 여겼다. 몇 년이 지나면서 부부의 서로에 신체 리듬을 인정하게 되었다. 남편은 새벽에 일어나 조용히 운동하고 커피를 마시며 자기 시간을 보낸다. 아내는 늦게 일어나지만 저녁 시간에 집안일을 하고 밤에 집중력이 높은 시간에 일한다. 서로의 생활 패턴을 존중하니 싸울 일이 없어졌다. 오히려 각자의 시간이 보장되니까 함께 있는 시간이 더 소중해졌다고 한다.

중요한 건 차이를 잘 이해하고, 다른 틀 안에서 타협점을 찾아가는 것이다. 물론 종교나 정치처럼 극단적인 갈등을 부르는 영역이라면 신중해야 하지만, 일상적인 취향이나 습관의 차이라면 서로의 다름을 받아들이는 편이 훨씬 합리적이다. 아내는 아침형 인간일 수 있고, 남편은 밤이 되어야 집중이 잘 될 수도 있다. 한 사람은 계획적이고, 다른 사람은 즉흥적일 수 있다. 이것은 누가 옳고 그른 문제가 아니라 단지 다른 것뿐이다.

그렇다면 부부가 서로의 차이를 어떻게 받아들일 수 있을까? 부부가 서로의 필요를 존중하며 각자의 공간과 시간을 인정해주는 것이다. 남편이 혼자만의 시간이 필요하면 주말 오전 몇 시간은 각자의 시간으로 정하고, 아내가 대화가 필요하면 저녁 식사 후 30분은 스마트폰 없이 이야기 나누는 시간으로 만드는 것으로 서로 의사 합치를 하면 좋지 않을까. 이렇게 구체적으로 조율하면 갈등은 줄어든다. 다름을 인정하면서 구속하지 않으면 된다.

그래서 연애할 때부터 차이를 인정하고, 소통하며 조율하는 연습이 필요하다. 부부가 서로의 다른 점을 이해하고 존중할 때 관계는 오래간다. 젊은 날부터 이런 지혜를 가지고 결혼 생활을 시작한다면, 부부싸움으로 허비한 시간이 훨씬 줄었을 것이다. 나와 꼭 맞는 사람을 끝없이 찾으려다 보면, 인생의 젊은 날을 모두 소진할 수 있다. 완벽하게 맞는 사람은 애초에 존재하지 않기 때문이다.

젊은 연인들과 신혼부부들은, 연애할 때부터 서로의 차이에 대해 솔직하게 이야기해보는 것이 좋다. 미리 의견을 조율하듯이 나누고, 서로 다른 점을 합의하듯이 대화하는 습관을 들이면 좋다. 결혼 후에도 서로의 취향과 생각을 계속 이야기하며, 합리적인 중간 지점을 함께 찾아가는 습관을 만들어야 한다. 대화를 통한 방식으로 결혼을 통해 진정한 어른이 되는 길이

며, 훗날 자녀들에게도 행복한 삶의 지혜를 전할 수 있는 힘이
된다.

지구상의 어떤 사람과 인연을 맺더라도, 분명한 사실은 사랑
한다고 해서 두 사람이 완전히 같을 수는 없다는 것이다. 다르
다는 건 나쁜 것이 아니다. 서로의 다름 속에서도 평화롭게 살
수 있다. 남편은 새벽에 음악 틀어놓고 요리하고, 아내는 조용
히 책 읽으며, 저녁이면 식탁에 둘러앉아 웃으며 하루를 나누
면서 사는 것이다. 결혼하더라도 각자의 색깔을 유지하면서도
함께 그림을 그려가는 것, 그러면서 다름을 인정하며 사는 것
이 진짜 부부의 모습이다.

여행에서 배운 가장 중요한 것은 서로의 차이를 인정하며
사는 것이었다. 다름을 인정하면 사는 단순한 깨달음은 인간
관계 전반에서 중요한 가르침이고, 부부에게는 아주 소중한 지
혜였다. 쿠바 까사의 식탁에서 술잔을 나누며 들었던 부부의
이야기가, 지금도 너무 많이 생각난다. "우리는 원래 다른 사람
이야. 그래서 각자 자기 방식대로 살면서, 함께 행복하면 되는
거지." 이보다 더 명쾌한 결혼의 진리가 또 있을까. 글을 쓰다
보니 쿠바 여행의 모든 순간이 그리워진다. 사람 사는 나라는
다 다르지만, 부부의 사는 모습은 다 비슷한 듯하다.

10

서로 차별 없이
배우자의 부모 존중하기

- 차별은 없다

…

예전에 우리 부모 세대는 여자가 결혼하면 시댁 부모를 공양하듯 모셔야 했다. 친정에는 좀처럼 가지 못하면서, 시댁 부모에게는 나를 낳아준 부모보다 더한 정성과 헌신을 쏟아야 했다. 명절이면 며느리만 부엌에서 온종일 일했고, 제사상도 며느리가 준비했었다. 친정 부모가 아파도 쉽게 갈 수 없었고, 시부모의 안부는 매일 살펴야 했다. 세상이 많이 달라졌다고는 하지만, 여전히 며느리들이 시댁 부모 앞에서 느끼는 부담은 완전히 사라지지 않았다.

그렇다면 남편들은 아내의 부모를 얼마나 어떠한 방식으로 아내만큼 공경해 왔을까. 장인·장모는 명절 때나 잠깐 인사드리는 정도였고, 친밀한 관계를 맺기보다는 격식만 차리는 경우가 많았다. 아내에게는 "우리 부모님 모시는 게 당연하다"고 하면서, 정작 본인은 장인·장모와 거리를 두는 남편들이 의외로 많았다. 시대가 많이 바뀐 지금, 이런 모습은 더 이상 당연하지 않다. 예전의 방식대로 장인·장모를 대한다면 요즘 젊은 세대는 절대로 받아들이지 않을 것이다. 실제로 결혼도 하지 않은 세상에서 아내에게만 일방적으로 시부모 봉양의 짐을 지우는 것도, 남편이 장인·장모를 남처럼 대하는 것은 이제는 받아들일 수 없다. 가장 합리적인 건 "내 부모, 네 부모"가 아니라, 서로의 부모를 자연스럽게 똑같이 존중하고, 남이 아닌 같은 내 가족으로 대하는 관계다. 다행히 세상은 많이 바뀌고 있다.

아는 한 지인 부부의 이야기이다. 결혼 20년 차인데, 남편이 장인·장모를 진짜 부모처럼 모신다. 처음부터 그랬던 건 아니다. 결혼 초에는 명절에만 잠깐 인사드리고, 평소에는 거의 연락을 하지 않았다고 한다. 남편의 태도 변화는 몇 년 전 장모님이 크게 아팠을 때 모든 게 바뀌었다. 아내가 병원과 집을 오가며 지쳐갈 때, 남편은 뭔가 깨달았다고 한다. '내 아내를 키워주신 분들인데, 내가 왜 남처럼 대하고 있었을까?'

남편은 그날부터 달라졌다. 장모님이 퇴원하신 후 일주일에 한 번씩 병문안을 갔고, 장인·장모가 좋아하시는 음식을 챙겨갔다. 장인과 저녁에 한잔하며 이야기를 나누고, 장모의 건강

상태를 세심하게 물었다. 아내 없이도 자연스럽게 처가에 찾아가고, 집안에 고장 난 곳이 있으면 주말에 가서 고쳐드렸다. 명절에는 아내와 함께 미리 가서 음식 준비를 도왔고, 설거지도 함께했다.

남편의 변화에 아내도 마찬가지로 달라졌다. 남편이 장인·장모를 진심으로 챙기는 모습을 보면서 자신도 시부모를 대하는 태도가 달라졌다고 한다. 예전에는 의무처럼 명절에만 찾아뵙고, 시부모를 마음속으로는 부담스러워했다. 하지만 남편이 자기 부모를 친부모처럼 대하니까, 자연스럽게 시부모도 진심으로 모시고 싶어졌다는 거다. 이제는 시어머니 생신을 본인이 먼저 챙기고, 시아버지가 좋아하는 반찬을 만들어서 간다. 남편 없이도 편하게 시댁에 들르고, 시부모가 안 좋으시면 병원에 함께 간다.

지인의 아내가 내게 한 말이 기억에 남는다. "결혼 초에는 남편이 우리 부모님을 잘 챙기지 않아서 속상했어요. 나만 시부모님 모시고, 남편은 내 부모를 남처럼 대하는 것 같아서요. 그런데 남편이 먼저 변하니까 저도 자연스럽게 변하더라고요. 이젠 오히려 남편이 저보다 우리 부모님을 더 잘 챙기고, 저도 시부모님을 진짜 부모처럼 대해요. 서로의 부모를 함께 모시니까 마음이 편하고, 가족이 정말 하나가 된 느낌이에요."

애기를 들으면서 마음이 흐뭇했다. 요즘 이런 부부의 모습이 이제는 주변에서 정말 흔해졌다. 남편이 장인과 장모를 더 챙기는 것이다. 그만큼 세상이 많이 변했다.

서로의 부모를 공경하는 건 거창한 게 아니다. 명절 때만 격식 차려 인사하는 게 아니라, 평소에 안부를 묻고 관심을 갖는 거다. 남편은 장인·장모 생신을 챙기고, 몸이 안 좋으면 병원에 함께 가고, 가끔 전화해서 "요즘 어떠세요?" 물어본다. 아내도 마찬가지다. 시부모 생신을 챙기고, 몸이 안 좋으면 병원에 함께 가고, 자주 전화해서 "요즘 어떠세요?" 물어본다. 남편은 아내 없이도 자연스럽게 장인·장모를 찾아뵙고, 아내는 남편 없이도 편하게 시부모를 찾아뵙는 것이다. 필요한 일이 있으면 먼저 나서는 거다. 부부의 이러한 모습이 서로 진짜 가족이 된다.

실제로 행복한 결혼 생활을 하는 부부들을 보면, 서로가 상대방의 부모를 진심으로 대하는 경우가 많다. 남편은 장인·장모를 친부모처럼 모시고, 아내는 시부모를 친부모처럼 모신다. 한쪽에게만 희생을 강요하지 않고, 서로가 함께 양가 부모를 공평하게 모신다. 자연스럽게 부부 사이도 더 평화롭고, 양가 부모도 자식 부부를 더욱 사랑하게 된다.

요즘 젊은 부부들을 보면 이런 부분이 점점 훨씬 자연스러운 것 같다. 남편도 처가를 자주 가고 장인·장모와 스스럼없이 대화하며, 아내도 시댁을 편하게 드나들며 시부모와 자연스럽게 소통한다. 추석에 양가를 번갈아 가거나, 명절을 나눠서 보내기도 한다. 시부모만 모시는 게 아니라 양가 부모를 공평하게 대한다. 이게 바로 시대가 변한 모습이고, 바람직한 방향이다.

서로의 부모를 향한 애정은 배우자를 향한 사랑의 연장선이다. '내 부모, 네 부모'가 아니라 서로 공평하게 '우리 부모'가 되는 순간, 결혼은 비로소 후회하지 않게 된다. 남편만, 아내만이 아니라 부부가 함께 양가 부모를 동등하게 존중하고 사랑할 때, 가정에는 진정한 평화와 행복이 찾아온다. 쉬운 일은 아니다. 하지만 양가 부모를 차별 없이 존중할 때, 부부는 비로소 진짜 지혜로운 결혼과 행복이 무엇인지 알게 된다. 차별 없는 세상은 가정에서 시작이 되어야 한다.

11

부부의 조화만이
인생의 마지막에 남는다는 사실 알기

- 조화의 중요성 알기

…

유튜브를 보다 보면 세상이 얼마나 많이 변했는지 새삼 느끼게 된다. 질 좋은 영상들을 누구나 손쉽게 볼 수 있게 되었다. 인생을 어떻게 살아야 하는지에 대한 영상을 즐겨 본다. 삶을 어떻게 살아야 하는지 알고 싶어서 철학적인 영상을 많이 봤다. 특히 사람들의 다양한 선택과 삶의 방식을 보면서 나 자신에게 물었다. "행복이란 과연 무엇일까?" 그런 영상들을 보면서 삶에 대한 새로운 깨달음을 얻는 순간이 많았다.

얼마 전, 히말라야 오지 라다크에 사는 사람들의 영상을 보았다. 도시의 풍요로운 삶을 내려놓고 자연 속에서 살아가기로 선택한 사람들이었다. 라다크는 해발 3,500미터가 넘는 고원

지대다. 도시의 화려함도, 경제적 편의도 없는 곳이다. 그곳을 선택한 서구의 젊은 부부들의 모습이 보였다. 부부의 얼굴에는 해맑은 웃음과 평온함이 스며 있었다.

영상 속 어떤 서구 여성은 화장기 하나 없는 소박한 모습으로 라다크에서의 삶이 정말 만족스럽다고 했다. 그녀에게는 더 이상 값비싼 물건이나 화려한 화장이나 물질 풍요의 생활이 필요하지 않았다. 물질이 아닌 자연과 함께 살아가는 모습에서 진정한 삶의 의미를 찾은 듯했다. 곁에 있는 배우자와의 조화로운 삶이 행복하다고 했다. 부부에게는 라다크에서 함께 살아가는 사람들과의 평범한 일상이 곧 행복이었다.

영상을 보며 행복에 대해 곰곰이 생각했다. 풍요로운 세상에서의 물질적인 편안한 삶을 과감히 포기하고 배우자와 라다크를 선택한 이유는 무엇일까. 무엇 때문에 물질을 버리고 자연 속에서 배우자와 함께 고생스러운 삶을 살고자 했을까. 여러 가지 의문이 들었다. 하지만 그들 부부는 아마도 생의 끝에서 진짜 남는 것은 부부의 조화라는 걸 먼저 깨달은 게 아닐까. 많은 것을 소유하는 대신, 서로를 더 깊이 이해하고 함께하는 시간을 택하는 것에서 행복을 찾은 거다. 낯선 오지에서 부족하지만 부부의 조화를 생각하면서 평범한 행복을 누리는 것이다.

영상을 보면서 지금 나의 삶은 어떤지 곰곰이 생각해 보았다. 내가 현재 살고 있는 삶이 정답이 아닐 수도 있다는 생각이 들었다. 라다크에 살고 있는 부부는 지금 현재를 살고 있는 우리에게 이렇게 물을지도 모른다. "나는 무엇을 위해 이렇게 바쁘게 살고 있는가? 물질적인 풍요가 꼭 나에게 행복을 준다고 생각하는가? 여유로운 지금이 부족해도 행복하다." 영상에서 부부가 주는 메시지는 이런 느낌이 들었다.

살아온 인생을 돌이켜보면, 젊은 날은 넓은 평수의 아파트, 외제 차, 권력이나 명예, 더 높은 지위를 위해 달려왔다는 생각이 든다. 그것이 성공이라고 믿었고, 행복으로 가는 길이라고 생각했다. 하지만 그것들이 정말 나를 행복하게 했는지는 솔직히 의문이 든다.

오히려 딸아이와 아내와 함께 여행을 다니던 소소한 추억, 별것 아닌 이야기를 나누며 웃던 시간, 주말 아침 함께 커피 마시며 창밖을 바라보던 평범한 순간들이 더 오래 기억에 남는다. 어쩌면 진정한 행복이라는 생각은 가족과의 조화 속에 소소한 것이었다는 생각이 많이 든다.

라다크의 부부처럼, 때로는 물질적인 많은 것을 내려놓아도 자연을 통해서 더 많은 것을 얻게 된다. 그들이 선택한 삶을 단순히 가난하다고 말할 수 있을까. 진정으로 부부가 원하고 선택한 라다크에서의 삶을 가난하다고 표현할 수는 없을 것 같다. 오히려 진짜 마음이 행복한 부유한 삶이 아닐까. 물질적 풍요보다 정신적 풍요를, 소유보다 존재를, 경쟁보다 조화를 선택한 그들의 삶은 어쩌면 우리가 잃어버린 진짜 부자의 모습인지도 모른다.

영상을 보고 난 뒤, 라다크를 여행하고 싶다는 마음이 커졌다. 아직 그곳에 가보진 못했지만, 언젠가 꼭 가보고 싶다. 부탄에서 느꼈던 행복의 감정을 다시 느낄 수 있을 것 같다. 궁금한 생각도 많이 든다. 왜 많은 이가 물질적 풍요를 버리고 그 먼 히말라야 라다크까지 찾아갔을까. 자연 속에서 서로의 조화를 이루며 어떻게 살고 있는지 직접 느껴보고 싶다. 그곳에서의 하루하루가 어떤 의미를 갖는지 궁금하다.

행복이라는 건 사람마다, 그리고 부부마다 전혀 다른 의미일 수 있다. 어떤 부부에게는 돈과 물질이 행복의 중요한 부분일 수도 있고, 또 다른 부부는 라다크에서의 삶처럼 사는 걸 행복하다고 느낄 수 있다. 누구의 어떠한 삶도 비난할 수는 없다. 각자가 선택한 삶의 방식이기 때문이다. 라다크를 선택한 사람들처럼, 부부의 조화를 행복의 최고 가치로 두는 사람들도 있다. 결국 무엇이 더 옳은지는 각자가 선택할 몫이다.

다만, 부부의 조화는 하루아침에 만들어지지 않는다는 것을 살아본 부부들은 안다. 조화롭게 사는 것은 상당한 시간과 노력, 양보와 배려, 그리고 서로를 이해하려는 끊임없는 노력이 필요하다. 명품 가방 하나 사는 데는 부부가 함께 백화점에 가지 않아도 되고 오랜 시간이 걸리지 않을 수도 있다. 하지만 부부의 진정한 조화를 만드는 데는 평생이 걸린다. 아니, 어쩌면 조화를 만들지 못할 수도 있다.

한번 생각해 보자. 인생의 끝자락에서 부부가 가장 부러워할 것은 과연 무엇일까. 강남의 큰 아파트도, 사회적 권력도, 은행 잔고도 아닐 수도 있다. 때가 되면 그 가치가 없어지는 물질의 무상함보다는 아마도 부부가 함께 늙어가며 생을 다할 때까지 서로를 바라보는 부부만의 조화일 수 있다. 서로를 향한 애절한 눈빛, 손을 잡고 걷는 평온한 시간, "당신과 함께여서 행복했어"라고 진심으로 말할 수 있는 마음일 수 있다.

라다크를 선택한 사람들처럼 우리도 한 번쯤은 스스로에게 물어보면 좋지 않을까. "나는 지금, 배우자와 어떤 조화를 만들어 가고 있는가?" 매일 바쁘게 달리면서도, 정작 가장 소중한 사람과는 멀어지고 있지는 않은가. 돈을 더 벌기 위해, 성공하기 위해 달리는 동안, 부부의 조화는 어떻게 되고 있는가.

결혼은 시간이 흘러가면서, 처음의 설레는 사랑보다는 부부의 평온과 조화로 완성된다. 영상을 보면서, 라다크에서 살기로 선택한 사람들은 아마도 생의 마지막까지도 서로의 눈빛 속에서 행복을 발견할 것만 같았다. 그들에게는 화려한 삶의 기록은 없을지 몰라도, 함께 살아온 시간의 깊이 있는 조화가 있기 때문이다.

만약 지금 한국 사회처럼 물질적 성공만을 좇으며 지쳐 있다면, 때로는 단순한 삶 속에서 진정한 풍요를 발견하려는 시간적인 여유를 가져보는 건 어떨까. 어쩌면 삶의 방향을 잃었다면 라다크를 한 번쯤 여행해 보는 것도 좋겠다는 생각이 든다. 라다크에서 우리는 진정한 삶의 다른 풍요를 발견할지도 모른다. 히말라야의 맑은 공기 속에서, 별이 쏟아지는 밤하늘 아래에서, 어쩌면 우리가 정말 원하는 것이 무엇인지 깨달을 수도 있다.

라다크 관련 책도 읽고 영상을 보면서 이번 생에 라다크를 한 번은 가보고 싶다는 생각이 든다. 남은 인생이 그리 길지 않겠지만 말이다. 라다크는 단순히 지구상의 한 장소가 아니라, 삶의 본질을 되돌아보게 하는 상징적인 공간일 수 있다는 생각이 든다. 모든 것을 내려놓고, 오직 서로와 자연만 남았을 때, 우리는 비로소 진정한 행복이 무엇인지 알게 되는지도 모른다. 부부의 조화가 인생에서 가장 소중한 자산임을 깨닫게 될 거다. 부탄 여행에 이어서 라다크가 마음속에 와닿는다.

12

말 한마디의 비극,
배우자에게 상처되는
애기는 절대 하지 않기

- 깊은 상처가 되는 말은 하지 않기

...

SNS 시대를 살다 보면 세상이 얼마나 빨리 변했는지를 실감한다. 누구나 쉽게 사진을 올리고, 글을 남기며, 목소리를 낼 수 있다. 편리함과 자유가 주어졌지만, 이름을 알 수 없다는 익명성 뒤에서 인간의 정신 건강을 황폐화시키는 부작용도 크다. 특히 '악플'이라는 이름의 날카로운 욕설의 말들이 사람의 자존감을 무너뜨리는 일이 우리 주변에서 너무도 쉽게 벌어진다.

악플로 인해 어린 나이에 연예인들이 생을 마감하는 뉴스를 접하면, 세상이 참 무섭다는 생각이 든다. 댓글 한 줄, 메시지 한마디가 누군가의 인생을 송두리째 흔들고, 때로는 가족의 삶까지 파괴한다. 적지 않은 연예인들이 악플에 상처를 입고 고통을 이기지 못해 세상을 떠나는 소식을 들으면서 섬뜩함을 느낀다. 말의 무게, 잔인한 단어 하나의 파괴력이 얼마나 큰지 생각할수록 두렵다. 그래서 댓글이든 말 한마디든, 무심코 내뱉는 것이 큰 상처를 줄 수 있다는 사실을 결코 간과해서는 안 된다.

현실에서는 이런 악플과 같은 상처가 결혼이라는 가장 친밀해야 할 부부 관계 속에서도 자주 일어난다. 얼굴도 모르는 사람에게 들은 악플조차 고통스러운데, 평생을 함께하겠다고 약속한 배우자에게 비수 같은 말을 듣는다면 어떨까. 그 한마디로 부부가 다시 함께 살 수 있을까?

얼마 전 아는 후배 부부의 이야기를 들었다. 30대 후반의 부부로, 남편은 중소기업에 다니고 아내는 프리랜서로 일하고 있었다. 어느 날 남편이 회사에서 스트레스를 받고 돌아왔는데, 아내는 마침 어렵게 수주한 프로젝트가 잘 풀리지 않아 예민한 상태였다. 냉랭한 분위기 속에서 저녁 식사를 하던 중 남편이 트집을 잡았다. "애도 낳지 못하는 여자가 집에서 살림도 제대로 못하느냐?" 아이가 생기지 않는 문제를 아내의 탓으로 돌리는 남편의 말은 아내의 마음을 깊이 찔렀다. 그날 이후 아내는 입을 닫았고, 남편의 무심코 뱉은 한마디가 계기가 되어 그동안 쌓였던 감정이 폭발했다. 타협점이 없던 부부는 별거를 선택했다. 나중에 후회하게 된 남편은 아내에게 여러 번 사과

했지만, 한번 뱉은 말의 충격은 너무 컸다. 이혼을 고민할 만큼 관계가 틀어졌다. 이처럼 말 한마디의 상처가 부부를 파국으로 몰고 가는 경우가 적지 않다.

사람은 생각보다 말에 쉽게 상처받는 존재다. 뉴스에서도 악플을 견디지 못해 생을 포기한 사람들의 이야기가 끊이지 않는다. 직장에서도 상사나 동료의 말 한마디로 퇴사를 결심하는 일이 흔하다. 하물며 가장 가까운 배우자의 입에서 나온 상처가 되는 말이라면 고통은 얼마나 클까. 모르는 사람의 악플보다 더 깊고 오래가는 지워지지 않는 상처가 된다. 부부가 말의 무게를 더욱 신중히 생각해야 하는 이유이다. 결혼 생활에서 무심코 던진 말이, 연예인들이 악플로 고통을 받는 일과 다르지 않다는 사실을 잊지 말아야 한다.

결혼 생활에서 남편이나 아내가 절대로 해서는 안 되는 말들이 있다. 아마도 부부라면 충분히 공감할 말들이다. "너희 엄마는 왜 맨날 그래?", "그래서 너는 근본도 없는 여자구나", "너 같은 게 뭘 안다고", "대학도 못 나온 주제에", "너 때문에 내 인생 망했어", "너랑 결혼 안 했으면 지금쯤 나는 다른 사람 만나 잘 살았을 거야." 부부 사이의 이런 말들은 순간의 감정에서 나올 수 있지만, 배우자의 마음에는 대못처럼 박힌다. 결혼 생활 동안에 해서는 안 되는 말들이다. 시간이 흘러도 쉽게 아물지 않고, 반복되면 정신 건강까지 병들게 만든다.

한 직장인 커뮤니티에 올라온 글을 유심히 읽었다. 남편이 쓴 글이었다. 결혼 10년 차 부부로, 아내는 육아에 지쳐 있었고 남편은 퇴근 후 무심코 이렇게 말했다. "집에서 애나 보면서 집이 왜 이렇게 난장판이야?" 아내는 아무 대꾸도 하지 않고 "그래, 미안해"라고만 답했다. 그날 이후 아내는 남편에게 마음을 닫았다. 하루 종일 아이와 씨름하며 자신을 잃어가던 아내에게, 그 한마디는 사랑받지 못한다는 절망이었다. 얼마 지나지 않아 아내의 언니가 남편에게 전화를 걸었다. "아내에게 우울증이 있었던 걸 몰랐냐"고 말이다. 아내는 병원에 입원할 정도로 심각한 상태가 되었다. 남편은 자신이 던진 말 한마디가 얼마나 큰 상처를 줬는지 뒤늦게 깨닫고 후회했다. 말 한마디로 가정이 깨지는 상황까지 되자, 괴로운 마음에 사람들에게 조언을 구했다. 하지만 이미 돌이키기 어려웠다. 말의 상처는 지워지지 않고 각인되기 때문이다. 충격적이게도 얼마 지나서 우울증을 앓던 아내가 스스로 세상을 등진 것이다. 이 얘기를 듣고 많이 놀랐다. 말 한마디가 참 무서운 것이다.

결혼이 그래서 어렵다. 매일 좋은 일만 있는 게 아니다. 매일 함께 밥을 먹고, 잠을 자고, 일상을 나누는 관계이기에, 순간의 감정으로 욱한 말이 평화를 무너뜨릴 수 있다.

결혼 초, 아내가 요리를 태웠을 때 "이것도 제대로 못 해?"라고 한 적이 있다. 그 말에 아내는 아무 말도 하지 않았지만, 눈빛이 달라졌다. 지금 생각하면 말 한마디로 얼마나 무심코 상처를 줬을까. 결혼 초에는 말로 다투는 일이 많았다. 화가 나도 한 번 더 생각하려고 노력했지만, 쉬운 일은 아니었다.

결혼 생활을 어느 정도 한 지금은 여전히 완벽하지는 않지만, 적어도 예전처럼 함부로 말하지는 않으려고 한다. 부부 사이의 말 한마디가 얼마나 치명적인지, 경험을 통해 절실히 알고 있기 때문이다.

불교에서는 악한 말을 뱉는 것을 '구업(口業)'이라고 한다. 입으로 짓는 업, 곧 언어가 만들어내는 업을 말한다. 한 번 뱉은 말은 부메랑처럼 자신에게 돌아온다. 자업자득이 된다. 부부 사이에서 구업이 쌓이면 부부 둘 다 불행의 늪으로 빠진다. 화가 나서 던진 한마디가 나중에 깊은 후회와 회복 불가능한 상처로 남는다. 그러니 화가 나더라도 한 번 더 생각하자. 말 한마디가 배우자에게 어떤 상처를 줄지, 이 말을 하고 나서 나중에 내가 후회하지 않을지를 신중히 해야 한다. 배우자의 가족, 과거, 능력, 외모를 건드리는 말은 결혼 생활에서 꼭 하지 말아야 할 금기로 봐야 한다. 그런 말은 관계를 완전히 끊어놓는다.

부부는 인생의 가장 긴 여행을 함께하는 동반자다. 말 한마디로 상처를 만들지 말고, 말 한마디로 사랑을 키우자. 그것이 부부의 마음을 지키고, 두 사람이 끝까지 함께 걸어갈 힘이 될 것이다.

<u>13</u>

아내에게 기대기보다는,
죽는 날까지 함께 성장하는
삶을 만들어 가기

- 의지하는 관계가 아닌, 성장하는 관계

...

남미 여행을 계획하며 마음속에 꼭 넣어 두었던 나라가 있다. 바로 우루과이다. 일정상 갈 수는 없었지만, 그곳에는 "가장 가난한 대통령"이라 불린 지도자가 있었다. 호세 무히카 대통령이다. 2025년 5월, 그가 89세를 일기로 세상을 떠났다는 소식을 들었을 때 우루과이를 가보지 못했던 아쉬움이 밀려왔다. 호세 무히카 대통령이 남긴 삶의 방식은 여전히 우리에게 깊은 여운을 건넨다. 무히카는 인간적인 정이 있고 서민적인 삶을 살았던 우루과이에서 존경받는 전 대통령이다. 생전에 무히카는 "가장 가난한 대통령"이라는 별명을 그리 좋아하지 않았다. 생각해 보면, 그는 가난했던 것이 아니라 삶의 우선순위를 물질에 두지 않았는데, 세상 사람들이 그리 표현하는 것은 어찌 보면 잘못되었다는 생각이 든다. 어찌되었건, 무히카는 자신만의 기준으로 진정한 풍요를 누리며 살았다.

무히카의 삶은 늘 국민과 호흡하면서 가까이 있었다. 화려한 대통령궁 대신, 그는 퇴임 후에도 평생을 살던 소박한 농가에서 아내와 함께 지냈다. 우물에서 물을 길어 쓰고, 빨래를 손수 했으며, 전직 대통령이었음에도 운전기사 없이 1987년산 낡은 폭스바겐 비틀을 스스로 몰았다. 한 자동차 수집가가 그 차를 100만 달러에 사겠다고 제안했을 때, 무히카는 폭스바겐 비틀은 친구가 준 선물이라며 팔 수 없다고 했다. 권력의 상징 대신 소박한 일상을 선택한 무히카는 불필요한 소비와 사치를 멀리하며 세상 사람들에게 "진정한 부유함이란 무엇인가"라는 질문을 던졌다.

2012년 유엔 연설에서 무히카는 가난한 사람이란 적게 가진 사람이 아니라, 더 많이 필요로 하고 더 많이 원하는 사람이라고 말했다. 무히카의 말은 물질만능주의 시대를 살아가는 우리에게 큰 울림을 주었다. 대통령 재임 시절, 월급의 90%를 저소득층을 위한 주택 건설에 기부했다. 남은 10%로 생활하면서도 불평 한마디 없었다. 자신은 이미 충분히 많은 것을 가지고 있다는 것이 무히카의 생각이었다.

무히카의 삶을 더욱 특별하게 만든 건 정치가 아닌 부부로

서의 삶이었다. 무히카와 아내 루시아 토폴란스키는 진정한 인생의 동반자로 한평생을 살았다. 루시아 역시 단순히 대통령의 아내가 아니라 상원의원으로 활동하며 자신의 길을 걸었고, 부통령까지 역임했다. 그럼에도 무히카가 대통령의 자리에서 물러난 뒤, 무히카 부부는 함께 살아가는 친구였다.

어느 인터뷰에서 기자가 농사일이 힘들지 않냐고 물었을 때, 무히카는 루시아와 함께하면 일도 즐겁다고 답했다. 부부는 정원을 함께 가꾸고, 집안을 함께 돌보았다. 각자의 몫을 스스로 해내면서도 늘 서로를 챙겼다. 부부의 소박한 관계는 '의존'이 아닌 '협력', '권위'가 아닌 '존중' 위에서 유지됐다. 무히카는 설거지를 하고, 루시아는 정원에 물을 주었다. 역할을 나누되, 어느 한쪽이 전부를 떠맡지 않았다.

무히카가 세상을 떠난 시점에서 돌아보니, 무히카 부부는 결혼이 어떤 의미인지를 몸소 보여주었다는 생각이 든다. 우리는 결혼을 하면 자연스럽게 누군가에게 기대고 싶은 마음을 갖는다. 특히 많은 남편이 일상적인 집안일을 아내에게 당연히 맡기고, 자신은 힘들 때마다 의지하려고 한다. 행복한 결혼은 그런 방식으로만 유지되지 않는다. 지금은 대가족 시대가 끝나고, 자식에게 전부를 의지하기 어려운 세상이다. 아내 역시 인생을 스스로 책임지는 주체이고, 한쪽이 전부를 떠맡는 구조로는 부부가 오래가기 힘들다.

결혼은 서로를 지탱하는 관계다. 때로는 한쪽이 배우자의 어깨가 되어야 하고, 때로는 배우자가 등을 받쳐준다. 무히카 부부는 부부의 삶의 태도를 자연스럽게 몸으로 보여주었다. 대통령이라는 타이틀을 내려놓고, 농사를 지으며 함께 땀 흘리고 웃던 두 사람의 모습은 부부가 어떤 마음으로 함께 걸어야 하는지를 가식 없이 보여주었다.

무히카는 부부의 사랑이란 상대방을 소유하는 것이 아니라 함께 성장하는 것이라고 여겼다. 그의 생각처럼, 결혼은 한쪽이 짐을 지고 다른 쪽이 기대는 관계가 아니다. 두 사람이 함께 걸으며 서로를 더 나은 사람으로 만들어 가는 여정이다. 배우자는 단순히 가족이 아니라 인생의 친구여야 한다.

무히카 부부의 결혼은 특별한 드라마가 아니었다. 그저 매일의 일상 속에서 서로를 존중하고, 협력하며, 작은 행복을 만들어 갔을 뿐이다. 단순함 속에서 빛나는 건 바로 배우자를 "평생의 동반자", "인생의 친구"라는 가치로 여겼다는 것이다. 무히카가 루시아를 바라보는 눈빛에는 대통령의 위엄이 아니라, 오랜 친구를 향한 따뜻함이 담겨 있었다. 부부가 인생의 끝에 서서 "우리는 서로에게 기대기만 한 게 아니라, 함께 성장하며 걸어왔다"라고 말할 수 있다면, 그것만으로 충분히 잘 살아온 결혼이 아닐까. 물질적으로 풍요롭지 않아도, 사회적으로 높은 지위가 없어도, 두 사람이 서로를 친구처럼 대하고 존중하며 산다면 그것이야말로 진정한 부유함이다.

다시 남미를 가게 된다면, 우루과이에 있는 무히카 부부의 소박한 농가를 꼭 찾아가고 싶다. 비록 무히카는 세상을 떠났지만, 그곳에는 무히카가 루시아와 함께 살았던 흔적이 남아 있을 것이다. 우물가에서 함께 물을 길었을 무히카와 루시아, 정원을 함께 가꾸며 웃었을 두 사람, 낡은 폭스바겐을 타고 시장에 갔을 두 사람의 모습을 떠올리며, 호세 무히카 전 대통령의 흔적을 찾아볼 것이다.

무히카 부부가 남긴 가장 큰 가르침은 정치에서 국민을 사랑했던 모습에도 나타나지만, 무엇보다 결혼이란 부부가 함께 걸으며 서로를 더 나은 사람으로 만들어 가는 여정이며, 배우자는 인생의 친구라는 것을 보여준다는 데 있다. 단순하지만 깊은 진리를, 남미의 작은 나라 우루과이는 세상에 보여주었다. 무히카 부부를 보며, 인생은 어떻게 살아야 하는지, 결혼하면 배우자와 어떻게 살아야 하는지 느끼는 바가 많다.

PART 5

남자의 결혼,
불행한 남자가 아닌
행복한 남자 되기

1

힘든 순간, 나를 지켜주는 건
결국 가족이라는 사실 알고
고통 이겨내기

- 가족이 있다

…

　나이가 드니 건강이든 경제적 문제이든 쉽지 않다는 생각을 한다. 언제 세상을 떠날지도 모르는 일이다. 그래서 가급적이면 삶을 계속 간소화하려고 노력한다. 가끔은 음악을 들으면서 여유를 찾으려 하고 지나간 인생에 대한 후회나 아쉬움이 밀려오면 위로를 받기도 한다. 젊은 날 대학 시절에 들었던 노래지만 가사도 좋고 위로가 되어서 지금도 듣는 노래가 있다. 〈산다는 건〉이라는 노래다. 인생이나 삶에 대한 관점이 가사에 잘 담겨 있는 듯해서 가사를 음미하기도 한다. 애절하기도 하지만, 사는 게 지칠 때는 위로가 되는 노래인 듯하다. 사람은 태어나면서부터 가족이라는 울타리 속에서 삶을 시작한다. 누구

• 310 •

나 부모가 있고, 형제가 있다. 물론 외동으로 태어나거나 무남독녀일 수도 있지만, 누구나 어떤 형태로든 가족을 가진다. 부모의 긍정적인 영향으로 인생에 큰 꿈을 품고 살아가는 사람이 있는가 하면, 부모를 잘못 만나 평생 버려진 듯한 삶을 사는 이들도 있다.

적지 않은 인생을 살면서 인생을 경험하고 느끼면서, 인간의 삶에 가장 큰 영향을 미치는 요소가 무엇일까 고민했다. 그리고 내린 결론은 가족이었다. 잘 태어나는 것 자체가 큰 복이며, 좋은 부모를 만나는 것 역시 결코 평범한 팔자나 행운이 아니다. 재벌로 태어난 사람들을 보면서 저 사람들은 참 행복하겠다는 생각은 한 적도 있고, 태어나서 버림받는 사람들의 삶을 보면서 인간 세상의 운명은 불공평하다고 생각했다. 그렇다고 모든 것이 타고난 환경에만 좌지우지되는 것은 아니다. 스스로의 힘으로 어느 정도는 삶을 바꿀 수 있다고 믿는다. 그래서 지금도 운명과 인생에 관해 공부하며, 더 나은 삶을 향한 행복의 길을 찾고 있다.

『예언자』라는 책으로 유명한 칼릴 지브란은 자신의 어머니, 형과 동생, 가족을 잃은 참담한 고통에서 가족 같은 한 연인의 도움으로 미술과 시를 쓸 수 있었다. 신비적인 책, 예언자는 그렇게 태어난 것이다. 인생이 힘들고 운이 따르지 않을 때, 우리에게 용기를 붙들어 주는 버팀목은 어찌 보면 인간, 가족이 아닐까. 대부분의 성공한 사람들이 인생의 고통을 견디고 극복할 수 있었던 원동력으로 가족을 꼽는 것도 그 때문이다. 아무리 세상이 힘들고 고통이 몰려와도, 가족이 있는 사람들은 놀라울 만큼 끈질기게 버티며 삶을 이어 간다. 긍정적인 힘의 원천이 바로 가족이 곁에서 지켜주고 있기 때문이다.

한국인 최초의 메이저리거 박찬호를 보자. 메이저리그라는 낯선 무대에서 오랜 시간 외로운 싸움을 했다. 영어도 처음에는 서툴렀고, 문화도 다른 곳에서 홀로 견뎌야 했다. 하지만 박찬호 선수의 곁에는 늘 가족이 있었다. 아내와 부모는 미국까지 함께 가서 박찬호를 응원했고, 경기장에는 항상 가족의 모습이 보였다. 혼자였다면 미국 메이저리그에서 얼마나 외롭고 힘들었을까. 가족이 함께했기에 그는 124승이라는 대기록을 세우며 한국 야구사의 새로운 역사를 쓸 수 있었다. 지금도 가끔 방송에서 박찬호는 성장한 자녀들과의 행복한 모습을 보여준다. 낯선 나라에서 힘든 과정을 겪어서 그런지 가족 간의 유대와 사랑을 더 소중히 하는 듯하다. 가족을 중시하고 함께 하면서 자상한 아빠의 모습으로 사는 인생이 행복하게 느껴졌다. 따스한 아빠의 모습이 참 부럽다는 생각이 들었다.

물론 가족이 있다고 해서 모든 문제가 해결되는 것은 아니다. 가족 때문에 더 힘든 사람들도 있고, 혼자 사는 것이 더 행복한 사람들도 있다. 결혼이 인생의 정답은 아니며, 자녀를 갖는 것 역시 각자의 선택이다. 인생의 경험상, 많은 이의 삶을 지켜보며 느낀 것은 가족이 삶의 큰 버팀목이 될 수 있다는 사실이다.

살다 보면 힘든 순간이 누구에게나 찾아온다. 돌아보면 나도 그랬다. 일이 잘 풀리지 않을 때, 사람들과의 관계에서 상처받을 때, 건강이 좋지 않을 때, 세상이 온통 무겁게 느껴지는 날들이 있었다. 그럴 때마다 수첩 속에 넣어둔 딸 사진을 꺼내보곤 했다. 웃고 있는 딸의 얼굴을 보면, 어느새 마음이 조금 가벼워지고 힘이 났다. 삶이 무상하다는 생각이 들 때는 휴대폰 카카오톡을 열어 가족사진을 보기도 한다. 함께 여행 갔던 날, 집에서 저녁을 먹으며 웃던 날, 별것 아닌 일상의 순간들이 그래도 힘을 주고 웃게 해 주었다. 가족과 함께했던 추억을 떠올리면 다시 힘이 난다.

딸은 아직 어리지만, 존재 자체가 내게 큰 힘이 된다. '딸아이를 위해서라도 좌절하지 말자', '더 열심히 살아서 좋은 모습을 보여주자'는 생각을 자주 한다. 아내도 마찬가지다. 힘들 때 말없이 곁을 지켜주고, 빈말이라도 "괜찮아, 힘을 내면서 뭐든 해봐. 다 잘 될 거야"라고 말해주는 말 한마디가 얼마나 큰 위로가 되는지 모른다. 가족이 있기에 힘들 때도 잘 견디어 내고 그나마 운 좋게 무난하게 살아왔던 것 같다.

물론 인간 각자의 인생은 모두 다르기 때문에, 결혼하지 않아도, 자녀를 갖지 않아도 행복할 수 있다. 하지만 만약 좋은 배우자를 만나 가족을 이룰 수 있다면, 그것으로도 삶의 한 가지 의미 있는 선택이 될 수 있지 않을까. 운명적으로도 가족은 단순한 관계가 아니라, 절망의 순간에도 삶을 붙잡아 주는 힘이 될 수 있다.

인간은 평생 힘이 넘치고 항상 건강할 수는 없다. 누구나 경제적으로나 신체적으로 약해지는 순간이 온다. 병이 들기도 하고, 실패를 겪기도 하고, 세상이 무너지는 것 같은 날이 온다. 그럴 때 곁에 누군가 있다는 것, 나를 포기하지 않는 사람이 있다는 것은 큰 위안이 된다. 배우자가 있고 자녀가 있으면 스스로 약해질 때 가족이 어려운 공백을 채워 줄 수 있다.

세상을 긍정적으로 바라보면서, 힘든 삶일수록 좋은 배우자를 만나 가족을 이루는 것도 인생을 지탱하는 하나의 방법이 될 수 있다. 물론 결혼이 인생의 유일한 답이라고 할 수는 없다. 혼자서도 행복하게, 의미 있게 살아가는 사람들도 많다. 하지만 가족이라는 선택지가 있다는 것, 그 자체만으로도 삶의 큰 힘이 될 수 있다는 것을 말하고 싶다.

아무리 혼자 사는 세상이 되었다 해도, 힘든 순간을 이겨내게 하는 건 가족의 존재가 아닐까. 세상이 차갑고 냉정하게 등을 돌려도, 끝까지 곁을 지켜주는 사람이 있다면 존재만으로도 삶은 견딜 만하다. 가족 간 갈등으로 오랜 세월 떨어져 지내던 사람들조차 생의 마지막 앞에서는 가장 보고 싶은 얼굴로 가족을 찾는다. 그 이유는 분명히 가족만이 가질 수 있는 따스한 정이 있기 때문이라고 본다.

생의 마지막 순간에 이른 사람들이 전하는 인생의 조언은 대부분 비슷하다. "그래도 가족이 있어서 즐겁고 행복했다. 가족들과 더 많은 시간을 가지지 못한 게 아쉬웠다." 많은 생각이 드는 얘기다. 인생의 마지막에 있는 자들이 가족과 관련해서 남기는 말들은 결코 쉽게 가볍게 생각하면 안 된다.

인생의 고통을 이겨 낸 사람들을 떠올려 보면, 힘든 고통의 곁에는 늘 누군가가 있었다. 그게 누구일까. 가족이든, 친구든, 동료든, 누군가와 함께했기에 견딜 수 있었겠지만 배우자나 자식이 곁에 있었을 것이다. 지금 이 순간에도 힘든 사람들이 있을 것이다. 혹시 힘든 일이 있다면, 가족들을 떠올리며 행복한 날을 상상하면서 잘 될 것이라는 생각을 하자. 내 곁에 있는 가족들의 소중함을 생각해 보자. 수첩 속 추억의 사진 한 장, 휴대폰 속 가족들의 웃는 사진 한 장, 카카오톡의 가족 프로필 사진에서 가족의 정겨움이 때로는 우리를 다시 일으켜 세우는 힘이 된다. 삶을 지탱하는 가장 깊은 뿌리는 결국 함께하는 가족이라는 사실을, 우리는 잊지 말아야 한다.

2

건강을 지키는 것이
가족의 행복을 지키는 길이라는 것
깨닫기

…

나이가 들수록 건강의 소중함을 절실히 느낀다. 젊었을 때는 밤을 새워도, 끼니를 거르고 일해도 괜찮았다. 몸이 금방 회복되었고, 건강에는 당연히 문제가 없다고 생각했다. 인생의 중반부에 이르니 이제는 많이 다르다. 라면 하나를 먹어도 속이 부담스럽고, 새벽까지 공부하면 며칠씩 피로가 이어진다. 나이는 어쩔 수 없다는 것을 깨닫는다.

일주일에 몇 번 공원을 30분 정도 뛰는 것도 오래 살기 위해서가 아니라, 아프지 않게 늙어가기 위해서다. 지금은 무조건 건강을 최우선에 두고 살아간다. 건강하면 돈이 없어도 무엇이든 할 수 있지만, 건강을 잃은 채 돈을 가진들 무슨 의미가 있을까. 그런 생각을 나이 들수록 자주 하게 된다.

나이가 드니 주변에서 병으로 입원했다는 소식을 자주 듣는다. 주변의 안타까운 모습을 보면 아프지 않고 건강하게 사는 삶이야말로 행복의 전제라는 사실을 새삼 깨닫는다. 특히 내가 아프면 가족이 함께 고통을 겪는다는 생각이 들어 건강에 더욱 신경을 쓰게 된다. 딸이 아직 결혼도 하지 않았는데, 아버지가 아파서 쓰러진다면 아내 혼자 감당해야 할 짐은 얼마나 무거울까. 그런 생각을 하면 건강관리는 선택이 아니라 필수라는 걸 느낀다.

몇 해 전, 한 통의 부고 소식을 받고 큰 충격을 받았다. 사회에서 친하게 지냈던 한 지인이 세상을 떠났다는 소식이었다.

"본인상입니다"라는 짧은 문자 내용을 몇 번이나 다시 확인했다. 처음에는 부모님 상을 잘못 적은 줄 알았다. 다시 읽어도 분명 '본인 부고'였다. 아직 50대 초반, 한창 살아야 할 나이였다.

문상을 가면서 충격과 함께 마음이 너무 무겁고 아팠다. 문상하면서 들은 애기에 따르면, 지인은 오랜 시간 힘든 시기를 보내며 살았다고 한다. 일이 잘 풀리지 않았고, 경제적으로도 매우 어려웠다. 금전적인 힘든 무게를 견디며 몸을 혹사하던 지인은 지병이 악화되어 세상을 떠났다. 너무나 놀랍기도 하면서 마음이 아팠다. 장례식장에서 남겨진 어린 자녀를 보니 더욱 가슴이 아프고 안타까웠다. 부모를 잃은 아이는 이제 누구를 의지하며 살아야 할까.

문상을 마치고 장례식장 밖을 나서며 많은 생각이 들었다. 끊었던 담배가 피우고 싶다는 생각이 들었다. 참 삶이란 허무하구나. 인생에서 아무리 힘들어도 건강을 돌보며 살아야 한다는 사실을 새삼 깨달았다. 누구에게나 힘든 시절은 온다. 그러나 건강하면 힘든 시기를 버티고, 다시 일어설 수 있다. 하지만 힘들다고 건강을 포기하면 어떻게 될까. 부모가 일찍 세상을 떠나면 남겨진 가족이 겪을 슬픔과 고통은 상상할 수 없다.

아무리 힘든 일이 있어도 건강을 지키는 것이 곧 가족의 행복을 지키는 길이다. 내가 건강해야 가족을 돌볼 수 있고, 내가 건강해야 힘든 시기도 함께 이겨낼 수 있다. 건강은 나 혼자만의 것이 아니라 가족 모두의 것이다. 내가 행복하지 않은데 누구를 행복하게 해 줄 수 있을까.

지인의 문상 이후로 건강관리에 더욱 관심을 가지기 시작했다. 예전처럼 무턱대고 음식을 많이 먹지 않으려 노력한다. 술자리도 줄이고, 가능한 한 규칙적인 식습관을 유지한다. 매일은 아니더라도 일주일에 몇 번은 운동을 한다. 건강검진도 빠짐없이 받고, 이상 신호가 있으면 미루지 않고 병원에 간다.

한때는 건강을 잘 챙기지 못했다. 박사과정 공부를 하면서 몸을 좀 혹사했고, 밤을 새우는 일이 잦았다. 운 좋게 학위를 받은 후부터는 다시 예전처럼 건강을 관리하면서 최우선으로 삼고 있다. 좋은 습관 하나하나를 지키며 건강을 유지하려고 의식적으로 노력한다.

무엇보다 중요한 것은 마음가짐이다. "아직 건강은 괜찮아", "나는 건강에 자신이 있어, 전혀 아프지 않아"라는 안일함을 버리려 한다. 젊을 때처럼 몸을 무리하면 금방 무너진다. 건강을 지키는 것을 가족에 대한 책임으로 여겨야 한다. 내가 건강해야 아내와 딸도 편안할 수 있기 때문이다.

돈을 많이 버는 것도 중요하다. 그렇지만 아버지가 건강하게 사는 모습을 보여주는 것이 딸에게 줄 수 있는 가장 좋은 선물이라고 믿는다. 부모가 아프면 고통을 가장 크게 느끼는 사람은 결국 자식일 테니까. 가끔 SNS에서 아는 사람들의 갑작스러운 부고 소식을 접할 때마다 마음이 무겁고, 남의 일처럼 느껴지지 않는다. 힘든 일이 있더라도 이겨내면서 버티려면 무엇보다 건강을 돌봐야 한다는 생각이 든다.

건강은 하루아침에 지켜지는 것이 아니다. 평소의 꾸준한 관리로 지켜야 한다는 것을, 가족을 위해서라도 이제는 너무도 잘 안다. 젊은 나이에 병으로 세상을 떠나면 남겨진 가족의 아픔은 말로 다 할 수 없다. 힘든 일이 있더라도 스스로의 건강을 지키며 살아야 한다.

결국 건강을 지키는 것은 나 자신만을 위한 일이 아니다. 사랑하는 가족, 나를 믿고 의지하는 가족의 행복을 위한 일이다. 나의 건강한 삶이야말로 가족 모두를 지키는 가장 확실한 길이다.

3

너무 고민하지 말고
그냥 평범하고 즐겁게 살기

- 일상의 소소한 행복

…

가수 전인권의 노래 〈걱정 말아요 그대〉는 제목만으로도 위로가 된다. 고교 시절부터 들국화의 모든 노래를 좋아했고, 지금도 전인권의 목소리로 부른 이 곡을 자주 듣는다. 나이가 들수록 생각도, 고민도 많아진다. 걱정을 하게 될 때는 "걱정 말아요"라는 한마디가 담긴 노래를 듣는다. 마음을 편안하게 풀어 주는 듯해서다. 사람들에게 위로가 필요한 건, 누구나 삶의 무게를 안고 살아가기 때문일 것이다. 〈걱정 말아요 그대〉 노래가 적지 않은 세월이 흐른 지금까지 오랫동안 사랑받는 이유도 위로의 한마디가 모든 이에게 필요하기 때문일지 모른다.

사람이 살면서 걱정이 전혀 없을 수 있을까? 아마 거의 불가능할 것이다. 한국 사회에서 고민은 대부분 비슷하다. 고등학교 때는 대학 입시에 대한 걱정, 대학에 가면 취업 걱정, 취업 후에는 결혼 걱정, 그다음에는 집 마련과 돈 문제가 이어진다. 걱정은 인생에서 매일 끝없이 계속된다. 어떻게 보면 걱정이 없는 인생은 없다. 걱정이 없으면, 오히려 생의 의미를 잃은 인생일지도 모른다. 힘든 일만 계속되는 삶을 원하는 사람은 없다. 적당한 고민과 작은 갈등, 예상치 못한 문제들은 우리로 하여금 평범한 일상의 행복을 소중히 생각하게 한다. 적지 않은 인생을 살아온 요즘, 한 가지 깨달음이 있다. 이제는 무슨 일이 생겨도 크게 고민하지 않으려 한다. 어차피 고민해도 해결되지 않는 일이 많기 때문이다. 고민하면 스트레스와 불면증만 심해진다는 것을 겪어봤다. 지나친 고민은 건강까지 해친다는 것을 알기에, 고민이 생기면 명상 음악이나 위로가 되는 음악을 들으며 이겨내려고 한다.

대학원을 마친 1998년에 읽었던 양귀자의 소설 『모순』이 2025년에도 여전히 스테디셀러라는 사실은 어떤 의미가 있을까. 30년 가까운 세월을 넘어 지금까지 꾸준히 읽히는 이유는, 사람 사는 인생이 별것 없다는 메시지 때문일 것이다. 소설 속 주인공 안진진의 어머니처럼 힘겨워도 악착같이 살아가는 사람이 있는가 하면, 부유하고 풍족해도 우울 속에서 스스로 생을 마감하는 이모 같은 인물도 있다. 소설이지만 우리에게 위로가 되면서도 삶이 무엇인지를 깨닫게 해 준다. 위로가 되는 소설이기에 지금까지 수십 년간 스테디셀러인 듯하다.

부와 명성을 가진 연예인들이 의외로 비극적인 선택을 하는 뉴스를 접할 때마다 충격을 받는다. 겉으로는 화려해 보이고 돈도 많은 남부럽지 않은 삶인데, 왜 그렇게 허망하게 떠나는 걸까. 유명인들의 불운한 모습을 보면서 어찌 생각하면 인생이란 참으로 허무하다.

힘든 일이나 재난을 겪은 사람들의 이야기를 들어 보면, 소소한 일상이 얼마나 큰 행복이고 소중한 것인지 알게 된다. 퇴근 후 친구들과 노포에서 막걸리를 나누거나, 동네 카페에서 담소를 나누는 일상이야말로 우리에게 가장 큰 행복이다. 박사학위를 취득한 뒤부터는 오히려 삶을 단순하게 살려고 노력한다. 거창한 목표를 세우기보다, 가까운 친구들과 만나 평범한 행복을 누리면서 살려고 한다. 소소한 것이 행복임을 깨달았기 때문이다.

사람들은 성공을 좇고 큰돈을 벌고 명예와 권력을 얻기 위해 달린다. 인생 중반에 느끼는 것은 거창한 성공과 화려한 명예도 결국에는 "평범하게 사는 것이 가장 큰 행복"이라는 깨달음을 이길 수 없다. 권력에서 물러난 이들과 가끔 대화를 나누다 보면, 모두가 비슷한 이야기를 한다. 아무 일 없는 평범한 저녁, 식탁에 둘러앉아 가족과 웃을 수 있는 소박함이 좋다고 말이다. 평범한 일상이 행복의 근원임을 알기 때문이다.

동양과 서양의 많은 철학자가 현재를 소중히 살라고 가르쳤다. 지금 이 순간을 살아야 한다는 말처럼, 우리는 일상의 소박함에서 행복을 찾아야 한다. 걱정과 고민을 너무 자주 하면 습관이 된다. 걱정을 지나치게 많이 하면 삶 전체가 불안으로 채워지고, 행복을 누릴 시간을 놓치게 된다.

단순한 하루에 감사하며 사는 것, 그것이 인생에서 가장 큰 행복이다. 별일 없이 가족이 건강하고 웃으며 살아가는 것, 그게 우리가 추구해야 할 행복의 본질이다.

〈걱정 말아요 그대〉처럼 오래가는 노래들이 전하는 가사의 메시지는 단순한 것 같지만 생에 깊이가 있다. 힘든 현실을 잠시 내려놓고, 지금 이 순간의 평범함을 살아보자는 것이다.

진짜 행복은 특별한 날이 아니라 일상의 평범한 하루 속에서 시작된다. 평범한 하루를 사랑하는 것이야말로 가장 큰 행복의 방식이다.

잠시 글 쓰는 것을 멈추고 전인권의 〈걱정 말아요 그대〉를 들으며, 평범하지만 오늘도 일상의 소박한 행복을 만끽한다.

<u>**4**</u>

결혼생활에서
바꿀 수 없는 것 때문에
인생의 불행에 빠지지 말기

- 배우자를 바꾸려 하지 말고, 이해하기

…

조선 최초의 근대 여성 화가이자 유럽을 여행한 여성운동가 하면 누가 생각날까. 나혜석을 얘기하고 싶다. 나혜석(1896~1948)은 20세기 초 조선이 낳은 대표적인 신여성이었다. 그럼에도 나혜석은 왜 무연고 행려자로 생을 마감해야 했을까. 학문적으로도 많은 호기심도 있지만 나혜석의 삶에 많은 궁금증도 생겼다.

최고의 신세대 엘리트였던 나혜석은 남성 중심의 사회에 당당히 저항했다. 누군가는 그녀를 화가라 부르고, 작가이자 사상가라 칭했다. 나혜석의 자료를 찾아보면서 느끼는 건 나혜석이 진정으로 원한 것은 어떠한 호칭이 아니라 "여성도 남성처럼 자유로운 인간으로 살 권리"였지 않을까 싶다. 있는 그대로의 자신을 인정받고 이해받고 싶었던 것이다.

나혜석은 부유한 관료 집안에서 태어났다. 나혜석은 화가이자 문인으로서 지식인들과 교류도 했고, 3·1운동에도 참여할 만큼 민족적 의식도 지녔다. 하지만 나혜석이 꿈꾸던 자유로운 삶은 당시 조선 사회가 받아들이기에는 너무 이른 것이었을까. 나혜석의 생애 마지막을 보면 이해가 된다.

나혜석은 첫사랑과 인연을 맺지 못하고 김우영과 결혼했다. 결혼 생활 중이던 1927년, 남편과의 유럽 여행에서 다른 인물과의 개인적 관계가 문제가 되었다. 이를 알게 된 남편은 즉각 이혼을 요구했다. 이후 나혜석은 자녀와도 떨어져야 했으며, 경제적 고통은 물론 신여성으로서의 사회적 명예도 잃었다. 자식을 만나지 못하는 일은 나혜석에게 무엇보다 가장 큰 고통이었을 것이다.

주목할 점은, 당시 같은 상황에 연루된 남성은 아무런 비난도 받지 않았다는 사실이다. 오직 여성인 나혜석만이 모든 책임을 짊어져야 했고, 사회로부터 완전히 외면당했다. 이 부분이 바로 나혜석의 비극이었다. 나혜석이 살았던 조선 사회는 여전히 가부장적 질서가 견고했다. 여성에게 허용된 길은 가사와 육아뿐이었고, 여성 개인의 재능은 오직 가정을 돌보는 능력으로 평가됐다. 사회는 나혜석에게 "정숙한 아내", "헌신적인 어머니"라는 틀에 맞춰 살기를 강요했다.

나혜석은 사회의 틀 안에서 또 다른 세상을 바라보았다. 여성도 남성과 마찬가지로 자신의 뜻을 선택할 권리가 있다고 외치며, 결혼 제도의 불평등을 비판했다. 하지만 그녀의 목소리는 조선 사회가 감당하기엔 너무 이른 외침이었다. 신여성의 상징이던 이름은 순식간에 '불온한 여성'으로 낙인찍혔고, 사회는 그녀를 철저히 고립시켰다.

나혜석이 쓴 「이혼 고백서」에는 이런 절규가 담겨 있다. 남편은 자신의 자유를 누리면서도 아내에게는 순종만을 요구했다. 남성은 허용되는 일이 여성에게는 금지되었다. 나혜석은 단지 이해받고 싶었다. 인간으로서, 예술가로서, 한 사람으로서 존중받고 싶었다. 하지만 아무도 그녀를 이해하려 하지 않았다. 결국 나혜석은 행려자로 생을 마감했다. 나혜석을 받아들일 준비가 되어 있지 않았던 시대는 한 여성의 삶을 그렇게 끝내 버렸다.

나혜석이 세상을 떠난 이후, 다시 묻고 싶은 게 있다. 나혜석의 살았던 시대 이후, 많은 시간이 흘렀지만 세상은 얼마나 변했는가. 배우자, 즉 아내를 있는 그대로 이해하고 있는가.

지금의 여성들은 더 이상 단순히 결혼과 출산의 틀에만 갇히지 않으려고 한다. 대학 교육을 받은 다수의 여성은 고소득 직장을 다니면서, 한 번뿐인 자신의 삶을 살려고 한다. 세상이 많이 변했는데도 결혼이라는 제도 속에서 여전히 양성평등의 문제가 있다. 남녀 갈등이 여전히 존재한다. 나혜석의 시대처럼 노골적이지는 않지만, 배우자를 억압하고 변화시키려는 시도는 여전히 존재한다.

결혼을 준비하는 남녀는 나혜석의 삶에서 중요한 교훈을 얻어야 한다. 나혜석이 원했던 것은 단 하나, 있는 그대로의 자신을 이해받는 것이었다. 당시 시대 상황에서 쉽지 않았겠지만 사회가, 남편이 그녀를 바꾸려 하지 않고 이해하려 했다면 어땠을까. 나혜석의 삶은 달라졌을 것이다.

부부 관계도 마찬가지다. '왜 저 사람은 내 뜻대로 변하지 않을까?'라고 생각하는 순간부터 갈등이 생기고 불행은 시작된다. 남편과 아내 모두 마찬가지이다. 결혼은 배우자를 억지로 고치거나 통제하는 관계가 아니다. 서로 다른 모습을 이해하고, 있는 그대로 받아들이며 함께 살아가는 과정이다.

부부가 서로 "내가 이렇게 말했는데 왜 여전히 그 모양일까?"라는 불만에 사로잡히면 관계는 쉽게 갈등으로 치닫는다. 지나친 통제나 무리한 변화를 강요해서는 안 된다. 나혜석의 시대는 여성을 억압했지만, 오늘날은 남녀 모두 평등한 인격체로서 존중받아야 하는 세상이다. 상대를 바꾸려는 생각보다는 있는 그대로의 배우자를 이해하고 존중하는 것이 중요하다.

배우자는 내 기대에 맞춰 변해야 할 인형이 아니다. 각자의 개성과 생각, 습관을 가진 독립된 하나의 인격체다. 아내가 남편에게 매일 잔소리한다고 남편이 갑자기 변하지 않는다. 남편이 아내에게 불평한다고 아내의 성향이 바뀌지 않는다. 오히려 서로를 바꾸려는 시도는 부부의 갈등만 키울 뿐이다.

결혼은 서로를 끊임없이 변화시키는 싸움이 아니다. 서로를 이해하고 절충하며, 더 나은 방향으로 함께 성장하는 과정이다. 두 사람 모두 불완전하다. 누구도 완벽하지 않다. 부부가 서로의 다름을 인정하고, 있는 그대로를 이해하며, 긍정적으로 영향을 주고받을 때, 비로소 행복이라는 지점에 도달할 수 있다.

나혜석이 세상을 떠난 지 70년이 넘었다. 하지만 그녀가 외쳤던 "나를 이해해 달라"는 목소리는 지금도 들리는 듯하다. 한 번쯤 생각해 보자. 배우자를 내 틀에 맞추려 하고 있지는 않은가. 바꿀 수 없는 것 때문에 불행하지 않은지 말이다.

5

결혼 초기 부부의
장기적인 재정 노후 설계하기

- 노후 설계

…

결혼을 하면 누구나 행복한 미래를 꿈꾼다. 신혼부부는 사랑과 기대로 가득 차 있고, '지금의 행복이 영원히 이어졌으면 좋겠다'는 생각을 한다. 하지만 행복이 오래 지속되려면 단순히 간절히 바라는 것만으로는 부족하다. 반드시 인생 전반에 대한 설계가 필요하고 행동으로 실천해야 한다. 노후에 대한 재정 준비를 해야 하는 시대다. 부부가 함께 행복하게 나이 들어가기 위한 가장 중요한 기초다. 평균 수명이 100세에 가까운 시대에서 아무런 계획이 없는 삶은 비극이 될 수 있다.

구체적인 노후 준비는 부부가 인생을 어떻게 살아갈지를 결정짓는 중요한 출발점이다. 부모로부터 큰 재산을 물려받을 수

• 329 •

없는 부부라면 더욱 신경 써야 한다. 신혼 초에는 기분에 들떠 당장의 소비에만 집중하기 쉽다. 주변에 자랑하기 위한 고가의 외제차, 비싼 가전제품, 무리한 대출을 통한 전셋집이나 주택 마련으로 이자 부담을 감당하지 못하는 경우가 많다. 이런 결정은 장기적으로 미래에 결코 도움이 되지 않는다. 경험상, 돈을 버는 나이는 젊을 때이다. 나이가 들어가면서 돈을 벌 수 있는 기회가 점점 줄어든다. 50세를 전후로 삶이 갈라지기 때문이다.

신혼기에 이러한 대비를 하지 않으면, 나중에 재정 문제를 의논하려 할 때 이미 늦을 수도 있다. 경제적 방향을 세우기 가장 좋은 시점은 바로 신혼 초다. 아직 지출 습관이 굳어지지 않았고, 두 사람이 함께 새로운 틀을 만들어 갈 수 있는 시기이기 때문이다.

부부는 먼저 수입과 지출을 세심하게 함께 파악해서 함께 장기적으로 기본적인 안전망을 마련해야 한다.

아이가 태어나면 세월이 얼마나 빨리 흐르는지 실감하게 된다. 인생 전반의 큰 그림을 그려 놓으면 지금 당장 해야 할 일이 분명해진다. 어떤 방법이든 합리적인 소비와 저축의 균형을 잡는 태도가 필요하다. 부모 덕분에 풍족한 삶을 사는 동년배를 부러워하기보다 현실에 맞게 사는 방법을 빨리 받아들이고 실행해야 한다. 남과 비교하면 끝없이 패배자처럼 불행하게 산다.

그럴 필요가 전혀 없다. 부부만의 속도로, 목표를 향해 합심해서 나아가면 된다.

장기적인 삶을 설계하다 보면 자연스럽게 자녀 계획, 아이를 키울 지역, 주거와 경제적 중·장기 목표, 노년의 모습까지 이야기가 이어진다. 이런 대화를 나누는 것 자체가 유대감을 높여준다. "우리가 70살이 되면 어디서 살까?", "손주가 태어나면 어떻게 도와줄까?" 같은 상상을 신혼 때 함께 나누면서 계획을 생각하는 것만으로도 준비된 부부가 된다.

돈 계획을 세우는 것은 신혼 초의 낭만을 해치는 게 아니라, 오히려 더 큰 행복을 지켜주는 방법이다. 결혼 초에 두 사람의 경제 상태와 각자의 채무를 솔직히 공유하고, 노후와 관련된 계획을 함께 논의하는 것이 중요하다. 반반 부부를 선택하든, 한 사람이 가계를 전담하든, 노후까지 함께할 부부라면 진지하게 이야기해서 합의해야 한다. 이런 과정을 거치면 긴 미래를 더 안정적으로 예측할 수 있다. 또한 예상치 못한 문제에 대비해 꾸준히 모아두면 필요할 때 은행 대출을 받는 일도 훨씬 수월해진다. 비상금을 마련해 두는 것도 중요하다. 갑자기 직장을 잃거나, 큰 병에 걸리거나, 집에 문제가 생겼을 때 비상금이 있으면 패닉에 빠지지 않고 침착하게 대처할 수 있다.

부부는 돈 문제 앞에서 분명히 냉정해진다. 살아가면서 경제적 어려움이 닥치면 사랑하는 마음만으로는 위기를 이겨내기 부족할 때가 많다. 미리 준비하는 것만으로도 앞으로의 수많은 다툼을 예방할 수 있다. '돈이 없어서 싸우는' 부부보다 '돈을 어떻게 모을지 고민하는' 부부가 훨씬 더 행복하다.

한국 사회는 한 번 추락하면 다시 일어서기 어려운 구조다. 국가와 사회의 책임이 크지만, 부부만의 안전망을 만들면서 살아가야 한다. 국가나 사회가 도와주지 않더라도, 준비해 두면 어떤 어려움이 와도 어느 정도는 견딜 수 있다.

지금 당장은 노후가 아주 멀게 느껴질 수 있다. 하지만 세월은 생각보다 빠르고 순식간이다. 신혼 초의 작은 결정들이 모여 20년, 30년 후의 가족의 평범한 삶을 만든다. 사랑하는 이와, 아니면 배우자와 함께 앉아 미래에 관해 이야기해 보자. 이런 시간이 우리 부부의 행복한 노후를 만드는 첫걸음이 될 것이다.

6

행복은 배우자가
대신 만들어 주는 것이 아니라
부부가 함께 만들어간다는 사실 알기

- 같이 할 때 행복이 온다

...

많은 사람은 결혼을 이야기할 때 "행복한 사람을 만나야 한다"고 말한다. 맞는 말이기도 하고 좋은 말이다. 하지만 행복은 누군가를 만나 저절로 얻어지는 것이 아니다. 결혼을 하면 두 사람이 함께 가정을 이루어가는 과정이다. 힘들게 벽돌을 쌓아서 집을 짓듯이, 매일 조금씩 가족 구성원을 만들어 가는 과정이다. 서로에 대한 추억도 만들면서 믿음과 신뢰를 바탕으로 진정한 부부의 유대감을 만들어 가야 한다.

예전에 흥미롭게 읽었던 에밀 졸라의 소설 『테레즈 라캥』은 잘못된 결혼이 낳은 비극적인 삶을 적나라하게 보여주었다. 결혼을 함부로 해서도 안 되지만, 애정도 없고 배우자와 함께하지 못하는 삶은 불행할 수 있다는 생각에 가끔씩 다시 읽게 된다.

소설 속 남편 카미유는 어머니 라캥의 과잉 보호 속에서 성장한다. 유약하고 자기중심적인 카미유는 주변과 어울리지 못한 채 어머니에게 의존하며 살아간다. 어머니의 뜻에 따라 카미유와 테레즈는 결혼했지만, 테레즈는 무기력한 남편과 숨 막히는 라캥 집안에서 만족을 느끼지 못한다. 행복이 무엇인지도 모르고, 배우자를 어떻게 대해야 할지 전혀 모르는 남편과 무작정 생각 없이 결혼한 아내, 이 둘의 비극은 두 사람 모두에게 있다고 느꼈다.

테레즈는 남편과의 애정 없는 삶에서 로랑이라는 남자와의 열정적인 관계에서 탈출구를 찾으려고 하였다. 처음에는 그것이 자유와 해방으로 향하는 통로처럼 보였다. 하지만 테레즈와 로랑의 관계 역시 '상대가 나의 모든 것을 보장해 줄 것'이라는 일방적 기대로 가득했다. 불행한 자들이 만나면 또 불행이다. 각자의 욕망을 위해 카미유를 죽음으로 몰아넣은 그들은 서로에게 모든 것을 요구하기만 하다가 비극적인 결말을 맞는다. 아무 생각이 없는 불행한 이들의 생각은 불행으로 끝없이 이어진다.

소설이 요즘의 우리에게 던지는 질문은 무엇일까. 스스로 행복하지도 않고, 더군다나 결혼에 대하여 아무런 준비도 없이 무작정 결혼을 한다면? 과연 만족스러운 결혼 생활이 될 수 있을까. 그리고 과연 누가 행복을 만들어 주는가?

어머니에게 과도하게 의존하며 독립적인 삶을 살아본 적 없는 카미유, 애정 없이 결혼했으면서 상대에게서만 충족과 만족을 찾으려 했던 테레즈, 자신의 욕망만 채우려 했던 로랑. 소설이지만 이들 모두는 '행복을 함께 만드는 법'을 몰랐다. 정확하게는 인생에 대하여 아무런 준비도 없이 그냥 사는 인생들이었다.

요즘 시대도 보자. 결혼 후 이혼하게 되면 많은 사람이 자신의 불행을 오로지 배우자 탓으로 돌린다. '결혼만 하면 모든 것이 좋아질 것'이라고 기대를 한다. 막상 현실은 어떻게 이어지나. 결혼 후 배우자에 대한 실망으로 공허함과 외로움이 밀려오면 "배우자를 잘못 만났다"고 배우자 탓만 하면서 원망을 하는 것이다. 자신의 문제로 부부가 불행해 졌다고 생각을 하지 않는다.

결혼을 하면 배우자는 나의 행복을 대신 만들어주는 사람이 아니다. 행복을 만들 준비는 스스로 해야 한다. 부부는 행복을 함께 만들면서 추억과 미래를 만들어가는 동반자의 관계이다. 현실을 정확하게 알아야 한다. 자신은 배우자에게 어떠한 기쁨도 주지 못하면서, 불행하고 만족스럽지 않으면 모든 것을 배우자를 탓하는 것은 어찌 보면 모순이다.

행복은 긴 인생에서 부부가 함께하는 일상 속에서 조금씩 쌓아가며 느끼는 과정이다. 스스로는 배우자에게 아무것도 주지 않으면서, 배우자가 나의 모든 기대를 충족해 주어야 한다고 생각하면 어떻게 될까. 헤어날 수 없는 끝없는 불행의 늪에 빠지게 된다.

결혼을 하기 전에 우리가 진지하게 생각해봐야 할 질문이 있다.

과연 '나는 배우자와 함께 행복을 만들어갈 준비가 되어 있는가? 배우자를 행복하게 해 줄 수 있을까'에 대한 해답을 말이다.

소설 속 카미유는 차라리 어머니와의 삶을 계속 살았어야 했다. 독립적인 삶을 살아본 적 없는 사람이 결혼으로 갑자기 성숙해지지는 않는다. 테레즈 역시 애정도 없이, 자신의 욕망만 생각하며 결혼을 선택한 것은 잘못된 판단이었다.

소설 속의 이야기가 150년이 지난 지금도 여전히 읽히는 이유는 단순하다. 여전히 지금도 이런 일들이 끊임없이 반복되면서 이별과 이혼을 하고 있기 때문이다.

독립된 성년 두 사람이 만나 존중하면서 단단한 관계를 이루려면, 먼저 각자가 행복이 무엇인지를 명확히 이해해야 한다. 그리고 행복은 배우자와 함께 만들어 간다는 생각을 가져야 한다.

결혼을 해 본 사람들은 다 알고 있다. 행복은 누가 가져다주지 않는다. 혼자서도 행복이 무엇인지 알고, 누구와도 행복을 나눌 줄 아는 준비된 사람이 부부의 진정한 행복을 만들어 갈 수 있다. 상대에게 모든 것을 의지하면, 기대가 충족되지 않을 때 서운함이 쌓이고 배우자를 원망하면 결혼을 후회하게 된다. 왜 결혼을 했을까. 이런 의문이 들면 불행이 시작될 수 있다.

결혼은 '행복'하려고 한다. 불행하려고 결혼을 하는 사람은 아무도 없다. 누군가의 행복에 기대기보다, 서로 함께 만들어 간다는 생각을 가질 때 우리는 비로소 만족스러운 삶을 살 수 있다. 서로에게 의존하기만 하지 않고, 함께 지어가는 것이 결혼의 본질이다. 결혼은 나이가 들어서 무조건 하는 것이 아니라, 사랑하는 이를 만나서 함께 행복을 만들 수 있겠다는 생각이 들 때, 비로소 결혼에 이르는 것이다.

7

결혼 후에도
배우자에게 매력 있는 남자가 되기

- 끝없는 변화 : 주역

···

박사 과정 시절, 주역(周易)을 주제로 학술대회에서 발표한 적이 있다. 주역에 매료되어 공부를 계속한 이유는 단 하나였다. 주역의 '역(易, change)'이 전하는 메시지, 바로 변화 때문이다. 인생에서 스스로 잘한 판단은 끝없이 변화를 추구하며 살아왔다는 것이다. 주역과 명리학을 전공으로 박사 학위를 받을 수 있었던 것도, 삶의 흐름을 더 나은 방향으로 이끌고자 하는 끝없는 성장에 대한 내 안의 갈망 덕분이었다. 지금도 죽을 때까지 새로움을 멈추지 않고, 공부를 통해 운을 더 좋은 곳으로 옮기고 싶다.

주역은 끊임없는 변화를 강조하는 학문이다. 변화는 두려움의 대상이 아니라 삶을 움직이는 원동력이다. 그런 흐름 속에서 더 나은 선택을 할 수 있다고 믿었기에, 글쓰기 공부, 책 출간, 스피치 학원, 박사 학위 취득 등 끊임없이 나를 갈고닦았다. 인생을 살아오면서 삶에 부족한 점을 너무도 잘 알고 있었기에, 스스로 더욱 발전을 추구했다. 끊임없이 나아가며 살아온 삶이 어쩌면 지금의 나를 있게 했다는 생각을 한다. 어쩌면 인간이 가장 매력적인 순간은 바로 변화를 통한 성장을 추구할 때가 아닐까. 매력은 결혼한 뒤에도 끝없이 유지되면 좋다. 결혼 이후에도 삶을 활기차게 만드는 힘은 끝없는 새로움을 향한 열정에서 비롯된다. 노력하며, 나아가는 과정에서 행복을 느낄 수 있기 때문이다.

귀스타브 플로베르의 소설 『보바리 부인』 속 주인공 샤를 보바리를 슬프게 읽었다. 소설 속에서 남편은 착하고 성실했지만, 아내 엠마의 마음을 사로잡기에는 부족했다. 남편으로서의 착함은 있었으나, 아내의 세계와 욕망을 이해하고 사랑으로 다가서려는 섬세함이 부족했다. 아내 엠마가 무료함에 빠진 이유이다. 만약 샤를이 조금만 더 새로운 시도를 했다면 어땠을까. 아내가 품고 있는 낭만과 취향을 이해하며, 성실함에 더해 새로운 매력을 보여주려 했다면 소설 속 그들의 관계는 달라졌을지도 모른다. 부부의 불행한 삶보다는 행복한 삶으로 살았을 수 있다.

소설 속 이야기지만, 현실에서도 비슷한 일이 자주 벌어진다. 많은 배우자는 '착하지만 발전이 없는 상대'에게서 답답함을 느낀다. 일상이 재미가 없다는 생각이 들기 때문이다. 이런 무료함이 오는 순간에 변화를 주면 생기가 돌 수 있다. 그렇다고 하루아침에 '몸짱'이 되거나, 어느 날 갑자기 박학다식한 사람이 될 필요는 없다. 무리한 변화는 오히려 문제를 일으킬 수 있다. 단지 배우자의 마음을 이해하려는 태도, 소소한 낭만을 더하려는 작은 노력이나 변화가 중요하다. 결혼 생활이 지루할 순간에 가끔은 일상을 벗어나면 좋다. 자칫 익숙한 삶에 매너리즘이 올 수 있는 관계에 새로운 색깔을 더하려는 변화의 노력만으로도 부부 관계는 한층 더 생기를 얻는다.

작은 변화의 실천은 거창할 필요도 없고, 대단한 계획일 필요도 없다. 그냥 실천 가능한 범위에서 하는 것만으로 좋다. 배우자는 자신을 게을리하지 않고 끊임없이 정진하는 상대의 모습에서 아마도 든든함과 매력을 동시에 느끼지 않을까. 작은 시도에도 관심을 보이고, 함께 성장하려는 의지를 나눌 때 부부는 서로를 자극하는 긍정적 순환을 만들어간다. 각자가 자신만의 성장을 멈추지 않을 때, 두 사람은 각자의 빛을 유지하며 서로를 더욱 존중하게 된다. 중요한 건, 서로가 함께 변화를 만들어가는 발전을 즐길 줄 아는 마음이다.

그렇지만, 배우자에게 매력이 있는 사람이 되어야 한다는 강박을 꼭 가질 필요는 없다. 조금의 노력을 통해 더 좋은 배우자, 더 성숙한 사람이 되려는 시도만으로도 충분하다. 노력과 시도만으로 스스로 활기차고 생명력 있는 사람이 되는 길이기도 하다.

주역에서 말하는 변화는 요란할 필요가 없다. 지속적이고 은은한 실천이면 충분하다. 주역이 가르치는 삶의 원칙은, 변화를 추구하는 모습 자체로도 진정한 성장으로 볼 수 있다. 지속적인 노력이 생명을 지탱하는 힘을 주기 때문이다.

배우자에게 매력을 보여준다는 것은 대단하거나 거창할 필요가 없다. 자신을 꾸준히 가꾸고, 어제보다 나은 습관을 만들며, 몸과 마음을 게을리하지 않고, 새로운 도전에 두려워하지 않는 사람이라는 뜻이다. 자기 분야에서 깊이를 더해가는 사람의 모습은, 그 자체로 삶에 열정을 불어넣는다.

그렇게 성장을 멈추지 않는 배우자는 상대의 눈에 늘 살아있는, 열정적인 사람으로 비칠 것이다. 결혼은 인생의 끝이 아니다. 결혼이라는 운명의 전환점을 통해, 자신을 끊임없이 발전시키며 상대에게 오래도록 사랑받는 사람이 되어야 한다. 결혼 후에도 멈추지 않는 노력은 자기 성장이며, 그 성장은 결국 사랑받는 배우자가 되게 만든다.

배우자에게 인정받는 사람은, 세상 어디에서든 빛을 잃지 않는다. 주역의 "불역불생(不易不生)", 즉, 변하지 않으면 생명이 없다는 가르침은 결혼 생활에서 아주 의미 있는 유용한 말이다. 매력적인 배우자로 남는 비결은 멀리 있지 않고 가까이에 있다. 부부의 행복을 위하여, 지금 이 순간부터 소소하지만 작은 실천을 시작하는 것이 변화이다.

8

감정을 쌓지 말고,
순간순간 대화하기

- 순간순간 풀기

...

넷플릭스 〈폭삭 속았수다〉는 2025년 상반기, 드라마 가운데 가장 높은 시청률을 기록하며 큰 화제를 모았다. 많은 시청자가 이 드라마에 매료된 이유가 있다는 생각이 들었다. 작품은 화려한 스토리나 자극적인 갈등은 없다. 우리 어머니 세대들이 겪었던 삶과 지금 우리가 겪고 있는 가족의 문제를 솔직하게 정면으로 다뤘기 때문이다. 1950년대 제주를 배경으로 애순과 관식, 두 사람의 70년에 걸친 삶을 그린 이 드라마는 진솔한 대화의 중요성을 보여주었다.

드라마 속 주인공 애순과 관식은 젊은 시절 사랑을 시작했지만, 제주 섬에서 생계를 위한 고단한 삶이 두 사람의 관계를 서서히 짓눌렀다. 힘든 삶에서 서로에게 희망을 얻고 의지하면서 진솔한 대화를 통해서 둘의 삶을 따뜻하게 마무리할 수 있는 힘이 되었다.

드라마의 한 장면 한 장면은 우리가 살아온 일상을, 평범한 모두의 삶을 비추는 거울 같았다. 연애든 결혼이든 갈등을 겪고, 이해받고 싶다가도 오해를 받는다. 사랑하지만 미워질 때가 있고, 상대를 품고 싶다가도 밀어내고 싶어질 때가 있다. 가족의 복잡한 감정의 모습을 드라마 〈폭삭 속았수다〉는 솔직하게 잔잔한 감동으로 담아냈다. 부모 세대와 지금의 세대에게서 많은 사람이 감동의 눈물을 흘린 이유다.

요즘 부부 사이에, 사랑하는 이에게 소통이라는 메시지는 더욱 새겨보아야 할 의미로 깊게 다가온다. 현실의 세대는 누구보다 '소통'을 강조하지만, 정작 가까운 사람, 사랑하는 사람과의 대화는 미루는 경우가 많다. 직장 회의나 SNS 속 댓글에는 많은 에너지를 쓰고 투자하면서, 정작 사랑하는 사람과 마음을 나누는 일에는 미루거나 주저할 때가 있다. "조금 더 지나면 말하자", "내일 얘기하지 뭐. 중요하지도 않은데", "이 정도는 대충 그냥 넘어가자"라는 배우자를 쉽게 생각하는 마음은 배우자의 마음속에 상처를 남긴다. 상처가 쌓이면, 언젠가 부부에게 큰 응어리가 되어 서로의 관계를 위협할 수 있는데도 말이다.

드라마의 애순과 관식의 이야기를 보면서 이런 생각이 들었다.

"지금, 당신 곁에 있는 사랑하는 배우자와 그때그때 충분히 진솔하게 다정스럽게 대화를 하고 있는가?"

건강하고 정이 있는 부부 관계는 완벽한 상대를 만나서가 아니라, 불완전한 두 사람이 끊임없이 소통하며 조율해 나갈 때 만들어진다. 연인 간이든 부부 사이든, 대화를 미루는 습관을 버리고, 마음속의 작은 불만과 서운함을 그때그때 솔직히 표현해 보자. 때로는 마음을 담은 솔직한 한마디가 상대에게 큰 위로가 되고, 관계를 지켜주는 든든한 울타리가 된다.

요즘은 빠른 변화와 치열한 경쟁 속에서 살아간다. 감정의 소모도 많고 때로는 일과 인간관계, 그리고 SNS에서 쏟아지는 정보의 파도에 매일 시달리고 지쳐간다. 그래서인지 점점 더 '빠르게 말하고, 빠르게 해결'하는 방식에 익숙해진다. 정작 모순되게도 부부나 연인 관계는 그렇지 않다. 사랑하는 이에게는 관계에 적지 않은 시간을 들여야 하고, 대화를 통해 서로를 천천히 이해해야 한다. 누군가의 진심은 채팅 한 줄이나 이모티콘 하나로 다 표현되지 않는다. 서로의 표정과 목소리, 눈빛 속에서만 전해지는 감정이 있다.

〈폭삭 속았수다〉가 보여준 건, 가족 간의 사랑은 끝없이 이해하고 표현하고 이야기하면서 배우는 과정이라는 것이다. 상대를 사랑하는 법, 서운함을 건강하게 표현하는 법, 그리고 부부가 서로의 다름을 인정하는 법을 우리는 살아가면서 계속 끝없이 배워야 한다.

부부가 행복을 오래 지키려면, 지금의 작은 서운함을 '나중에 하지 뭐. 나중에 말하면 되겠지'라고 미루지 말아야 한다. 지금 바로, 오늘 이야기해야 한다.

제주 방언 '폭삭 속았수다'는 '수고하셨습니다'라는 뜻이다. 드라마 제목은 고단한 삶을 이겨낸 우리 어머니 세대 모두, 아니 모든 이에게 건네는 따뜻한 위로처럼 느껴진다. 드라마 제목 자체가, 관계를 지키기 위해 매일 애쓰는 우리 모두를 격려하는 것 같다. 결혼이든 연애든 참 관계는 쉽지 않다. 해야 할 게 너무 많기 때문이다. 감정을 순간순간 표현해야 하고, 상대의 마음을 헤아려야 하며, 때로는 내 자존심을 내려놓고 먼저 손을 내밀어야 한다.

행복하기 위해서 우리는 이런 수고를 기꺼이 해야 하지 않을까.

지금 내 옆에 있는 사랑하는 사람에게, 혹은 마음속으로만 그리워하는 배우자나 가족들에게 짧은 안부는 어떨까. "괜찮아?", "오늘 하루 어땠어?" 하고 건넨 한마디가 관계의 숨을 틔우고, 사랑을 오래 지켜줄지도 모른다. 사랑은 자주 표현하는 것이고, 이해해 주는 것이며, 무엇보다 말을 건네는 것이다. 대화의 힘이, 삶을 더 따뜻하고 단단하게 만든다. 감정을 미루지도 말고 쌓아두지도 말자. 지금의 소소한 작은 대화가, 내일의 큰 행복을 만든다.

<u>9</u>

인생은 생각보다 짧고,
결혼 생활은 더 짧다는 사실 알기

- 영원하지 않다는 사실

...

결혼 생활을 수십 년 하고 배우자와 사별한 이들이 방송 인터뷰에서 하는 얘기를 지켜본 적이 있었다. 모두 한결같이 비슷한 얘기를 했다. "인생도 짧지만, 결혼 생활은 더 빨리 지나가더군요. 살아 있을 때 잘해주지 못한 게 그렇게 후회됩니다." 슬픈 말들이었다.

생각해 보면 그렇다. 결혼 30년이라 해도 세월은 정말 금방이다. 아이 키우느라 10년, 직장 일에 치이느라 20년, 정신 차리면 어느새 노년이다. 젊을 땐 한 해가 길게 느껴졌지만, 나이 들수록 1년이 한 달처럼 흘러간다. 모든 이가 젊을 때는 늘 "나중에, 나중에 하면 되지 뭐"를 외친다. 나중은 생각보다 너무 빨리 지나가고, 인생도 찰나처럼 끝나버린다. 현실이다.

신림동에서 대학원을 다니던 시절, 신문에서 최명희 작가의 『혼불』기사를 보게 되었다. 나중에 책을 구입해 읽었는데, 끝까지 완독하지는 못했지만 『혼불』을 향한 최명희 작가의 집념과 우리말에 대한 깊은 애정에 감탄했다. 책에 혼을 담을 글을 썼던 작가는 안타깝게도 쉰 살을 갓 넘긴 나이에 세상을 떠났다.

소설의 내용에서 결혼 생활이 묘사가 된다. 『혼불』에는 허효원이라는 인물이 등장한다. 그녀는 어린 신랑 이강모와 혼인하지만, 혼례를 본 사람들은 어린 신랑과 성숙한 신부의 모습에 고개를 저었다. 소설 속 장면이었지만, 이 장면만으로도 허효원의 결혼 생활이 순탄치 않을 것임을 조심스럽게 예감할 수 있었다.

실제로 두 사람의 혼인 생활은 처음부터 어긋났다. 신혼 첫날밤부터 강모는 효원에게 무심했고, 일정한 거리를 두었다. 어느 날 단 하룻밤의 사랑으로 아들 이철재를 낳은 뒤, 효원은 남편 없이 아들을 키우며 종갓집을 지키는 비운의 여성이 된다. 애정 없는 혼인 속에서 세월만 흘러갔다. 효원의 인생도, 강모와의 결혼 생활도 그렇게 덧없이 지나가 버렸다. 시대적 배경도 영향을 주었지만, 부부는 사랑할 시간은 있었지만, 남들처럼 혼인의 시간을 사랑으로 채우지 못했다.

결혼 생활이 인생보다 더 빨리 지나가는 이유는 무엇일까.

대부분의 부부는 배우자와 함께 있는 시간을 당연하게 여긴다. 늘 곁에 있는 존재라고 믿으면서 영원히 함께할 거라고 생각한다. 그렇지만 시간은 영원할 수가 없다. 결혼 생활의 대부분은 '일상'으로 금방 지나간다. 살아보니 인생이 너무 금방이라는 생각도 들고, 너무 빨리 지나갔다는 생각이 든다. '언젠가 하면 되지'를 얘기하고 '다음, 다음'을 얘기한다. 그렇지만 어느 순간에 명예퇴직이나 정년퇴직을 하면, 세월이 너무 빨리 지나갔다는 무상함에 빠지게 된다. 아이들이 다 크면, 여유가 생기면, 매번 핑계를 대면서 다음, 또 다음을 외쳤다. 다음을 외치면서 나중에 배우자와 여행도 가고 오붓한 시간을 보내리라 생각한다. 하지만 그 '언젠가'가 오기 전에 배우자 중에 누군가는 먼저 세상을 떠난다. 현실 부부에서 의외로 많은 경우이다.

허효원과 이강모가 살던 시대는 사랑과 혼인이 개인의 의지대로 되지 않던 시절이었다. 결혼 생활이 자유롭지 않은 시대였지만, 이제 더 이상 소설 속 허효원과 이강모처럼 살아갈 이유가 없다. 지금은 사랑하는 사람과 자유롭게 연애도 하고, 여행도 다니면서 마음껏 즐기다가 결혼하고, 행복하게 살아갈 수 있는 시대다.

결혼을 하면 너무 '나중에'를 외치면서 미루지 말아야 한다. 함께 가고 싶은 곳이 있다면 시간과 돈이 되는 범위 내에서 가는 게 좋다. 하고 싶은 말이 있다면 오늘 하면 된다. 배우자가 돌아올 수 없는 곳으로 떠난 뒤에 "살아 있을 때 더 잘해줄걸"

하고 후회하는 것은 아무런 의미가 없다. 인생에서 후회는 최소화시켜야 하지 않을까.

『혼불』속 허효원과 이강모는 한평생을 부부로 살았지만, 진정으로 마음을 나눈 시간은 너무도 적었다. 부부에게는 자유롭게 사랑할 선택권조차 없었다. 소설이지만 조금은 슬프다는 생각이 들었다. 부부 인연이 무엇인지.

하지만 지금 우리에게는 얼마든지 많은 선택권이 있다. 지금 이 순간, 배우자에게 사랑을 표현하는 선택을 내일로 미루지 말아야 한다. 인생에서 주어진 시간은 생각보다 길지 않다. 최명희 작가의 섬세한 표현과 소설 속 안에 담긴 아픔을 통해, 지금 옆에 있는 배우자에게 어떤 사랑을 해야 할지 깊이 성찰하게 된다. 남편이든 아내든 누가 먼저 세상을 떠날지 모른다. 후회하지 않는 게 좋지만 되도록 최소화해야 한다.

사랑은 미래의 후회가 아니라, 지금 이 순간의 다정함 속에서 완성된다. 인생도 결혼 생활도 빠르게 흘러간다. 흘러가는 시간 동안 우리가 할 수 있는 최선은, 오늘 서로를 사랑하는 것이다. 떠나고 난 뒤의 후회보다는 지금 당장, 옆에 있는 배우자에게 슬쩍 말을 건네 보자.

"당신과 함께여서 참으로 행복해."

지금 이런 한마디가 평생의 후회를 막아준다. 최명희 작가를 찾아 전주에 갔던 일도 벌써 오래전 일이다. 세월이 참 너무 빠르다.

10

여자든 남자든
혼자만 희생하는 결혼 생활하지 않기

- 혼자 희생하지 않기

…

결혼 10년 차였던, 40대 초반 무렵이 가장 바쁘고 정신없이 살았던 것 같다. 모임도 많았고, 술자리도 잦았다. 집에 들어가는 시간은 자정을 넘기기 일쑤였다. 건강에도 소홀하게 대했던 시절이다.

주변을 둘러보면 40대까지는 대부분 이렇게 왕성하게 사회생활을 한다. 그러다 50이 넘어 명예퇴직이나 은퇴를 하면 그제야 집으로 일찍 돌아가게 된다. 한국 남자들의 인생 루틴이 대체로 그런 듯하다.

그러는 동안 많은 아내의 속내는 어떨까. 남편이 일 때문에 밤늦게 들어오는 걸 챙기면서, 가사와 육아는 혼자 감당한다.

예전보다는 많이 변했지만 지금도 이런 문제로 불화를 겪는 가정들이 많다. 직장을 포기하면서 전업주부의 길을 겪는 많은 아내가 특히나 서운함을 드러내기보다 속으로 삼키며 묵묵히 일해낸다.

남편들 애기를 들어보면 남편들대로 나름 억울하다. "나는 가족을 위해 직장 스트레스를 받으면서 돈을 벌어 오는데, 집에서는 가정에 무심한 사람 취급을 받는다"라고 말한다. 결혼 생활이 20년이 넘다 보니, 결혼 10년 차쯤 되는 부부들이 겪는 이런 갈등, 경험상 충분히 이해가 간다.

문제는 이 불균형이 해결점 없이 계속될 때다. 결혼 생활 내내 한쪽에게만 가사가 전담되면, 배우자는 지쳐가면서 인생이 공허함을 느낄 것이다. 이런 패턴이 반복되면 세월이 흐를수록 부부 사이에 금이 간다. 공허했던 부부 생활이 10년쯤 더 지나면? 공백은 더 깊어지고, 쉽게 메울 수 없는 감정의 거리가 생긴다.

안타깝게도 배우자 한쪽만 희생하는 관계는 오래가지 못한다. 부부 각자의 역할이 있겠지만, 혼자만 모든 걸 감당하는 결혼이 지속되면 일방적으로 희생하는 배우자는 결혼에 의문을 품게 된다. 결혼에 대한 회의, 배우자에 대한 의문을 느낀다.

요즘 다시 『주역』을 펼쳐봤다. 젊은 부부 관계에 대해 주역의 겸괘가 전하는 지혜가 있기 때문이다.

아시다시피 공자도 말년에 주역 연구에 심취했다고 전해진다. 임진왜란 때 이순신 장군도 전쟁터에서 주역의 점괘를 참고했다는 건 잘 알려진 이야기다. 생각해 보면 어려울 때 주역을 읽는 건 한 가지 이유 때문이다. 수천 년 전의 주역은 풀리지 않는 어려운 문제 앞에서 인간에게 많은 해답과 지혜를 주었기 때문이다. 주역(周易)은 주나라 시대부터 수천 년 동안 인간의 삶에 대한 깊은 통찰을 전해왔다. 주역이 말하는 핵심은 복잡하지 않고 간단하다. 세상의 모든 것은 끊임없이 변하며, 일정한 패턴과 리듬 속에서 조화롭게 움직인다는 지혜를 준다.

그중에서도 결혼 생활의 균형을 이야기할 때 빼놓을 수 없는 게 바로 겸괘(謙卦)다.

겸괘를 쉽게 설명하자면 '시소의 균형 원리'와 같다. 한쪽이 너무 무거우면 다른 쪽은 공중에 뜬다. 양쪽의 균형이 맞아야 둘 다 편안하다. 이 부분이 결혼 생활에 정말 중요한 메시지를 준다.

재산과 경제, 집안의 책임, 감정까지…. 부부 관계에는 '덜어내고 더해 주는' 지혜가 필요하다. 겸괘는 "가득 차면 넘친다"라는 경계를 전한다. 욕심을 줄이고, 부족한 사람을 돕고, 균형을 맞추라는 가르침이다. 부부는 어느 한쪽이 힘들 때 다른 한쪽이 채워 주며 조화를 이루어야 한다.

결혼에 주역의 겸괘가 어떤 지혜를 주는지, 실제로 부부의 삶에 이걸 대입해보자. 만약, 남편이 매일 늦게 들어오고, 가사와 육아를 아내 혼자 떠맡는 상황이 오래 이어지면 어떻게 될까? 아내는 존재감을 상실하고 마음의 병을 얻기 쉽다.

겸괘의 관점에서 보면, 남편은 사회생활을 누리며 가정의 짐을 아내에게만 지웠고, 아내는 지치는 삶을 혼자 견디며 결혼에 회의를 느끼게 된다. 이게 바로 겸괘가 경계하는 가장 위험한 상태다. 부부의 조화가 무너지고 한쪽에만 치우친 상황 말이다.

만약 남편이 가장의 역할에만 집착하며 "내가 돈 벌어 오는데 당신은 가정만 지키고 살림만 하면 된다"라고 생각한다면? 아내가 결혼 전에 가졌던 꿈, 쌓았던 경력, 아내 자신의 자아는 존중받지 못한다.

과거에도 이런 모습이 일상적이었고, 많은 아내가 모든 걸 감수하다 보니 마음에 화병을 얻었다. 하지만 지금 시대는 어떤가. 과거와 같은 배우자 일방의 가정과 가사 전담은 부부 사이에 좋지 않은 결론에 이르게 할 수 있다. 한쪽만 희생하는 결혼은 마음의 공허함을 채우지 못하고, 결국 안 좋은 결말로 치달을 수 있다.

겸괘가 결혼에 주는 메시지는 분명하다. "한 사람만 희생하는 관계, 균형이 무너진 관계는 오래가지 못한다." 부부 사이에서 조화가 깨지면 행복은 사라진다.

주변의 많은 부부를 보면 이 균형 문제로 갈등이 반복되는 걸 볼 수 있다. 부부는 서로의 부족함을 채워 주며, 감정·경제·가정의 모든 면에서 협력해야 한다.

균형 잡힌 결혼을 위해서는 결혼에서 어떤 것도 어느 한쪽의 몫이 되어선 안 된다. 힘든 감정도, 경제력도, 집안일도, 아이 양육도, 각자의 꿈까지도 부부가 서로 책임지는 공동체 모습이 필요하다. 아내도 남편에 대하여 조심해야 할 부분이 있다. 남편이 회사에서 지쳐 돌아왔을 때, 과도하게 모든 육아와 살림을 함께 맡기고 불만을 쏟아내는 것도 갈등을 유발할 수 있다.

결혼은 옛 현자들이 말했듯 조화와 균형이다. 부부가 함께 성장하는 동반자라는 사실을 기억할 때, 결혼은 음양의 조화처럼 오래 지속할 수 있다.

그럼 구체적으로 어떻게 해야 할까? 대화가 많은 부부가 갈등의 최소화시킨다고 한다. 한 달에 한 번 정도는 부부의 역할 분담을 점검해보면 좋겠다. 서로의 힘든 점을 솔직히 털어놓는 시간을 가져보자.

부부가 겸괘의 지혜처럼 부족한 것을 채우고, 넘치는 것을 덜어 주며 살아간다면, 그 가정은 자연스레 화목해진다. 남편도 행복하고 아내도 행복하면, 자녀는 균형 잡힌 부모의 모습을 보며 건강하게 성장한다.

인생을 살아가며 부부가 주역이 주는 고전의 지혜를 마음에

새기고 조화를 추구한다면, 결혼 생활에는 큰 행운이 따를 것이다. 여자든 남자든, 혼자만 희생하는 결혼은 결국 무너진다. 부부의 균형 잡힌 사랑만이 오래간다. 주역의 겸괘를 떠올리며, 오늘도 배우자와의 균형을 생각해 본다.

11
_____

외로움과 고독에 대해서
이해하고 대비하기

- 삶을 이겨내기

...

쿠바 아바나를 여행할 때, 헤밍웨이의 소설 『노인과 바다』가 자꾸 떠올랐다. 말레콘 바닷가에 서서 바다를 보면서, 소설 속 산티아고 노인이 실제로 존재했을 것만 같았다. 쿠바를 여행하게 된 것도 참 신기했지만, 눈앞에서 헤밍웨이가 살아서 움직이고 있다는 생각도 들었다. 아쉽게도 헤밍웨이가 묵었던 암보스 문도스 호텔을 가보지 못한 게 지금도 많은 미련이 남는다.

소설 『노인과 바다』는 어린 시절 영화로 처음 봤다. 84일 동안 고기 한 마리 못 잡은 노인이 85일째 되는 날, 홀로 작은 배를 타고 바다로 나간다. 거대한 청새치를 잡기 위해 사투를 벌이지만, 결국 상어들에게 다 빼앗기고 뼈만 남긴 채 돌아온다.

당시엔 '불굴의 의지', '인간 승리' 같은 감동만 느꼈다. 할아버지가 참으로 대단하다는 생각만 했다. 그런데 어른이 된 지금, 결혼에 관한 글을 쓰다 보니 다른 관점이 보인다. 산티아고가 85일 동안 견딘 외로움, 망망대해에서 위험을 무릅쓰고 혼자 지낸 시간이 대단하다. 고독 속에서 노인은 인생에 대해 얼마나 많이 생각했을까.

그러다 문득, 결혼해도 인간의 외로움은 사라지지 않는다는 생각이 들었다.

다들 "사람은 혼자 태어나서 혼자 죽는다"라는 말을 알고 있다. 근데 막상 결혼하면 남의 일처럼 이걸 잊어버린다. 결혼하면 외로움이나 고독이 사라질 것 같고, 평생의 동반자가 생기면 고독이나 외로움은 남의 일처럼 느껴진다.

실상은 한국의 현실은 어떤가? 산티아고가 바다 한가운데서 거대한 청새치와 싸울 때 아무도 도울 수 없었던 것처럼, 결혼해도 남자는 종종 홀로 바다에 나선 어부 같은 기분을 느낀다. 가장의 책임, 남편의 역할, 아버지의 의무 앞에서 말이다.

소설 속 마놀린이라는 소년은 산티아고의 유일한 친구였지만, 부모의 반대로 더 이상 산티아고와 함께 고기잡이를 나갈 수 없게 된다. 노인에게 마놀린은 배우자와 같은 존재였을 수 있다. 함께할 수 없게 된 이 상실이 산티아고의 고독을 더 깊게 만들었을 것이다. 결혼한 남자들도 산티아고의 삶처럼 비슷한 상황이 올 수 있다. 언젠가 배우자와 함께할 수 없는 순간이 오고, 건강의 한계로 활동에 제약을 받을 때도 있다. 그때마다 고독이나 외로움이 자연스럽게 찾아온다. 한국 사회에서 고독과 외로움이라는 이슈가 이미 심각한 사회 문제가 된 걸 보면, 개인도 충분히 대비해야 한다.

중요한 건, 산티아고가 바다에서 겪은 고독과 외로움은 수동적으로 당한 게 아니라는 점이다. 스스로 바다로 나가기로 결심했고, 마음 안에는 자기 자신에 대한 믿음이 있었다. 이게 단순한 외로움과 다른 점이다. 자신의 삶에 닥친 고독, 그리고 어쩌면 느꼈을 외로움을 정면으로 맞서며 이겨내는 인간의 모습을 보여주었다.

여기서 곰곰이 생각해 볼 게 있다. 가족이 해체되고 결혼도 하지 않는 시대가 되어서, 이제 대부분의 남자가 고독이나 외로움을 어느 정도 예상하고 있다. 많은 사람이 여전히 '결혼만 하면 행복하고 모든 게 해결될 거야'라고 생각한다. 그러다 막상 결혼을 해도 고독이나 외로움이 찾아오면 더 당황해하고 괴로워한다. '어디서 뭔가 잘못된 건가?' 혼란스러워한다. 결혼을 후회할 수도 있다. 그래서 노인과 바다의 산티아고처럼 현실을 받아들이고 자신을 믿고 이겨내면 된다는 연습이 평소에 되어야 한다.

결혼 전부터 젊은이들이 이런 부분을 생각해 보고, 미리 이해해 보는 것도 좋다. 몇 가지 정도는 한번쯤은 혼자 골똘히 생각을 해보자.

먼저, 고독이나 외로움은 결혼해도 사라지지 않는다는 현실을 받아들여야 한다. 배우자가 모든 외로움을 해결해 주고 채워줄 거라는 환상을 버려야 한다. 산티아고처럼, 때로는 혼자 바다로 나가야 하는 순간이 온다. 냉정하게 생각해보아야 한다. 지금부터 혼자 있는 시간을 긍정적으로 보내는 연습을 하면 좋다. 독서, 운동, 공부, 요리 등 혼자 있어도 무엇이든 할 수 있는 연습을 하자. 아주 긍정적으로 말이다. 그러면서, '남편', '아빠' 역할 외에 '나 자신의 존재감, 자존감'으로서의 정체성을 확고히 하자. 결혼하면 여러 가지 역할이 늘어난다. 미리 충분히 인식하자.

결혼 후 고독이나 외로움을 건강하게 다루려면 일주일에 한 번 정도 혼자만의 시간을 가져보는 게 중요하다. 아침 산책이나 저녁 독서 시간이 이기적인 게 아니다. 자신을 단단하게 만들어 가족에게 더 좋은 사람이 되게 한다. 배우자에게 솔직하게 감정을 표현하는 것도 필요하다. "요즘 좀 외롭다", "혼자 생각할 시간이 필요하다"고 말하는 게 약함이 아니라 부부간의 건강한 소통이다. 산티아고에게 마놀린이 있었던 것처럼, 일정한 친구 관계를 유지하는 것도 중요하다. 한 달에 한 번 친구들과 만나는 시간이 의외로 외로움을 덜어준다. 많은 친구는 아니더라도 일정한 관계를 가지자. 취미나 자기계발도 멈추지 말고, 운동, 악기, 글쓰기 등 나를 나답게 만드는 활동이 고독이나 외로움 속에서도 나를 지켜주는 울타리가 된다. 고독의 시간을 자기 성찰의 기회로 삼는 것도 좋다. 산티아고가 바다에서 자신과 깊이 대화했듯이, 일기를 쓰거나 조용히 생각하는 것만으로도 충분하다. 고독이나 외로움을 철저하게 잘 활용할 줄 알아야 하는 세상이 이미 우리 곁에 왔다.

제일 중요한 건 생각이나 관점의 전환이다. 고독이나 외로움을 '견뎌야 할 것'이 아니라, '활용하며 함께하는 존재'로 인식하는 것이다. 친구처럼 늘 곁에 있다고 생각하는 것이다.

산티아고는 고독 속에서 자신의 한계와 마주했고, 그 과정에서 더 단단해졌다. 결혼한 남자의 고독이나 외로움도 마찬가지다. 경제적 어려움, 가족과의 갈등, 책임의 무게와 같은 순간들에서 느끼는 외로움은 사실 나를 성장시키는 기회가 될 수 있다.

산티아고는 결국 뼈만 남은 청새치를 끌고 항구로 돌아왔다. 겉보기엔 실패처럼 보인다. 하지만 다른 어부들은 그 뼈를 보고 경외심을 표했다. 산티아고의 싸움이 헛되지 않았음을 인정한 거다.

결혼 생활도 그렇다. 겉으로 드러나는 성취가 없어 보여도, 가족에 대한 사랑과 책임이라는 가치가 있다. 산티아고가 85일간 견딘 시간처럼, 결혼 속에서 맞닥뜨리는 외로움도 의미가 있다.

돌이켜보면, 고독했던 순간들이 나를 더 성숙하게 만들었다. 혼자 바다로 나간 산티아고처럼, 때로 외로웠지만, 외로웠던 시간이 지금의 나를 만들고 더 단단하게 살고 있는 듯하다. 지치고 힘들어도 이겨낸 시간들이 대견스럽기도 하다.

쿠바 여행 때 헤밍웨이에 대해서 많은 생각을 했다. 인생을 바라보는 시각이 참 대단하다고 느꼈다. 여행 후 세월이 많이 지나 『노인과 바다』를 결혼과 연결해서 글을 쓰게 될 줄은 몰랐다. 남자들이 나이를 떠나서 한 번쯤 『노인과 바다』를 읽으며, 인생의 고독이나 외로움이 어떤 의미를 지니는지 생각해 보면 좋겠다.

결혼은 어찌 보면 산티아고가 85일 만에 만난 청새치를 잡는 여정과 닮아 있다. 고독이나 외로움 뒤에는 언제나 가족에 대한 책임이 자리한다. 책임은 때로 무겁지만, 동시에 내 삶에 의미를 준다.

중요한 건, 고독을 미리 이해하고 대비하는 거다. 외로움도 결코 패배가 아니다. 어찌 보면 삶에서 성숙의 과정으로 볼 수 있다. 산티아고처럼, 바다로 나갈 용기가 있다면, 고독 속에서도 자신만의 청새치를 만날 수 있다. 고독이나 외로움을 두려워하지 말자. 대신 만반에 준비를 잘 하자. 그 속에서 더 나은 자신을 만들어가자.

12

인생의 마지막까지도
끝없이 자기계발과 공부하는 삶 살기

- 평생 공부하기

…

100세 시대, 연일 방송에서 보도가 된다. 오래 사는 게 이제는 두렵기만 한 세상이 되었다. 아무런 준비나 대비가 없다면 인생 후반부가 고통이 될 수 있다. 건강한 삶은 반드시 필수가 되었다. 수명이 길어지면서 은퇴 후의 삶을 어떻게 보낼지 걱정하는 부부가 많다. 하지만 관점을 바꾸면, 이는 인생에서 가장 자유로운 시간을 얻은 것이기도 하다. 오히려 배울 시간이 더 많아진 것이다.

통계청이 2023년 12월 발표한 장래인구추계에 따르면, 한국 사회의 65세 이상 인구 비율은 2025년 20.3%, 2036년 30.9%에 이르고, 2050년에는 40%를 넘어설 것으로 전망된다. 초고령사회로 접어든 이상, 노후를 어떻게 보낼지에 대한 준비가 어느 때보다 필요하다.

직장에서 적지 않은 퇴직금을 받고도 은퇴한 뒤 2~3년만 지나면 일이 그리워진다. 인간관계가 사라지면서 공허함을 느낀다는 이야기가 많다. 할 일이 없어 공원을 전전하며 무료하게 시간을 보내는 것은 모두가 원하는 노후가 아니다.

그렇지만, 생각의 관점을 달리 사는 사람들도 많다. 시니어 모델로 새로운 인생을 시작하는 이들, 60대에 대학원에 진학하는 이들, 70대에 유튜브를 시작하는 부부들, 세계 여행을 위해 어학을 공부하는 부부들도 많다. 나이를 핑계 삼지 않고, 배움을 통해 삶의 활력을 되찾아 가고 있다.

노년에 배움이 주는 선물은 무엇일까. 몇 년 전 신문에서 92세 나이에 사회학 박사학위를 받아 국내 최고령 박사가 된 여성의 이야기를 읽은 적이 있다. 늦은 나이에 시작했다고 주눅 들지 않고, 열정적으로 연구하며 살아가는 모습에서 인생의 말년을 어떻게 살아야 하는지 느끼는 점이 많았다.

무엇이든 배움의 과정을 거치면 사람은 자기 삶의 중심을 잃지 않는다. 매일 한 줄의 책을 읽고, 어제보다 나은 삶을 생각하는 사람은 늙는 것이 아니라 마음을 젊게 만든다. 전쟁터에서조차 독서를 멈추지 않았던 나폴레옹이나 남미의 혁명가 체 게바라를 떠올려 보자. 죽음 앞에서도 책을 향한 열망은 꺼지지 않았다.

KBS 《전국노래자랑》의 송해 선생님도 그런 점에서 모범적인 귀감이다. 타고난 건강도 있었겠지만, 95세 생애 끝까지 무대에서 노래하고 웃으며 사람들과 호흡했던 모습은 나이 들어도 어떻게 살아야 하는지를 분명히 보여준다. 배우려는 사람의 눈빛은 언제나 살아 있고, 에너지가 넘친다.

더 좋은 것은 부부가 함께 배우는 것이다. 한쪽은 열심히 배우는데 다른 한쪽은 무기력하게 시간을 보낸다면, 보이지 않는 격차가 부부 사이를 멀어지게 만들 수 있다. 함께 새로운 것을 배우며 성장하는 부부는 노년에도 서로에게 흥미로운 존재로 남는다.

실제로 주변을 보면 퇴직 후 부부가 함께 바리스타 자격증을 따서 작은 카페를 운영하는 경우도 있고, 60대에 함께 영어회화를 배워 해외여행을 다니는 부부도 많다. 70대 부부가 함께 영어 단어를 읽고 쓰면서 치매를 예방하고 새로운 걸 배우는 즐거움을 느낀다는 기사를 보면, 생각의 관점을 바꾸어야 하는 세상이 되었다는 걸 실감한다.

부부가 함께 배우면 대화의 소재도 풍성해진다. "오늘 배운 거 어땠어?", "다음 주에 뭐 배울까?", "이번 학기 끝나면 저거 한번 해볼까?" 이런 대화가 오가는 집은 활기가 넘친다.

배우자가 새로운 도전을 할 때, 서로 응원하고 격려하는 것도 중요하다. "나이가 많은데 무슨…."이라는 말 대신 "멋지다, 나도 같이 해 볼까?"라고 말하는 부부는 함께 늙어가는 것이 즐거울 것이다. 나이가 들어가면서 늦었다는 생각으로 아무것도 시도하지 않는 것이 가장 위험하다. 무기력이 병을 불러오고, 건강 악화로 병원에서 남은 인생을 보낼 수 있기 때문이다.

나이가 들어도 가벼운 활동 중심으로 전환하되, 건강 차원에서 배움은 계속해야 한다.

평생교육 자원 활용을 하는 게 좋다. 인공 지능시대이다. 배우지 않고는 살아남을 수가 없다. 살고 있는 지역의 평생교육원, 노인대학, 문화센터에는 다양한 프로그램이 있다. 쉽지 않겠지만 인터넷 활용법도 배우려고 노력해야 한다. 온라인 무료 강의도 많다. 배우고 싶다면 방법은 얼마든지 있다. 변화된 세상에 나이가 들었다고 주눅 들지 말고 살자.

결혼을 준비하는 부부이든, 결혼을 한 부부이든 우물쭈물하다간 인생이 금방 간다는 사실을 알아야 한다. 인생의 마지막까지 공부하는 삶이 정신 건강이나 육체 건강에 제일 좋다. "우물쭈물하다가 내 이럴 줄 알았지." 극작가 버나드 쇼의 묘비명에 새겨진 말처럼, 인생을 그렇게 허비할 수는 없다.

말년을 행복하게 살아가기 위한 기본 조건은 건강과 경제력이다. 여기에 가족이 있고 자기계발을 이어갈 여력이 있다면 금상첨화다. 건강을 위해 기본적인 운동을 생활화하고, 치매나 파킨슨병을 예방하기 위해서라도 꾸준히 뇌를 쓰는 활동이 필요하다. 배움이야말로 뇌 건강에 가장 좋은 활동이다.

경제적 여유가 있는 사람들조차 매일 치는 골프가 지루하다고 말한다. 단순히 시간을 때우는 것과 의미 있게 새로운 것을 배우며 사는 것은 다르다.

생을 다하는 순간까지 끝없이 자기계발을 하자. 공부를 하든, 글을 쓰든, 독서를 하든, 노래를 부르든, 서예를 하든, 그림을 그리든 무엇이든 좋다. 나이에 상관없이 학사, 석사, 박사에 도전하거나 글쓰기에 도전해 책을 출간하는 작가가 되는 것도 좋다. 배움 앞에서 50이든, 60이든, 70이든, 80이든 나이는 아무런 의미가 없다.

묘비명에 그래도 "후회 없이 잘 살고 떠났다"는 말을 남기려면, 지금부터 남의 시선을 의식하지 말고 무엇이든 도전하며 자기계발에 나서야 한다. 그것이야말로 남은 인생의 결실이자, 부부가 행복하게 노년을 맞이하는 길이다.

지금 이 순간, 무엇이든 배우기로 마음먹는다면 우리는 다시 젊은 날을 만들 수 있다. 부부가 함께 배우며 성장할 때, 노년은 끝이 아니라 새로운 시작이 된다. 결혼을 준비 중이든, 젊은

부부든, 중년의 부부든, 이런 현실을 미리 알고 준비한다면 더
욱 행복한 노년을 맞이할 수 있을 것이다.

여자의 결혼에 이어 7년 만에 다시 남자의 결혼을 출간했다.

삶에 흔적을 남기게 되었다.

인생에서 가장 잘 한 것은 독서와 여행이다.

체게바라 평전을 읽고, 10년 만에 쿠바를 갔을 때는 너무 행복했다.

대학 합격을 했을 때만큼 말이다.

그리고, 부탄 여행에서 인간의 순수함을 보았다.

사람 행복은 물질이 아니라는 것을 깨달았다.

남미의 페루, 볼리비아, 아르헨티나에서 만난 모든 것들이 인생에서 가장 큰 추억이 되었다.

독서로 운명을 바꾸었고, 여행으로 나를 성장시켰다.

돌아보니 아쉬움도 많은 인생이지만 독서와 여행에 반드시 투자하라고 하고 싶다.

이 책은 인생에 대한 우리 모두의 솔직한 이야기다.

살 만큼 살면서 결혼에 대한 다양한 사례를 보았기에, 젊은 세대에게 도움이 되길 바라며 이 책을 썼다.

살아오면서 수많은 사람을 만났다.

이혼의 아픔과 상처로 삶이 무너지고 스스로 인생을 떠난 사람도 보았다.

글 쓰는 건 여전히 힘들다.

힘들었지만, 젊은 세대가 조금 더 행복한 결혼생활을 할 수 있도록 돕고 싶었다.

살아보니 인생은 함부로 인연을 맺지 말고, 결혼을 신중히 해야 한다.

이 책을 통해서 인간을 보는 힘을 키우기를 바란다.

모두 행복하고 지혜로운 결혼 생활을 기대한다.

부부과 함께 읽으면 좋은 책

조화로운 삶, 헬렌 니어링·스콧 니어링, 보리출판사, 2023년

법정스님의 내가 사랑한 책들, 문학의 숲, 편집부 엮음, 2010년

새는 날아가면서 뒤돌아보지 않는다, 류시화, 더숲, 2017년

나의 운명사용설명서, 고미숙, 북드라망, 2014년

아이처럼 행복하라, 알렉스김, 공감의 기쁨, 2012년

쇼펜하우어의 행복론과 인생론, 쇼펜하우어, 을유문화사, 2023년

조선왕실 이혼의 사회사, 한희숙, 솔학, 2022년

혼불, 최명희, 도서출판 매안, 1996년

주역개설, 최정준, 도서출판 비움과 소통, 2014년

대산 주역강의, 대산 김석진, 한길사, 1999년

혼인과 연애의 풍속도, 국사편찬위원회, 2005년